Gesellschaftliche Teilhabe
trotz Schulden?

Forschungscluster
„Gesellschaftliche Abhängigkeiten
und soziale Netzwerke" (Hrsg.)

Gesellschaftliche Teilhabe trotz Schulden?

Perspektiven interdisziplinären Wissenstransfers

Herausgeber
Forschungscluster
„Gesellschaftliche Abhängigkeiten
und soziale Netzwerke"

ISBN 978-3-531-19448-6   ISBN 978-3-531-19449-3 (eBook)
DOI 10.1007/978-3-531-19449-3

Die Deutsche Nationalbibliothek verzeichnet diese Publikation in der Deutschen National-
bibliografie; detaillierte bibliografische Daten sind im Internet über http://dnb.d-nb.de
abrufbar.

Springer VS
© VS Verlag für Sozialwissenschaften | Springer Fachmedien Wiesbaden 2012

Einbandentwurf: KünkelLopka GmbH, Heidelberg

Gedruckt auf säurefreiem und chlorfrei gebleichtem Papier

Springer VS ist eine Marke von Springer DE. Springer DE ist Teil der Fachverlagsgruppe
Springer Science+Business Media
www.springer-vs.de

Inhaltsverzeichnis

Vorwort

Die Überschuldung der privaten Haushalte stellt eine gesamtgesellschaftliche Erscheinung dar, die sowohl auf der persönlichen Ebene für die Betroffenen als auch in seiner gesamtgesellschaftlichen Dimension verheerende Wirkungen zeichnet. Überschuldung bedeutet Armut und soziale Ausgrenzung für die finanziell in Schwierigkeiten Geratenen und ihre Familien sowie Lasten für die Wirtschaft und die Gesellschaft. Der rheinland-pfälzische Forschungscluster der Universitäten Mainz und Trier *„Gesellschaftliche Abhängigkeiten und soziale Netzwerke"* sowie der Interdisziplinäre Arbeitskreis *„Armut und Schulden"* der Universität Mainz in Kooperation mit einem Forschungsprojekt der Universität des Saarlandes in Saarbrücken widmen sich in einem interdisziplinären Zugang den mannigfaltigen Facetten der Schuldenproblematik. Mit Hilfe der verschiedenen Blickwinkel der einzelnen Wissenschaftsdisziplinen werden historische, juristische, kriminologische, sozialmedizinische, erziehungswissenschaftliche und wirtschaftspädagogische Erkenntnisse und Methoden verknüpft, um das gesamte Ausmaß der ökonomischen Zwangslage zu erfassen.

Die Konzepte sozialer Unterstützung für die besonders schutzbedürftige Gruppe der zahlungsunfähigen Privatpersonen standen im Mittelpunkt des ersten Symposiums *„Gläubiger, Schuldner, Arme – Netzwerke und die Rolle des Vertrauens"* vom 15. Mai 2009. Der hierzu erschienene Tagungsband[1] vereint den Blick der unterschiedlichen Wissenschaften auf die Bedeutung des persönlichen Unterstützungsnetzwerks eines zahlungsunfähigen Schuldners und betont die Relevanz der Erhaltung und Ausdehnung hilfreicher Netzwerkstrukturen und Netzwerkbeziehungen im sozialen Umfeld der betroffenen Personen.

Das zweite Symposium *„Krisen und Schulden"* vom 16. Juli 2010 beschäftigte sich mit der gesellschaftspolitischen Dimension der Schuldenproblematik. Die Bedeutungsunterschiede von finanziellen Krisen wurden im Hinblick auf die in Interaktion stehenden Akteure in Schuldverhältnissen (Gläubiger und Schuldner) herausgearbeitet. Das unterschiedliche Verständnis des Begriffs *„Krise"* in den beteiligten wissenschaftlichen Disziplinen fand im dazugehörigen Tagungs-

---

1   Exzellenzcluster „Gesellschaftliche Abhängigkeiten und soziale Netzwerke": Gläubiger, Schuldner, Arme – Netzwerke und die Rolle des Vertrauens, C.W. Hergenröder (Hrsg.), Wiesbaden 2010.

band[2] besondere Beachtung und wurde in Bezug auf die Effekte von Schulden und ökonomischen Krisen auf gesellschaftliche Systeme und Strategien zu deren Bewältigung erörtert.

Die mannigfaltigen Dimensionen gesellschaftlicher Zugehörigkeit fokussierte das dritte Symposium *„Gesellschaftliche Teilhabe trotz Schulden? – Perspektiven interdisziplinären Wissenstransfers"* vom 10. Juni 2011. Der Bedeutungsgehalt von Teilhabe wurde begrifflich präzisiert und sein mehrdimensionaler Inhalt in Bezug auf inakzeptable Gefährdungslagen von Überschuldung betroffener Personen untersucht. Die Beobachtung der wirtschaftlich benachteiligten Lebenslagen und Exklusionserfahrungen von Schuldnern eröffnet in den nachfolgenden Beiträgen einen Blick auf die verschiedenen Teilhabeformen und die Bedingungen für die Verwirklichung sozialer Teilhabechancen, die neben dem Vorhandensein von materiellen Ressourcen und Rechtsansprüchen sowohl individuelle Fähigkeiten als auch gesellschaftliche Rahmenbedingungen zur Voraussetzung haben.

---

2   Exzellenzcluster „Gesellschaftliche Abhängigkeiten und soziale Netzwerke": Krisen und Schulden – Historische Analysen und gegenwärtige Herausforderungen, C.W. Hergenröder (Hrsg.), Wiesbaden 2011.

Die Einstellung zu Geld bei Jugendlichen und jungen Erwachsenen – Entwicklung eines Instruments in deutscher Sprache

Daniela Barry/Klaus Breuer

1 Die Einstellung zu Geld im Fokus wirtschaftspädagogischer Forschung

Nach den Vorgaben der Kultusministerkonferenz (KMK) für die berufsbildenden Schulen gehört es zu deren Auftrag, den Schülern und Auszubildenden jene Fähigkeiten zu vermitteln, die es ihnen ermöglichen „sich in beruflichen, gesellschaftlichen und privaten Situationen sachgerecht durchdacht sowie individuell und sozial verantwortlich" verhalten zu können (Kultusministerkonferenz (KMK) 2007: 10). Es ist somit ein Ziel, Jugendliche und junge Erwachsene zu einer selbstbestimmten Lebensführung zu befähigen. Dies schließt, wie oben zitiert, neben beruflichen Situationen auch das private Leben ein. Einer dieser Bereiche stellt das private wirtschaftliche Handeln dar, das in unserer Gesellschaft zu den zentralen Anforderungen an alle Individuen gehört.

Im Blickpunkt dieser Untersuchung steht das private wirtschaftliche Handeln von Jugendlichen und jungen Erwachsenen im Alter zwischen 17 und 25 Jahren. In diesem Lebensabschnitt werden die Jugendlichen volljährig und somit uneingeschränkt geschäftsfähig. Viele von ihnen ziehen aus dem Elternhaus aus, verdienen im Rahmen einer Ausbildung ihr erstes eigenes Geld und streben ein eigenverantwortliches Leben an. Sie treffen in diesem Zeitraum zum Teil erstmals auf die Herausforderungen einer autonomen Lebensführung und des eigenverantwortlichen wirtschaftlichen Handelns.

Die meisten jungen Menschen kommen mit den ihnen zur Verfügung stehenden finanziellen Ressourcen ohne größere Probleme zurecht. Gleichwohl zeigen aktuelle Studien, dass der Anteil der Privatinsolvenzen bei jungen Menschen zwischen 18 und 25 Jahren im ersten Halbjahr 2011 gegenüber dem ersten Halbjahr 2010 um 2,5 Prozent angestiegen ist und sich gegenüber demselben Zeitraum des Jahres 2009 sogar um 51,3 Prozent vergrößert hat (Bürgel Wirtschaftsinformationen 2011: 2). Betrachtet man die langfristigen Folgen von Überschuldung, welche in Armut, sozialer Deprivation sowie psychischer und physischer Krankheiten münden können, so deuten die aktuellen Zahlen auf Handlungsbedarf in diesem Bereich hin (BMAS 2008: 53). Über den Blick auf die angesprochene Problemgruppe hinaus besteht natürlich die generelle Zielvorstellung, Individuen für einen erfolgreichen Umgang mit ihren finanziellen Ressourcen zu befähigen. In dieser Hinsicht kommen Möglichkeiten der gesellschaftlichen Teilhabe in den Blick. Das beeinflusst die mittel- und langfristigen Lebensführungen und Lebensplanungen, sowie auf einer Metaebene die gesellschaftliche ökonomische Entwicklung. Stichworte wie das ‚Sparverhalten' der Bevölkerung oder das ‚Konsumklima' sind für diese Ebene kennzeichnend.

Als Beitrag zur Verwirklichung solcher Zielvorstellungen wird immer wieder die Vermittlung finanzieller Allgemeinbildung gefordert (BMAS 2008: 54). Darunter wird in der Regel die Vermittlung von Fachwissen in diesem Bereich verstanden (Schufa Holding AG 2008: 38). Aus wirtschaftspädagogischer Perspektive, insbesondere in Bezug auf die aktuellen Erkenntnisse aus der Kompetenzforschung, greift dieser eindimensionale, auf inhaltliche Kenntnisse hin angelegte Lösungsansatz jedoch zu kurz. Orientiert man sich am erweiterten Kompetenzbegriff nach Weinert (2001: 51-59), so ist Kompetenz in emotionalen, kognitiven und volitionalen Fähigkeiten zur Bewältigung komplexer Anforderungen begründet. Als Handlungskompetenz wird nicht nur das Wissen zu einer Thematik und dessen Transferierbarkeit angesehen, sondern es müssen neben der kognitiven Dimension auch motivationale, volitionale und soziale Aspekte mit einbezogen werden (Weinert 2002: 28). Anknüpfend an dieses Kompetenzverständnis untersuchen Bender und Breuer (2011: 53-58; Bender 2011) neben dem Finanzwissen auch die Bedeutsamkeit von Selbstwirksamkeit und wahrgenommener sozialer Unterstützung im Umgang mit Geld bei Jugendlichen und jungen Erwachsenen. Erste Ergebnisse deuten darauf hin, dass diese Faktoren einen Einfluss auf das individuelle finanzielle Handeln haben können. Das untermauert die Perspektiven eines mehrdimensionalen Zugangs.

Ergänzend zu den Akzentuierungen bei Bender und Breuer (2011: 53-58) wird die Einstellung zu Geld als ein zusätzlicher wichtiger Faktor beim individuellen Umgang mit Geld angesehen. Das Konzept der Einstellung wird in der Literatur als nützlich zur Erklärung und Voraussage und potentiell auch zur Kontrolle von Verhalten angesehen. Einstellungen beruhen auf Überzeugungen und beeinflussen sowohl unser Verhalten als auch unsere Emotionen (Krech, Crutchfield, Livson, Wilson & Parducci 1992: 33-34). Die Einstellung zu Geld gilt daher in diesem Zusammenhang als handlungsaktivierend und -regulierend.

2   Internationale Studien zur Einstellung zu Geld

Der Bedeutsamkeit der Einstellung zu Geld steht, vor allem im deutschsprachigen Raum, ein Defizit in der theoretischen und empirischen Durchdrin-
gung gegenüber. Gründe hierfür liegen womöglich sowohl in der nicht etablier-
ten Zuordnung des Gebietes zwischen der Psychologie und den Wirtschaftswissenschaften, als auch im Tabu, das mit dem Thema Geld heute noch in vielen
Gesellschaften verbunden ist (Lehmann & Schwarz 2011: 23-24). Man findet in
der deutschen Literatur kein adäquates Instrument, welches das Konstrukt der
Einstellung zu Geld erfasst. In der internationalen Forschung gibt es wenige
fundierte Fragebögen in diesem Bereich. Die drei bekanntesten internationalen
Instrumente sind in Tabelle 1 dargestellt. Es handelt sich um wissenschaftlich
konzipierte Fragebögen, welche die Grundlage für aktuelle, internationale Studi-
en zur Messung der Einstellung zu Geld bilden (vgl. Bonsu 2008; Özgen &
Bayoğlu 2005; Oleson 2004). Diese Untersuchungen zeigen, dass sich das Konstrukt der Einstellung zu Geld aus mehreren Dimensionen zusammensetzt. Wie
in Tabelle 1 ersichtlich ist, sind diese Dimensionen in den Instrumenten nicht
einheitlich. Dies kann zum einen an den unterschiedlichen Zielen und zugrundeliegenden Modellen bei der Entwicklung der Instrumente liegen, als auch auf
interkulturelle Unterschiede in der Einstellung zu Geld zurückzuführen sein. Auf
Basis theoretischer Überlegungen zu den psychologischen Aspekten von Geld,
haben Yamauchi und Templer drei breitere inhaltliche Gebiete als Grundlage für
die Entwicklung der Skala berücksichtigt: (a) security, (b) retention und (c) power-prestige (Yamauchi & Templer 1982: 522). Furnham (1984: 502) kritisierte
an der Skala von Yamauchi und Templer, dass es sich um eine rein psychometri-
sche Skala handelt, wobei das Hauptaugenmerk mehr auf psychopathologische
Zusammenhänge der Einstellung zu Geld gerichtet wurde als auf den normalen
sozialen Glauben und die Einstellung. Furnham ergänzte daher die Skala von
Yamauchi und Templer um den Gedanken „monetary beliefs and behaviour".
Die Money Ethic Scale von Tang (1995: 810) umfasst hingegen sechs Haupt-
faktoren, welche den folgenden drei Komponenten der Einstellung zugeordnet
werden können: einer affektiven Komponente (Good und Evil), einer kognitiven
Komponente (Achievement, Respect und Freedom/Power) und einer Verhaltenskomponente (Budget).

Tabelle 1: Instrumente zur Messung von Einstellung zu Geld (in Anlehung an Jonas, Walper & Frey 2005: 113)

Instrument	Autoren	Faktoren der Einstellung zu Geld
Money Attitude Scale (MAS)	Yamauchi & Templer, 1982	Power/Prestige, Retention/Time, Distrust, Quality, Anxiety
Money Belief and Behaviour Scale (MBBS)	Furnham, 1984	Obsession, Power/Spending, Retention, Security/Conservative, Inadequacy, Effort/Ability
Money Ethic Scale (MES)	Tang, 1992	Good, Evil, Achievement, Respect (Self-Esteem), Budget, Freedom (Power)

Bei näherer Betrachtung der drei Instrumente stellt man fest, dass manche Dimensionen von den drei Autoren gleich bezeichnet wurden. So erheben bspw. alle den Faktor „Power". Bei einer genaueren Analyse der Items zeigt sich jedoch, dass Furnham mit „Power" den Gedanken des Geldausgebens verbindet, Tang unter „Power" eher die Freiheit versteht, tun und lassen zu können, was einem gefällt, während Yamauchi und Templer mit „Power" die Macht verbinden, die man aufgrund von Geld hat, um andere zu beeindrucken. Gleichzeitig ist Furnhams „Power"-Dimension Tangs „Budget"-Dimension sehr ähnlich und auch Yamauchi und Templers „Power"-Dimension weist teilweise Ähnlichkeiten zu Tangs „Achievement"-Dimension auf (Lim & Teo 1997: 372).

Aufgrund dieser Feststellungen haben sich Lim und Teo (1997: 372) entschlossen auf Basis der in Tabelle 1 dargestellten Instrumente eine neue Skala zu entwickeln. Sie haben sich, unter der Zielvorstellung, einen schlankeren Fragebogen mit einer höheren Varianzaufklärung entwickeln zu können, bewusst gegen die Adaption eines der bestehenden Instrumente entschieden. Sie fassten alle Items der vorliegenden Instrumente zu einem Fragebogen zusammen und haben ihn 200 Management-Studierenden in Singapur vorgelegt. Auf der Basis dieser Datenerhebung entwickelten Lim und Teo ein Instrument, welches 34 Items umfasst, acht Faktoren abbildet (Obsession, Power, Budget, Achievement, Evaluation, Anxiety, Retention, Non-generous) und einen erklärten Varianzanteil von insgesamt 61,2% aufweist (Lim & Teo 1997: 375).

3 Die wichtigsten Schritte bei der Entwicklung eines deutschen Instruments zur Messung der Einstellung zu Geld

Da es im deutschsprachigen Raum kein adäquates Instrument zur Messung von Einstellung zu Geld gibt, wird auf die internationalen Arbeiten zurückgegriffen. In Anlehung an Lim und Teo (1997: 372) wird auf Basis der drei in Tabelle 1 dargestellten Instrumente ein neuer Fragebogen entwickelt. Hierzu werden alle

Items aus den drei Fragebögen aus dem Englischen ins Deutsche übersetzt und im Rahmen eines Pretests bei einer geeigneten Stichprobe getestet, um ein valides deutschsprachiges Instrument mit einer reduzierten Anzahl an Items zu erhalten[1].

3.1 Die wissenschaftliche Übersetzung internationaler Instrumente ins Deutsche

Für den Übersetzungsprozess wurde ein neunköpfiges Team zusammengestellt, welches unterschiedlich gut mit dem Forschungsgegenstand vertraut ist. Die Team-Übersetzung, als ein mehrstufiger Prozess, ist die übliche Vorgehensweise in den aktuell angewandten, wissenschaftlichen Methoden der Fragebogenübersetzung. Grundlage für den Übersetzungsprozess bildete das TRAPD-Modell (Harkness 2003: 38), welches fünf zusammenhängende Phasen umfasst:

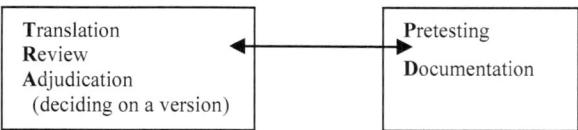

Abbildung 1:   TRAPD-Modell (Harkness 2003: 38)

In der *Translation-Phase* entstanden drei voneinander unabhängig übersetzte, deutsche Versionen des Fragebogens. Es wurde zum einen die Parallelmethode angewandt, bei der zwei Personen unabhängig voneinander alle Items übersetzten. Es handelt sich um Experten auf dem Gebiet der Übersetzung vom Deutschen ins Englische (und umgekehrt) mit unterschiedlich nahem Bezug zum Forschungsthema. Zum anderen wurde das Split-Verfahren[2] angewandt, bei dem drei Übersetzer die Items unter sich aufteilten und jeder somit nur einen Teil übersetzte. Die Anwendung beider in der Literatur empfohlenen Verfahren führt bei der Übersetzung zu einer erhöhten Objektivität. Als Ergebnis der Übersetzungsphase lagen drei verschiedene deutsche Versionen der Items vor. Diese wurden in der sogenannten *Review-Phase* von allen Übersetzern verglichen und

---

1   Die Übersetzung des Fragebogens sowie der Pretest waren im Sommersemester 2011 Gegenstand eines Bachelorabschluss-Seminars an der Johannes Gutenberg Universität in Mainz. Im Rahmen mehrerer betreuter Bachelorarbeiten wurde der Übersetzungsprozess, die Erhebung sowie die Auswertung der Daten unter verschiedenen Aspekten vorgenommen und dokumentiert. Folgende Studierende waren daran beteiligt: Janina Hoff, Martin Klapproth, Marcel Lauterbach, Miriam Koschel, Pascal Brühl und Kevin Saar.

2   Weitere Ausführungen zur Parallelmethode sowie des Split-Verfahrens siehe Harkness (2003: 38)

mögliche Alternativen diskutiert. Als Resultat entstand eine erste Version des übersetzten Fragebogens.

Ergänzend zum TRAPD-Modell wurde an dieser Stelle die Methode der *Rückübersetzung (Back-Translation)* [3] genutzt, um die Qualität der Übersetzung zu erhöhen (siehe Abbildung 2). Die deutsche Version des Fragebogens wurde an zwei Übersetzungsexperten übergeben, bei denen es sich zum einen um einen deutschen Muttersprachler mit sehr guten Englischkenntnissen handelt, und zum anderen um einen englischen Muttersprachler mit sehr guten Deutschkenntnissen. Beide Experten fertigten unabhängige Rückübersetzungen an, hatten jedoch keine Kenntnis zum Forschungsgegenstand, so dass ihr Hauptaugenmerk auf der sprachlich korrekten Übersetzung lag. Die von ihnen rückübersetzten Versionen wurden im Rahmen der *Adjudication-Phase* mit den Original-Items verglichen, um so die Güte der Übersetzung beurteilen zu können.

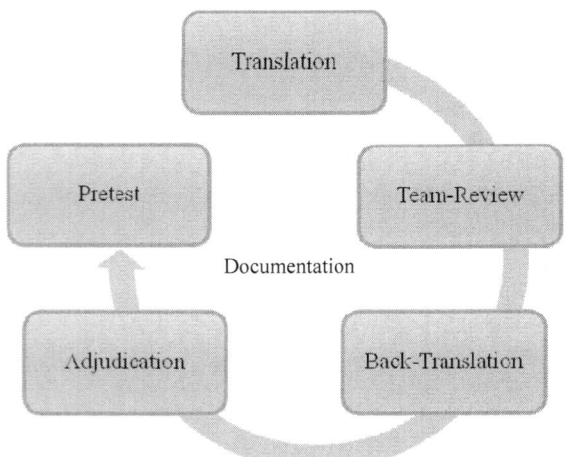

Abbildung 2:   Der Übersetzungsprozess (eigene Darstellung[4])

---

3   Die Methode der Rückübersetzung zählt zu den am häufigsten verwendeten Methoden zur Erhöhung der Qualität einer Übersetzung (Rippl & Seipl 2008: 109). Durch einen Vergleich der rückübersetzten Version mit dem Original kann eine Aussage über die Qualität der Übersetzung getroffen werden (Harkness & Schoua-Glusberg 1998: 111). Im Idealfall weichen Original und Rückübersetzung nicht bzw. nur gering voneinander ab.

4   In Anlehnung an Hoff, J. (2011). Die wissenschaftliche Übersetzung eines Fragebogens zur Einstellung gegenüber Geld vom Englischen ins Deutsche (unveröffentlichte Bachelorarbeit). Mainz.

Das Ergebnis ist ein deutscher Fragebogen mit 108 übersetzten Items, welche im Rahmen eines *Pretests* eingesetzt wurden. Eine parallel verlaufende *Dokumentation* aller Schritte und Entscheidungen zum Vorgang der Übersetzung sicherte die Nachvollziehbarkeit und Transparenz für Dritte (Harkness 2003: 43).

3.2 Vorstudie und Validierung des deutschen Instruments

Der Pretest mit dem übersetzten Fragebogen wurde mit zwei Zielen durchgeführt: erstens sollte die Qualität der Übersetzung überprüft und zweitens ein schlankerer Fragebogen generiert werden, welcher die wichtigsten Faktoren der Einstellung zu Geld im deutschsprachigen Raum widerspiegelt. Um die Qualität der Übersetzung einschätzen zu können, wurde die Stichprobe so gewählt, dass ein Teil der Befragten das englische Original und ein anderer Teil die deutsche Übersetzung bearbeiteten. Hierzu wurden speziell Studierende aus den Fachbereichen Wirtschaftswissenschaften und Englisch befragt. Bei beiden Gruppen werden im Rahmen des Studiums gute Englischkenntnisse erwartet, so dass angenommen wurde, dass die englischen Fragen weitestgehend verstanden werden.[5] Außerdem haben beiden Gruppen eine unterschiedliche Nähe zu finanzwirtschaftlichen Themen: die Studierenden der Wirtschaftswissenschaften erfahren in ihrem Studium eine vertiefte Ausbildung zu finanzwirtschaftlichen und betriebswirtschaftlichen Zusammenhängen, während Studierende des Fachbereichs Englisch in der Regel keine Berührungen mit diesen Themen besitzen. So konnte sichergestellt werden, dass bei der Validierung des Instruments Personen mit unterschiedlichen finanzwirtschaftlichen Bezügen beteiligt waren und das entwickelte Instrument eine Varianz zwischen diesen Gruppen abbilden kann.[6] Ein Überblick über die Verteilung der Stichprobe auf die beiden Fachbereiche sowie über die Verteilung der englischen im Verhältnis zu den deutschen Fragebögen bietet die Tabelle 2.

---

5   Zusätzlich wurde eine Selbsteinschätzung zu den Englisch- bzw. Deutschkenntnissen erfragt. Studierende, die keine bzw. geringe Kenntnisse in der Sprache des auszufüllenden Fragebogens besaßen, wurden bei der Auswertung nicht berücksichtigt, um die Ergebnisse der Validierung nicht zu verfälschen.

6   Dies ist unter anderem ein Kritikpunkt an der Stichprobe von Lim und Teo, die ihr Instrument nur bei Management-Studierenden erprobten.

Tabelle 2:   Erhebungsdesign für den Pretest (eigene Darstellung)

	Deutsche Fragebögen	Englische Fragebögen	Gesamt
FB Wiwi	294	175	469
FB Englisch	83	87	170
Gesamt	377	262	639

Um die wesentlichen Faktoren zu finden, welche die Einstellung zu Geld abbilden, wurden die 377 deutschen Datensätze einer explorativen Faktorenanalyse[7] unterzogen. Wie die internationale Literatur zeigt, gibt es kein Konsens über die Anzahl an Faktoren zur Abbildung der Einstellung zu Geld.[8] Aus diesem Grund wurde die Anzahl der Faktoren mithilfe des Scree-Tests bestimmt, der Informationen darüber liefert, welche Faktoren als bedeutsam angesehen werden können und somit als Entscheidungshilfe dient (Bortz & Schuster 2010: 415).

Für die vorliegende Stichprobe wurden fünf Faktoren als bedeutsam ausgegeben, welche nach weiteren inhaltlichen und statistischen Überlegungen durch 28 Items repräsentiert werden. Ein Überblick über die deutschen Items bietet Tabelle 3 (inklusive der zugehörigen Faktorladungen). Die erklärte Gesamtvarianz über alle 28 Items beträgt 56,23%. Cronbachs α liegt bei 0,83, was auf eine hinreichende Validität der Gesamtskala hindeutet (Brosius 2008: 808).

---

7   Extraktionsmethode: Hauptkomponentenanalyse; Rotationsmethode: Varimax mit Kaiser-Normalisierung.
8   Wie in Tabelle 1 ersichtlich, sind es bei Yamauchi und Templer fünf Faktoren, bei Furnham sowie Tang jeweils sechs Faktoren. Lim und Teo (1997: 376-377) bilden die Einstellung zu Geld über acht Faktoren ab.

Tabelle 3:   Zuordnung der Items zu den entsprechenden Faktoren (incl. Faktorladung)[9]

Zuordnung der Items zu den Faktoren	Faktorladung
Faktor 1 Ich verhalte mich so, als wäre Geld das ultimative Symbol für Erfolg.	0,749
Ich habe das Gefühl, dass Geld das Einzige ist, worauf ich wirklich zählen kann.	0,714
	0,695
Ich glaube fest daran, dass Geld all meine Probleme lösen kann.	0,690
Geld ist das Wichtigste (Ziel) in meinem Leben.	0,642
Ich nutze Geld, um andere zu beeinflussen, etwas für mich zu tun.	0,607
Obwohl ich den Erfolg von Menschen anhand ihrer Taten beurteilen sollte, bin ich mehr beeinflusst durch den Betrag an Geld, den sie haben.	0,602
Leute, die ich kenne, sagen mir, dass ich zu viel Wert darauf lege, wie viel Geld eine Person hat, und es als Symbol ihres Erfolges betrachte.	0,602
Geld hilft dir, deine Kompetenzen und Fähigkeiten auszudrücken.	
Faktor 2 Ich teile mein Geld sehr gut ein.	0,850
Ich gehe mit meinem Geld sehr sorgfältig um.	0,804
Ich behalte den Überblick über mein Geld.	0,765
Ich lege regelmäßig Geld für die Zukunft zur Seite.	0,722
Ich bin stolz auf meine Fähigkeit, Geld zu sparen.	0,716
Ich betreibe finanzielle Planung für die Zukunft.	0,649
Ich habe Geld zur Verfügung, falls es zu einer weiteren wirtschaftlichen Krise kommt.	0,574
Faktor 3 Ich kaufe Spitzenprodukte.	0,849
Ich gebe mehr aus, um das Allerbeste zu bekommen.	0,744
Ich kaufe die teuersten verfügbaren Produkte.	0,743
Ich kaufe Markenprodukte.	0,742
Ich bezahle mehr für etwas, weil ich weiß, dass ich es muss, um das Beste zu bekommen.	0,695
Faktor 4 Geld ist wichtig.	0,766
Geld ist ein wichtiger Faktor im Leben von uns allen.	0,761
Geld ist wertvoll.	0,712
Geld hat für mich einen sehr hohen Wert.	0,683
Faktor 5 Ich diskutiere oder beschwere mich über die Kosten der Sachen, die ich kaufe.	0,747
Nachdem ich etwas gekauft habe, frage ich mich, ob ich dasselbe woanders günstiger bekommen hätte.	0,730
Wenn ich etwas kaufe, beschwere ich mich über den gezahlten Preis.	0,719
Ich fühle mich gezwungen, über die Kosten von nahezu allem, was ich kaufe, zu diskutieren oder zu feilschen.	0,667

---

9   Das englische Äquivalent mit den Original-Items ist im Anhang zu finden.

Wie bei Lim und Teo (1997) ist es gelungen ein Fragebogen zu entwickeln, welcher eine geringere Anzahl an Items enthält als die Referenzinstrumente von Yamauchi und Templer (1982), Furnham (1984) und Tang (1992), trotzdem aber eine höhere erklärte Gesamtvarianz besitzt. Die zentralen Ergebnisse der Untersuchung sind in Abbildung 3 dargestellt. Es sind die wichtigen fünf Faktoren der Einstellung zu Geld abgebildet, ihr Anteil an der erklärten Gesamtvarianz, wie auch die Stärke der Korrelationen zwischen den einzelnen Faktoren.[10]

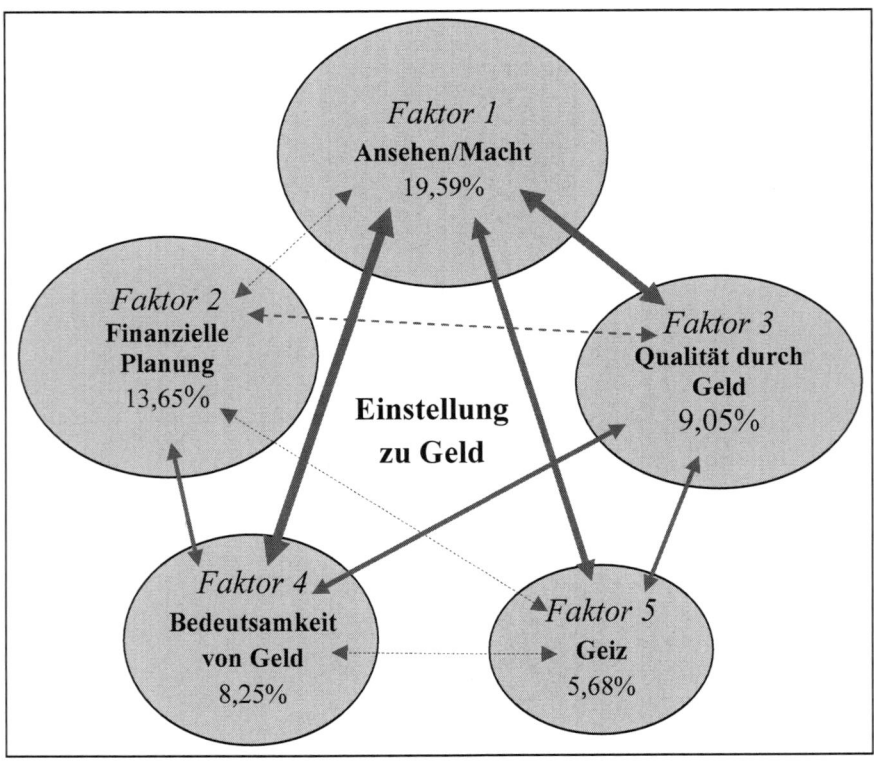

Abbildung 3:   Anteil der Faktoren an der erklärten Varianz sowie Stärke der Korrelationen zwischen den Faktoren (eigene Darstellung[11])

---

10   Je stärker ein Pfeil, desto höher die Korrelation zwischen den Faktoren; nicht signifikante Korrelationen sind durch gestrichelte Pfeile dargestellt.

11   In Anlehnung an Koschel, M. (2011). Zusammenhangsanalyse der einzelnen Faktoren sowie Ableitung eines Modells zur Einstellung zu Geld im Rahmen des Pretests eines Fragebogens zur Einstellung zu Geld (unveröffentlichte Bachelorarbeit). Mainz.

Faktor 1 (Anzahl der Items = 8, Eigenwert = 5,49, Varianz = 19,60%, Cronbachs α = 0,838) beinhaltet Items, welche auf eine gewisse Besessenheit im Hinblick auf Geld hindeuten. Geld wird als Symbol für Erfolg und Macht betrachtet, es wird verwendet um andere zu beeinflussen oder als Lösung aller Probleme angesehen. Vier Items entstammen Yamauchi und Templers Dimension Power-Prestige, zwei Items entspringen von Furnhams Obsession-Dimension, ein Item gehört ursprünglich zu Tangs Achievement-Dimension und das letzte Item ist Teil von Tangs Respect-Faktor. Im Fokus von Faktor 2 (Anzahl der Items = 7, Eigenwert = 3,82, Varianz = 13,65%, Cronbachs α = 0,85) steht die finanzielle Planung. Für Personen, bei denen auf diesem Faktor hohe Ladungen entfallen, ist es wichtig, einen guten Überblick über ihre finanziellen Gegebenheiten zu haben, Geld zu sparen sowie ihre finanzielle Zukunft zu planen. Der Faktor enthält überwiegend Items aus Yamauchi und Templers Retention-Time Dimension, zusätzlich sind zwei Items aus Tangs Budget-Dimension und ein Item aus Furnhams Security/Conservative Dimension enthalten. Faktor 3 (Anzahl der Items = 5, Eigenwert = 2,54, Varianz = 9,05%, Cronbachs α = 0,83) umfasst Items, welche die Qualität hervorheben, die man sich mit Geld leisten kann. So ist es für Personen, die diesem Faktor zustimmen, wichtig, die besten verfügbaren Produkte zu kaufen, wohlwissend, dass sie dafür auch mehr Geld ausgeben müssen. Dieser Faktor entspricht vollständig dem Faktor Quality in Yamauchi und Templers Fragebogen (Yamauchi & Templer 1982: 524-525). Faktor 4 (Anzahl der Items = 4, Eigenwert = 2,31, Varianz = 8,25%, Cronbachs α = 0,78) beinhaltet Items, welche die positive Bedeutsamkeit von Geld widerspiegeln. Es repräsentiert somit die Idee, das Geld etwas Gutes darstellt. Die Items dieses Faktors entstammen komplett dem Faktor Good aus Tangs Fragebogen (Tang 1992: 199). In Abgrenzung zu Faktor 1 wird hier die Wichtigkeit von Geld allgemein erfasst, nicht als Symbol für Ansehen oder Macht. Wie Abbildung 3 zu entnehmen ist, besteht jedoch ein signifikanter Zusammenhang zwischen den beiden Faktoren. Personen, bei denen hohe Ladungen auf Faktor 5 (Anzahl der Items = 4, Eigenwert = 1,59, Varianz = 5,68%, Cronbachs α = 0,72) entfallen, sind eher geizige Menschen, welche regelmäßig über die Kosten oder den Preis von Dingen diskutieren. Sie wägen günstige Alternativen ab oder verhandeln über den Preis. Inhaltlich enthält der Faktor drei Items aus Yamauchi und Templers Distrust-Dimension und ein Item aus Furnhams Obsession-Dimension.

Der Vergleich der ermittelten Einstellungsstruktur mit der von Lim und Teo zeigt, dass sich die Anzahl der extrahierten Dimensionen unterscheidet: Bei Lim und Teo wird die Einstellung zu Geld anhand von acht Dimensionen abgebildet, während in der vorliegenden Studie fünf interpretierbare Faktoren gefunden wurden. Inhaltlich gibt es sowohl ähnliche, aber auch sehr unterschiedliche Dimensionen: Lim und Teos' Power und Obsession Dimensionen bilden in der vorliegenden Untersuchung die Dimension Ansehen/Macht. Auch Lim und Teos Budget-Dimension ist in ähnlicher Form in den vorliegenden Ergebnissen in dem Faktor Finanzielle Planung zu finden. Die Dimensionen Qualität durch Geld, Geiz und Bedeutsamkeit von Geld werden mit dem Instrument von Lim und Teo nicht erfasst. Diese voneinander abweichenden Ergebnisse bestätigen die Entscheidung, die Skalen von Lim und Teo nicht zu adaptieren, sondern die relevanten Dimensionen im deutschsprachigen Raum explorativ zu erforschen.

Die ermittelte Struktur mit 5-Faktoren zeigt zahlreiche Überschneidungen mit dem Modell von Yamauchi und Templer. Vier der fünf Faktoren von Yamauchi und Templer werden auch in unserer Studie in ähnlicher Form als bedeutsam ausgemacht. Die Faktoren Ansehen/Macht (1), Finanzielle Planung (2), Qualität durch Geld (3) sowie Geiz (5) sind in dem Fragebogen von Yamauchi und Templer durch die Dimensionen Power-Prestige, Retention-Time, Quality und Distrust abgebildet. Lediglich der Faktor Anxiety spielt bei unseren Ergebnissen keine bedeutsame Rolle. Stattdessen wird der Faktor Bedeutsamkeit von Geld (welcher ausschließlich Items aus Tangs Dimension Good enthält) als wichtig ausgewiesen. Die für Yamauchi und Templer (1982: 522) wichtigen psychologischen Aspekte von Geld (Security, Retention, Power-Prestige) sind somit in der vorliegenden Skala wiederzufinden. Der Faktor Finanzielle Planung beinhaltet Items, welche den Aspekt der Sicherheit (security) aufgreifen (z.B. „Ich lege regelmäßig Geld für die Zukunft zur Seite."). Den Retention-Aspekt findet man unter anderem in Faktor 5 (Geiz) wieder (z.B. „Wenn ich etwas kaufe, beschwere ich mich über den gezahlten Preis."). Auch der Aspekt der Macht/Prestige (power-prestige) ist in der deutschen Skala vertreten, hauptsächlich durch die Faktoren eins und drei (Ansehen/ Macht und Qualität durch Geld; z.B. „Ich nutze Geld, um andere zu beeinflussen, etwas für mich zu tun.").

Auch die bei Tang zugrundeliegenden Komponenten der Einstellung (affektive, kognitive und Verhaltenskomponente) sind in der von uns entwickelten Skala enthalten. Die affektive Komponente der Einstellung ist unter anderem in dem Faktor Bedeutsamkeit von Geld wiederzufinden, welcher ausschließlich Items aus Tangs Good-Dimension enthält. Die kognitive Komponente wird beispielsweise durch den Faktor Ansehen/Macht abgebildet (z.B. „Geld ist das Wichtigste (Ziel) in meinem Leben."), während die Verhaltenskomponenten unter anderem in den Items von Faktor 2 enthalten ist, welche das konkrete Verhalten der Personen abfragen (z.B. „Ich lege regelmäßig Geld für die Zukunft zur Seite.").

Zur Überprüfung der Validität der Übersetzung wurde das aus den deutschen Fragebögen generierte Modell mit Hilfe einer konfirmatorischen Faktorenanalyse (CFA) bei der „englischen Stichprobe" überprüft. Die Ergebnisse der Überprüfung des Model-Fits im Rahmen der CFA sind in Tabelle 4 dargestellt.

Betrachtet man die Model Fit Indizes genauer, so wird deutlich, dass sowohl der RMSEA[12] als auch der SRMR[13] im akzeptablen Bereich liegen. Der Chi^2-Wert ist signifikant, was darauf hindeutet, dass das Modell nicht exakt passt. Dieser Wert reagiert sehr stark auf große Stichproben und ist daher bei einem großen Datensatz, wie dem vorliegenden, eher zu vernachlässigen (vgl. Weiber & Mühlhaus 2010: 161; Bühner 2011: 424-425). Der CFI liegt mit 0,827 unterhalb des akzeptablen Bereichs von $\geq$ 0,9 (Weiber & Mühlhaus 2010: 170). Der CFI vergleicht das getestete Modell mit einem restriktiveren Nullmodell, wobei die Diskrepanzfunktion indirekt über den Chi^2-Wert in die Berechnung integriert wird (Bühner 2011: 427).

Tabelle 4:   Model Fit Informationen (eigene Darstellung)

Chi-Square Test of Model Fit	Root Mean Square Error of Approximation (RMSEA)	Comparative Fit Index (CFI)	Standardized Root Mean Square Residual (SRMR)
Value: 775.811 df: 340 P-Value: 0.000	0.070	0.827	0.076

Trotz der Abweichung des CFI-Wertes kann der Modell-Fit in der vorliegenden Studie als akzeptabel eingestuft werden, da mit einem exakten Modell-Fit bei der gegebenen Stichprobe nicht zu rechnen ist. Bei den Probanden, welche die englischen Fragebögen ausgefüllt haben, handelt es sich fast ausschließlich um deutsche Muttersprachler. Einen englischen Fragebogen auszufüllen birgt daher nicht nur das Risiko, dass einzelne Wörter oder sogar ganze Aussagen nicht richtig verstanden werden, sondern auch die Orientierung an abweichenden gesellschaftlichen Normen. Somit interpretieren wir die Ergebnisse der CFA, die einen überwiegend akzeptablen Modell-Fit zeigen, unter den gegebenen Voraussetzungen als Belege für eine hinreichend valide Übersetzung des Instruments in deutscher Sprache.

---

12   RMSEA $\leq$ 0,08: akzeptabler Modell-Fit (Weiber & Mühlhaus 2010: 162)
13   SRMR $\leq$ 0,10: akzeptabler Modell-Fit (Weiber & Mühlhaus, 2010: 166)

4 Zusammenfassung und Ausblick

Um dem Problem der Jugendverschuldung zu begegnen und die gesellschaftliche Teilhabe aller Jugendlicher zu fördern, scheint es aus Sicht der Wirtschaftspädagogik notwendig neben dem Finanzwissen weitere Einflussfaktoren auf das finanzielle Handeln von Jugendlichen und jungen Erwachsenen zu untersuchen. Neben den Ergebnissen von Bender und Breuer (2011; Bender 2011) gibt es in der Literatur vereinzelt Hinweise auf mehrdimensionale Ansätze zur Entstehung von Ver- und Überschuldung bei Jugendlichen. Als Einflussfaktoren auf den privaten Umgang mit Geld werden von der Schufa Holding AG (2011: 34) neben dem Finanzwissen auch die Einstellung zu Geld, die persönlichen Handlungskompetenzen sowie die Konsumpräferenzen angegeben. Es besteht jedoch ein Defizit in der Erforschung der nicht-kognitiven Faktoren, wie der Einstellung zu Geld.

Ziel der Untersuchung war daher die Entwicklung eines validen deutschen Instruments zur Erfassung der Einstellung zu Geld. Hierzu wurde auf anerkannte internationale Instrumente zurückgegriffen, welche in einem wissenschaftlichen Übersetzungsprozess ins Deutsche überführt wurden. Im Rahmen einer Vorstudie wurden die deutschen Items eingesetzt und mit Hilfe einer explorativen Faktorenanalyse die wichtigen Dimensionen der Einstellung zu Geld ermittelt. Diese explorative Herangehensweise wird als sinnvoll erachtet, da die internationalen Ergebnisse zeigen, dass es keine einheitlichen Ergebnisse in Bezug auf die Faktorenstruktur der Einstellung zu Geld gibt. Die im Rahmen des Pretests gefundenen Dimensionen konstituieren die Struktur des entwickelten Fragebogens sowohl im deutschen als auch in der englischen Version. Damit liegen jetzt zwei parallele Instrumentarien zur Abbildung der Einstellung zu Geld in deutscher und in englischer Sprache vor (siehe Tabelle 5 im Anhang). In Folgestudien werden die Instrumente bei verschiedenen Gruppen zum Einsatz kommen, um ihre Validität weiter zu untermauern. Erste Ergebnisse einer Folgebefragung bei N = 438 jungen Erwachsenen in der Sekundarstufe 2 mit allgemein- und berufsbildender Ausrichtung bestätigen bereits die Faktorenstruktur des Fragebogens. Die Items laden, ohne Einschränkung, auf denselben Faktoren. Die insgesamt aufgeklärte Varianz stellt sich im Vergleich zu 56,23% bei 57,49 % ein. Angedacht sind weitere Vergleichsstudien zwischen verschuldeten und nicht verschuldeten Jugendlichen sowie zwischen Jugendlichen in der Berufsausbildung, die aufgrund ihrer Berufswahl eine unterschiedliche Nähe zur finanzwirtschaftlichen Domäne aufweisen.

Literatur

Bender, Nina (2011): Selbstreguliertes Geldmanagement bei jungen Erwachsenen in der beruflichen Ersausbildung. Mainz: JGU (dem Fachbereich Rechts- und Wirtschaftswissenschaften vorgelegte Dissertation).

Bender, Nina/Breuer, Klaus (2011): Junge Menschen und frühe Schulden. Finanzielle Handlungskompetenz im Fokus wirtschaftspädagogischer Forschung. In: Hergenröder (2011): S. 45-62.

Bortz, Jürgen/Schuster, Christoph (2010): Statistik für Human- und Sozialwissenschaftler. Berlin, Heidelberg, New York: Springer-Verlag.

Brosius, Felix (2008). SPSS 16. Heidelberg: Redline GmbH.

Bühner, Markus (2011). Einführung in die Test- und Fragebogenkonstruktion. München: PearsonStudium.

Bürgel Wirtschaftsinformationen (2011): Schuldenbarometer 1. Halbjahr 2011. Gefunden am 04.10.2011 unter http://www.buergel.de/images/content/pdf/schuldenbarometer-1-halbjahr-2011.pdf

Bundesministerium für Arbeit und Soziales (BMAS) (2008): Lebenslagen in Deutschland: Der 3. Armuts- und Reichtumsbericht der Bundesregierung. Köln: Bundesanzeiger Verlag.

Frey, Dieter/von Rosenstiel, Lutz/Hoyos, Carl Graf (Hrsg.), Wirtschaftspsychologie. Weinheim, Basel: Beltz Verlag.

Furnham, Adrian (1984): Many Sides of the Coin. The Psychology of Money Usage. In: Personality and Individual Difference 5. 5. S. 501-509.

Harkness, Janet A./Schoua-Glusberg, Alicia (1998): Questionnaires in Translation. Gefunden am 15.04.2011 unter http://isites.harvard.edu/fs/docs/icb.topic506406.files/znspez3_04_Harkness_Glusberg.pdf

Harkness, Janet A./van de Vijver, Fons J. R./Mohler, Peter, Ph. (Hrsg.) (2003): Cross-Cultural Survey Methods. Hoboken, New Jersey: John Wiley & Sons.

Harkness, Janet A. (2003): Questionnaire Translation. In: Harkness/van de Vijver/Mohler (2003): S. 35-56.

Hergenröder, Curt Wolfgang (Hrsg.) (2011): Krisen und Schulden. Historische Analyse und gegenwärtige Herausforderungen. Wiesbaden: VS Verlag für Sozialwissenschaften.

Jonas, Eva/Walper, Sabine/Frey, Dieter (2005): Geld. I: Frey/von Rosenstiel/Hoyos (2005): S. 111-120.

Krech, David/Crutchfield, Richard S./Livson, Norman/ Wilson jr., William A./Parducci, Allen (1992): Grundlagen der Psychologie. Band 7: Sozialpsychologie. Weinheim: Beltz.

Kultusministerkonferenz (KMK) (2007): Handreichung für die Erarbeitung von Rahmenlehrplänen der Kultusministerkonferenz für den berufsbezogenen Unterricht in der Berufsschule und ihre Abstimmung mit Ausbildungsordnungen des Bundes für anerkannte Ausbildungsberufe. Gefunden am 22.09.2010 unter http://www.kmk.org/fileadmin/veroeffentlichungen_beschluesse/2007/2007_09_01-Handreich-Rlpl-Berufsschule.pdf

Lehmann, Frank/ Schwarz, Ruth E. (2011): Über Geld redet man nicht – Was Ihnen die Finanzprofis verschweigen. Düsseldorf: Econ.

Lim, Vivian K. G./Teo, Thompson S. H. (1997): Sex, money and financial hardship. An empirical study of attitudes towards money among undergraduates in Singapore. In: Journal of Economic Psychology 18, S. 369-386.

Rippl, Susanne/Seipel, Christian (2008): Methoden kulturvergleichender Sozialforschung. Eine Einführung. Wiesbaden: VS Verlag für Sozialwissenschaften.

Rychen, Dominique Simone/Salganik, Laura H. (Hrsg.) (2001): Defining and Selecting Key Competencies. Seattle u.a.: Hogrefe-Verlag.

Schufa Holding AG (Hrsg.) (2008): Schuldenkompass 2008. Empirische Indikatoren der privaten Ver- und Überschuldung in Deutschland. Wiesbaden.

Schufa Holding AG (Hrsg.) (2011): SCHUFA Kredit-Kompass 2011. Empirische Indikatoren der privaten Kreditaufnahme in Deutschland – Finanzmanagement in Privathaushalten. Wiesbaden.

Tang, Thomas Li-Ping (1992): The meaning of money revisited. In: Journal of Organizational Behavior 13. S. 197-202.

Tang, Thomas Li-Ping (1995): The Development of a Short Money Ethic Scale. Attitudes Toward Money and Pay Satisfaction Revisited. In: Personality and Individual Difference 19. 6. S. 809-816.

Weiber, Rolf/Mühlhaus, Daniel (2010): Strukturgleichungsmodellierung. Heidelberg: Springer-Verlag.

Weinert, Franz E. (2001). Concept of Competence: A Conceptual Clarification. In: Rychen/Salganik (2001): S. 45-65.

Weinert, Franz E. (Hrsg.) (2002): Leistungsmessungen in Schulen. Weinheim: Beltz.

Weinert, Franz E. (2002): Vergleichende Leistungsmessung in Schulen – eine umstrittene Selbstverständlichkeit. In: Weinert (2002): S. 17-31.

Yamauchi, Kent T./Templer, Donald I. (1982): The Development of a Money Attitude Scale. In: Journal of Personality Assessment 46. 5. S. 522-528.

Anhang

Tabelle 5:   Englische Version des Fragebogens (eigene Darstellung)

	Englische Items
Faktor 1	I behave as if money were the ultimate symbol of success. I feel that money is the only thing that I can really count on. I firmly believe that money can solve all my problems. Money is the most important thing (goal) in my life. I use money to influence other people to do things for me. Although I should judge the success of people by their deeds, I am more influenced by the amount of money they have. People I know tell me that I place too much emphasis on the amount of money a person has as a sign of his success. Money will help you express your competence and abilities.
Faktor 2	I budget my money very well. I use my money very carefully. I keep track of my money. I put money aside on a regular basis for the future. I am proud of my ability to save money. I do financial planning for the future. I have money available in the event of another economic depression.
Faktor 3	I buy top-of-the-line products. I spend more to get the very best. I buy the most expensive items available. I buy name brand products. I pay more for something because I know I have to in order to get the best.
Faktor 4	Money is important. Money is an important factor in the lives of all of us. Money is valuable. I value money very highly.
Faktor 5	I argue or complain about the cost of things I buy. After buying something, I wonder if I could have gotten the same for less elsewhere. When I buy something, I complain about the price I paid. I feel compelled to argue or bargain about the cost of almost everything that I buy.

Gesellschaftliche Teilhabe trotz Schulden – Gesellschaftliche Teilhabe aufgrund von Schulden? Sozialpädagogische Perspektiven für ein diskursives Verständnis von gesellschaftlicher Teilhabe

Désirée Bender/Tina Hollstein/Lena Huber/Cornelia Schweppe

Einleitung

Der folgende Beitrag beschäftigt sich einleitend mit dem Tagungstitel „Gesellschaftliche Teilhabe trotz Schulden?" und reflektiert diesen kritisch. Im genannten Titel wird eine spezifische Perspektive auf Schuldnerinnen und Schuldner und deren Teilhabechancen sowie auf gesellschaftliche Exklusionsprinzipien nahegelegt, die thesenartig wie folgt zusammengefasst werden können:

1. An einer Gesellschaft kann man teilhaben oder nicht, d.h. es gibt exkludierende Prozesse.
2. Schulden tragen genuin dazu bei, dass man nicht gesellschaftlich teilhaben kann.
3. Es wird die Frage gestellt, ob Individuen und Kollektive (wie z.B. Familien) in einer von Schulden betroffenen Lebenslage dennoch dazu in der Lage sein können, gesellschaftlich teilzuhaben.

Doch worin besteht gesellschaftliche Teilhabe und wer kann inwiefern von einer solchen ausgeschlossen werden? Diese Fragen aufgreifend und damit die gestellten Thesen hinterfragend, wenden wir uns im Weiteren den Themen gesellschaftlicher Teilhabe und gesellschaftlicher Ausschließung aus einer sozialpädagogischen Perspektive zu. Hierzu wird zuerst der Gesellschaftsbegriff kritisch reflektiert, indem theoretische Perspektiven erläutert werden. Indem dabei die von Ernesto Laclau seit Mitte der 1980er Jahre vorgestellte Diskurstheorie, die er teils alleine, jedoch großenteils auch mit Chantal Mouffe publizierte, besondere Berücksichtigung findet, können die Verwendung des Gesellschaftsbegriffs und damit einhergehende Implikationen auf den Prüfstand gestellt werden: Worum handelt es sich eigentlich, wenn wir von ‚der Gesellschaft' sprechen? Und wie ist, ausgehend von einer Perspektive, die Gesellschaft als imaginäres Konstrukt versteht, die Frage nach gesellschaftlicher Teilhabe und damit auch Exklusion zu fassen?

Die durch den Titel der Tagung getragene Sichtweise, in der mangelnde monetäre Mittel oder die Tatsache einer Schuldenbelastung fokussiert und von diesen ausgehend gesellschaftliche Exklusionsmechanismen angenommen werden, wird somit in der vorliegenden Perspektive infrage gestellt.

Was ist Gesellschaft und gesellschaftliche Teilhabe? Kritische Reflexionen

In massenmedialen, aber auch politischen öffentlichen Debatten wird häufig und insbesondere seit den 1960er Jahren in Deutschland die Frage diskutiert, wer von gesellschaftlicher Teilhabe wodurch ausgeschlossen ist und was dies für die gesellschaftliche Integration bedeutet. Dass hierbei meist *bestimmte* Kategorien wie z.B. Behinderung, Migrationshintergrund, Arbeitslosigkeit, Armut, Geschlecht usw. in den Fokus des Interesses und der Diskussion gerückt werden und durch Relevanzmachung einzelner Kategorien Menschen zu Kollektiven gruppiert werden, gilt jedoch nicht nur für öffentliche Diskussionen. Auch in sozialwissenschaftlichen Debatten werden bestimmte von Exklusion betroffene Gruppen oder Lebenslagen beleuchtet (vgl. Anhorn/Bettinger 2005). Dabei ist die Auseinandersetzung mit sozialen Ausschließungsverhältnissen mit der erkenntnistheoretischen Vorstellung verbunden, *dass* Inklusion möglich und erwartbar ist, da ansonsten ein Prozess oder Mechanismus der Exklusion nicht denkbar und deren Untersuchung nicht möglich wäre. Es muss demzufolge etwas geben, das die Individuen und Kollektive zusammen hält, eine Formation, in die sie integriert sein können. Diese Formation wird meist mit dem Begriff der Gesellschaft zu fassen versucht. Doch wobei handelt es sich, wenn wir von ‚Gesellschaft' sprechen?

Die Frage, was Gesellschaft ist, wird je nach theoretischer Perspektive unterschiedlich beantwortet. Diese Verständnisvielfalt und damit die analytische Unschärfe des Begriffs zeigen sich bereits, wenn man die lexikalische Bedeutung von Gesellschaft heranzieht und dort auf die drei folgenden Bedeutungen verwiesen wird: Zuerst wird auf ein Verständnis im Sinne eines Grundbegriffes der Sozialwissenschaften rekurriert, demzufolge unter Gesellschaft „das strukturierte und organisierte System menschlichen Zusammenlebens und -wirkens verstanden" (Meyers Lexikonredaktion 1996, S. 1254) wird. Als zweites wird der Gesellschaftsbegriff der Biologie angeführt, der „die Verbundenheit von Lebewesen mit anderen ihrer Art und ihr Eingeschlossensein in den gleichen Lebenszusammenhang" (Meyers Lexikonredaktion 1996, S. 1254) beschreibt. Schließlich wird auf den Gesellschaftsbegriff aus judikativer Perspektive verwiesen, mit dem

„jede privatrechtliche Personenvereinigung, die zur Erreichung eines bestimmten gemeinsamen Zwecks durch Rechtsgeschäft (Gesellschaftsvertrag, Satzung) begründet wird, z.b. rechtsfähige Vereine und nichtrechtsfähige Gesellschaft des bürgerlichen Rechts" (Meyers Lexikonredaktion 1996, S. 1254) gemeint ist. Obgleich die Definitionen untereinander differieren, so scheint interdisziplinär darüber Konsens zu bestehen, dass Gesellschaft sich auf die organisierte Verbindung von Kollektiven (menschlicher, pflanzlicher oder tierischer Art) bezieht. Es fällt in diesem Zusammenhang die Offenheit dieses Verständnisses auf: So wird weder Genaueres darüber ausgesagt, *wo* Gesellschaft lokalisiert ist, noch darüber, *wie* Gesellschaft entsteht und sich reproduziert.

In den Sozialwissenschaften ist es die Soziologie, die sich in zentraler Weise mit dem Begriff der Gesellschaft und damit auch mit den oben genannten Fragen auseinanderzusetzen hat. Insbesondere funktionalistische Theorietraditionen beschäftigen sich mit der Frage, wie gesellschaftliche Reproduktion funktioniert und beantworten sie z.B. über die Existenz eines normativen Konsenses, dem Individuen zustimmen bzw. mit dem sie übereinstimmen. Dementsprechend wird soziales Handeln ausschließlich vor dem Hintergrund eines normativen Konsenses bzw. einer institutionalisierten und einer normativ verfassten Gesellschaftsordnung verstehbar (vgl. Bonacker 2008, S. 28). Als ein prominenter Vertreter dieses normativistischen Handlungsmodells ist Talcott Parsons zu sehen, der sich aufbauend auf Durkheims Arbeiten der Bearbeitung der Frage zuwendet, wie soziale Ordnung möglich ist. Hierzu betrachtet er Gesellschaft als stabile und äußere Realität, die strukturierende soziale Ordnung zu reproduzieren weiß (vgl. Bonacker 2008, S. 28). Mit der Entwicklung seines AGIL-Schemas[1] beansprucht Parsons, die folgenden vier funktionalen Elemente voneinander zu differenzieren, die aus einer dem Sozialen zugrundeliegenden Struktur erschlossen werden können: Anpassung (A), Zielerreichung (G) Integration (I) und Strukturerhaltung (L) (vgl. Schneider 2008, S. 147). Für Parsons besteht Gesellschaft aus (sozialen) Systemen, deren Elemente in einem interdependenten Zusammenhang zueinander stehen und die oben genannten vier Funktionen erfüllen.

Der damit von ihm erreichte Übergang zu einem systemtheoretischen Gesellschaftsbegriff geht mit dem Vier-Felder-Schema als *„Syntheseversuch von System- und Handlungstheorie"* (Schneider 2008, S. 147) einher und sieht Ge-

---

1   In der Erfüllung der von Parsons entwickelten vier Funktionen, entsteht in seiner Sicht Gesellschaft. Ihr struktureller Aufbau wird durch die nach systemintern und extern sowie instrumentell (zukunftsbezogen) und konsumatorisch (gegenwartsbezogen) orientierten „Randeinträge" im Sinne von Teilfunktionen definiert. Jeder Organismus muss zum Überleben alle vier Funktionen erfüllen, die sich aus der Kombination zweier „Randeinträge" ergeben (vgl. Schneider 2008, S. 147).

sellschaft als identisch „mit der Aufrechterhaltung einer vorgesellschaftlich gegebenen Struktur" (Bonacker 2008, S. 28). Parsons selbst drückt dies wie folgt
aus: „Werte sind entscheidend für Strukturerhaltungsfunktionen in einem Sozialsystem. Normen sind in erster Linie integrativ; sie steuern die große Vielfalt von
Prozessen, die zur Durchsetzung der gebildeten Wertbindungen beitragen" (Parsons 1966, S. 140). Durch die Analyse des strukturellen Aufbaus von Gesellschaft entwickelt Parsons demzufolge ein totalitäres (Erklärungs-)System für die
Instituierung von Gesellschaft im Sinne eines Normen- und Wertezusammen-
hangs, bei der Sprache als Konstitutionsmerkmal fungiert. Der Gesellschaftsbegriff bei Parsons ist zudem auf Nationalstaaten ausgerichtet und reflektiert so auf
spezifische Weise die Frage nach der Grenze von Gesellschaft (vgl. Bielefeld
2008, S. 328).

Als bedeutsame Kritik an Parsons ist prominent und für die soziologische
Theoriebildung folgenreich Niklas Luhmann zu nennen, der ebenfalls aus sys-
temtheoretischer Perspektive, diese jedoch neu fassend, Parsons Gesellschafts-
begriff kritisch reflektierte und dabei mit den inhärenten „strukturalistischen
Prämissen des Funktionalismus brach" (Bonacker 2008, S. 31). So betrachtet
Luhmann Gesellschaft als Horizont von Kommunikation bzw. jedweder sozialer
Operationen, oder anders ausgedrückt: „In dem Maße, wie kommunikative Akte
aneinander anschließen, entsteht Gesellschaft als umfassendstes Sozialsystem,
das alle anderen sozialen Systeme in sich einschließt" (Bonacker 2008, S. 32).
Da Gesellschaft aus Luhmanns Sicht nur aus je partikularen Perspektiven von
Teilsystemen entwickelt wird, kann eine gesellschaftliche Einheit nur noch als
Selbstbeschreibung und Simulation verstanden werden, in der die Einheit immer
weniger als das ist, durch das die Beschreibung angefertigt wird. „Jedes funkti-
onsspezifische Teilsystem übernimmt also für die Gesellschaft exklusiv eine
bestimmte Funktion. Es repräsentiert in dieser Hinsicht jeweils die Gesellschaft,
ohne sie insgesamt repräsentieren zu können" (Krause 2005, S. 49). Einzelne
Teilsysteme stellen z.B. das wirtschaftliche oder das Rechtssystem dar, wobei sie
jeweils selbstreferentiell entsprechend eines systemeigenen Codes operieren. Mit
dieser Fassung von Gesellschaft, die immer nur ein Kommunikationshorizont
darstellen kann, jedoch nie durch die einzelnen Teilsysteme repräsentiert werden
kann, leistet Luhmann einen wesentlichen Beitrag zu einem Verständnis von
Gesellschaft, welches sich von einer Sichtweise, in der Gesellschaft als etwas a
priori Gegebenes, Feststehendes verstanden wird, distanziert und sich annähert
an eine Sicht auf Gesellschaft als ein imaginäres Konstrukt.[2] Ein weiterer Weg-

---

2   Als weitere Meilensteine auf dem Weg hin zur Betrachtung von Gesellschaft als imaginäres
     Produkt können die Arbeiten folgender VertreterInnen poststrukturalistischer Sozialtheorien
     betrachtet werden: Castoriadis (1984), Althusser (1968), Lefort (1990) (vgl. hierzu Bonacker
     2008).

bereiter in diesem Sinne ist Ernesto Laclau. Dessen Verständnis von Gesellschaft verdient im vorliegenden Zusammenhang vor allem deshalb nähere Betrachtung, da sich Laclau auch explizit mit Exklusion beschäftigt.

Ernesto Laclau: Gesellschaft ist hegemoniale Repräsentation

Wie Luhmann geht auch Laclau davon aus, dass Gesellschaft als stabile Realität, Identität oder Essenz nicht erreicht werden kann. Damit wendet er sich gegen jene Vorstellungen von Gesellschaft als „structured totality [...] as an object having a positivity of its own, which it is possible to describe and define" (Laclau 1990, S. 90), die im klassischen Strukturalismus und in anderen soziologischen Theorien präsent sind und hebt „the infinitude of the social" hervor. D.h. „the fact that any structural system is limited, that it is always surrounded by an 'excess of meaning' which it is unable to master and that, consequently, 'society' as an unitary and intelligible object which grounds its own partial processes is an impossibility" (Laclau 1990, S. 90). Aufbauend auf Überlegungen Derridas geht Laclau gemeinsam mit Mouffe von der Annahme aus, „dass Bedeutungen niemals endgültig fixiert werden können. Da aber auch Identitäten und gesellschaftliche Beziehungen in Prozessen der symbolischen Bedeutungsproduktion hergestellt werden, sind auch diese damit immer kontingent. Gesellschaftliche Strukturen können nicht auf *ein* unverrückbares Fundament wie eine ‚göttliche Ordnung' oder das ‚Gesetz der Ökonomie' zurückgeführt werden" (Glasze/Mattissek 2009, S. 157). Die entsprechende These von Laclau und Mouffe lautet deshalb, „dass Gesellschaft nicht existiert – in dem Sinne, dass nicht davon ausgegangen werden kann, dass gesellschaftliche Prozesse auf feststehende gesellschaftliche Strukturen zurückgeführt werden können" (Glasze/Mattissek 2009, S. 157).

Gesellschaft bzw. gesellschaftliche Einheit ist im Sinne Laclaus „Produkt eines Diskurses" (Bonacker 2008, S. 38). D.h. es handelt sich bei Gesellschaft um eine hegemoniale Repräsentation durch einen „leeren Signifikanten".[3] Mit dem Begriff der Hegemonie wird entsprechend auf einen „'besonders erfolgreichen' Diskurs [verwiesen], der bestimmte Bedeutungen und damit eine bestimmte Weltsicht naturalisiert, d.h. als natürlich gegeben erscheinen lässt" (Glasze 2007, S. 7). In Anschluss an Derridas Strategie der Dekonstruktion erachtet

---

3   Unter einem leeren Signifikanten versteht Laclau jenes Element, das die Position der Repräsentation der Einheit erhält. „Dieser Signifikant muss, um die Gemeinschaft als solche repräsentieren zu können, weitgehend von einer spezifischen Bedeutung entleert sein, da er sonst ja wieder in eine Differenzbeziehung treten würde und keine Äquivalenzbeziehung herstellen könne. [...] Er repräsentiert die vollkommene, aber letztlich unmögliche Identität einer Gemeinschaft" (Glasze/Mattissek 2009, S. 165).

Laclau jedes Signifikationssystem als wesentlich differentiell funktionierend. In strukturalistischen Zeichentheorien, wovon de Saussure als der zentrale Vertreter zu nennen ist (vgl. hierzu Ehrenspeck 2001, S. 25), wird Signifikation als die Bezeichnung von ‚Etwas‘, eines Inhaltes, eines Dinges verstanden und Sinn als Effekt sprachlicher Struktur. Die Vorstellung von Signifikation besteht de Saussure zufolge aus einem Signifikat, dem Bezeichneten und einem Signifikant, dem Bezeichnenden. Derrida dagegen sieht jedes Signifikat als sich „immer schon in der Position des Signifikanten" (Derrida 1983, S. 129) befindend. Er geht davon aus, dass es jenseits des differentiellen Gefüges der Signifikantenbeziehung weder Sinn noch Bedeutung gibt. Bedeutungsfixierungen und unmittelbare Identitätszuschreibungen sind Derrida zufolge unmöglich. Ausgehend von dieser Vorstellung beschäftigt sich Laclau mit der Frage, wie bei Ensembles differentieller Positionen überhaupt der Zusammenhang eines Diskurses möglich ist. Er beantwortet diese folgendermaßen: „Einerseits hat jedes Element des Systems nur insofern Identität, als es von den anderen verschieden ist. Differenz = Identität. Andererseits jedoch sind alle diese Differenzen einander äquivalent, soweit sie alle zu dieser Seite der Grenze der Ausschließung gehören" (Laclau 2002, S. 68). Damit verweist Laclau darauf, dass jede Schließung eines Diskurses die Einrichtung von Grenzen erfordert und diese Grenzziehung stets die Bestimmung dessen, was sich jenseits dieser befindet, voraussetzt. Die Darstellung einer Menge von Differenzen, die dadurch eine Repräsentation von Einheit erlangen, wird durch den leeren Signifikanten übernommen. Durch ihn wird auch, indem er eine Differenzmenge repräsentiert, eine Grenze zu dem weiteren Differenzgefüge gezogen. Das sich jenseits der Grenze Befindende kann entsprechend nur exkludiert sein, wirkt zugleich aber auch inkludierend auf das diesseits der Grenze liegende. Die Operationsweise von Exklusion entlarvt er somit insofern als paradox, als dass das bestimmte ‚Außen‘ „dabei als dasjenige konstruiert [wird], welches die eigene Identität gefährdet und folglich aus ihr ausgeschlossen werden muss. Gleichzeitig ist es auf paradoxe Weise die Existenzbedingung jeder Identität" (Glasze/Mattissek 2009, S. 164). Das konstitutive Außen bezeichnet so erst das, was sich ‚innen‘ befindet, „denn ohne den gemeinsamen Bezug auf ein Außen gäbe es keine universelle Gemeinsamkeit zwischen den so vereinten Elementen" (Glasze/Mattissek 2009, S. 164). In diesem Verständnis ist also der Prozess der Grenzziehung nach außen Grundlage jedes sozialen Kollektivs und damit „ein konstitutiver und notwendiger Bestandteil von Gesellschaft; sein jeweiliger Inhalt, also die Frage, welche Elemente hier mit Berufung auf welche Gemeinsamkeiten miteinander verknüpft werden, beruht jedoch auf keinerlei vordiskursiven Kausalitäten und ist Gegenstand hegemonialer Auseinandersetzungen" (Glasze/Mattissek 2009, S. 167). Gesellschaft wird entsprechend immer als ungeschlossen und unabschließbar gefasst und die Darstellung einer Einheit von Gesellschaft ist für Laclau ein Diskursprodukt.[4] Gesellschaft kann somit als „Ausdruck und Versuch diskursiver Praktiken, sich als geschlossene Einheit zu etablieren und ihr konstitutives Außen zu verdrängen" (Moebius 2003, S. 346) verstanden werden, ohne dass es also ein Gebilde wie eine Gesellschaft jenseits dieser imaginierten Geschlossenheit *gibt*.

Gesellschaftliche Exklusionen durch Diskurse und keine Inklusion ohne Exklusion

Durch Laclaus Ausarbeitungen wird deutlich, dass die Imagination von Gesellschaft ohne ein gesellschaftliches *Außen*, das sich jenseits ihrer befindet, nicht vorstellbar ist. Bei den folgenden Überlegungen schließen wir uns den theoretischen Ausarbeitungen Laclaus dahingehend an, dass Gesellschaft als Imagination betrachtet wird, die diskursiv stets (re)produziert und mit je unterschiedlichen Bedeutungsgehalten versehen wird. Dies bedeutet für die Frage nach gesellschaftlicher Teilhabe und Exklusionsprozessen, dass auch diese diskursiv realisiert werden. So werden bestimmte Gruppen von Personen aufgrund ihrer Zuschreibung zu gewissen Kategorien, die mit spezifischen Deutungen und Werten verbunden sind, in sprachlichen und nicht-sprachlichen Praktiken, in massenmedialen Repräsentationen, in politischen Debatten usw. ausgeschlossen. Dies geschieht teils auch dadurch, dass sie in Diskurse *eingeschlossen* werden: über bestimmte Gruppen wird auf spezifische Weise gesprochen (siehe etwa die Debatte um die Frage, ob muslimische Lehrerinnen im Klassenzimmer ihr Kopftuch abnehmen sollten oder nicht). Hierdurch wird Wissen produziert, das mit Auf- und Abwertungen einhergehen kann. Dieses Wissen prägt im Weiteren die Perspektive von Rezipientinnen und Rezipienten, die sich diesen diskursiven Verflechtungen kaum entziehen können (vgl. Bender 2011, S. 309f.). Dass Kategorien wie Geschlecht, Herkunft, Schicht etc. in alltäglichen Zuschreibungsprozessen und innerhalb von Alltagsinteraktionen an Individuen heran getragen wer-

---

4   „Diskurse sind institutionalisierte, nach verschiedenen Kriterien abgrenzbare Bedeutungsarrangements, die in spezifischen Sets von Praktiken (re)produziert und transformiert werden. Sie existieren als relativ dauerhafte und regelhafte, d.h. zeitliche und soziale Strukturierung von (kollektiven) Prozessen der Bedeutungszuschreibung. Sie werden durch das Handeln von sozialen Akteuren ‚real', stellen spezifisches Wissen auf Dauer und tragen umgekehrt zur Verflüssigung und Auflösung institutionalisierter Deutungen und scheinbarer Unverfügbarkeiten bei. Diskurse kristallisieren oder konstituieren Themen als gesellschaftliche Deutungs- und Handlungsprobleme. Inwieweit die in Diskursen prozessierten Deutungsangebote gesellschaftliche Geltungskraft erlangen, vielleicht sogar zur fraglosen Wirklichkeit avancieren, und aufgrund welcher Mechanismen und (Macht-)Ressourcen dies geschieht, ist eine empirische Frage" (Keller 2010, S. 205).

den, stellt sich als durchaus folgenreich für die Subjekte dar. Auch wenn die jeweiligen Phänomene und Kategorien sowie deren Inhalte als ontologisch kontingent zu betrachten sind, haben sie in unserem aktuellen Wissenszusammenhang eine große Bedeutung von nicht zu unterschätzender Tragweite für einzelne Individuen. Die mächtigen Wirkweisen solcher Kategorien und Phänomene können durch die Ausarbeitungen Foucaults zum Verhältnis von Diskurs und Macht dargestellt werden.

Foucault verknüpft den Begriff der Macht mit dem des Diskurses. Entsprechend lässt sich zum Verhältnis von Macht und Diskurs nach Foucault festhalten: „Macht kann nur innerhalb positiv hervorgebrachter Diskursakte existieren und umgekehrt [gilt]: keine Diskurse ohne Macht" (Bender 2011, S. 305). Da der Diskurs nicht ‚nur' einfach gesagt oder geschrieben wird, sondern etwas ‚macht', ist er als mächtig zu sehen und somit auch die Macht, „derer man sich zu bemächtigen sucht" (Foucault 1991, zit. n. Treibel 2006, S. 62). Auch wenn durch das Zitat der Eindruck entstehen kann, dass Foucault Macht als etwas versteht, das besessen werden kann, geht Foucault hingegen von *Machtbeziehungen oder -verhältnissen* aus. D.h. Macht konstituiert sich zwischen ‚freien Individuen', indem bestimmte Wirkungsweisen von Handlungen andere Handlungen verändern, obwohl potentiell auch die Möglichkeit einer alternativen Handlungsweise bestünde (vgl. Treibel 2006, S. 65). Es klingt paradox: Unterwerfung findet demnach dort statt, wo freigesetzte Individuen den Eindruck haben, frei zu handeln, sich aber diskursiven Wirkweisen nicht entziehen können. Entsprechend ist Macht nicht als ein einseitiges Machtverhältnis, sondern vielmehr als allumgebend und durch die Individuen ‚hindurchfließend' zu verstehen. D.h. Macht benötigt kein reales (alter) ego, um sich zu realisieren. In mächtigen Diskursakten werden Individuen als Subjekte eines bestimmten Geschlechts, Alters usw. unterworfen und erkennen sich zugleich selbst als diese an. Machtvoll wirken damit verbundene Wertungen und ontologisch als kontingent zu verstehende Vorstellungen von Normalität und Anormalität auf sie ein.

Methodologische Schlussfolgerungen für die Soziale Arbeit

Aus diesen Überlegungen ergeben sich für den Zusammenhang von Schulden und gesellschaftlicher Teilhabe aus der Perspektive der Sozialpädagogik zwei wesentliche Forschungsperspektiven: Zum einen scheint es von Interesse zu sein, im Rahmen von Diskursforschung zu untersuchen, *wie* die Voraussetzungen und Bedingungen von Ausschlussprozessen im Rahmen der Schuldenthematik diskursiv geschaffen d.h. durch welche Regeln diese vollzogen werden und wie dabei wer und warum von welchen Exklusionsprozessen betroffen ist. Um zudem die Folgen diskursiver Mechanismen auf der Subjektebene betrachten zu können, ist zum anderen zu fragen, welche Bedeutung diese Diskurse für verschuldete Akteurinnen und Akteure haben. Dies beinhaltet auch die Frage, in Bezug auf welche Referenzsysteme die Individuen ihre Teilhabe bestimmen und ob bzw. wie sie Ausschlusserfahrungen bewältigen (können) oder nicht.

Letztendlich geht es somit um die Frage, wie gesellschaftliche Teilhabe unter den Bedingungen von Schulden von den Betroffenen bestimmt und entsprechend Exklusion erlebt oder nicht erlebt wird. Hierfür erscheint es sinnvoll, die Lebenswelten der Akteurinnen und Akteure und ihre alltäglichen (Exklusions-) Erfahrungen zum Untersuchungsgegenstand zu machen. Dabei sollte der Blick dafür offen gehalten werden, dass gesellschaftliche Teilhabe von den Akteurinnen und Akteuren in Bezug auf unterschiedliche Referenzsysteme bestimmt werden und Unterschiedliches bedeuten kann. Gesellschaftliche Teilhabe ist entsprechend subjektbezogen und differenziert zu betrachten. So ist es denkbar, durch Schulden an gesellschaftlich legitimierten Konsumgütern teilzuhaben, gleichzeitig aber z.B. im Gesundheitsbereich aufgrund entsprechend knapper Mittel zumindest teilweise ausgeschlossen zu sein, weil der Eigenanteil an der Gesundheitsversorgung nicht mehr geleistet werden kann. Es sollte auch die Möglichkeit berücksichtigt werden, dass Teilhabe auch *durch* Schuldenanhäufung hervorgebracht werden kann und Personen *durch* die Aufrechterhaltung gesellschaftlicher Teilhabe zu Schuldnerinnen und Schuldnern werden können. In diesem Zusammenhang sei zum Beispiel auf die Verschuldung durch Handykosten oder Internet als wesentliche Verschuldungsursachen bei Jugendlichen hingewiesen, die möglicherweise gerade dadurch entstehen, um Ausgrenzungsprozesse, insbesondere unter Peers, zu vermeiden. Auch der immer wieder beklagte Erwerb von (vermeintlich unnötigen) Konsumgütern von bereits in prekären finanziellen Verhältnissen lebenden Familien kann aus dieser Sicht möglicherweise anders interpretiert werden. Gerade der Erwerb von Markenkleidung oder die Anschaffung von ‚neuesten Medien' kann Ausdruck einer Suche nach gesellschaftlicher Teilhabe und gesellschaftlicher Anerkennung sein. Einem kausalen Verständnis der Beziehung von Schulden und Teilhabe, dem zufolge Schulden Teilhabe stets beschränken, ist entsprechend genauso kritisch zu begegnen wie der Annahme eines intersubjektiv homogenen Verständnisses von gesellschaftlicher Teilhabe. Der Blick auf gesellschaftliche Diskurse als Produktionsorte und Praktiken von Ausschließung (vgl. Anhorn/Bettinger 2005) schützt vor individualistischen Verkürzungen der Schuldenproblematik sowie der Blick auf die subjektive Bedeutung von Schulden vor verkürzten Schlussfolgerungen einer mangelnden „Finanzkompetenz" der Betroffenen (vgl. Bender/Hollstein/Huber/Schweppe 2011).

Literatur

Althusser, Louis (1968): Für Marx. Frankfurt am Main: Suhrkamp Verlag.

Anhorn, Roland/Bettinger, Frank (2005): Sozialer Ausschluss und Soziale Arbeit. Positionsbestimmungen einer kritischen Theorie und Praxis Sozialer Arbeit. Wiesbaden: VS Verlag für Sozialwissenschaften.

Bender, Désirée (2011): Die machtvolle Subjektkonstitution in biographischen Interviews. Methodische Reflexionen und eine kritische Auseinandersetzung mit theoretischen Voraussetzungen der Methodologie des narrativ-biographischen Interviews nach Fritz Schütze. In: ZQF 2/ 2010, S. 295-320.

Bender, Désirée/Hollstein, Tina/Huber, Lena/Schweppe, Cornelia (2011): Krisen und Schulden: Sozialpädagogische Perspektiven. In: Hergenröder, Curt Wolfgang (Hrsg.) (2011): Krisen und Schulden. Historische Analysen und gegenwärtige Herausforderungen. Wiesbaden: VS Verlag für Sozialwissenschaften, S. 81-97.

Bielefeld, Ulrich (2008): Nation und Nationalstaat. In: Baur, Nina/Korte, Hermann/Löw, Martina/Schroer, Markus (Hrsg.) (2008): Handbuch Soziologie. Wiesbaden: VS Verlag für Sozialwissenschaften, S. 319-336.

Bonacker, Thorsten (2008): Gesellschaft: Warum die Einheit der Gesellschaft aufgeschoben wird. In: Moebius, Stephan/Reckwitz, Andreas (Hrsg.) (2008): Poststrukturalistische Sozialwissenschaften. Frankfurt am Main: Suhrkamp Verlag.

Castoriadis, Cornelius (1984): Gesellschaft als imaginäre Institution. Entwurf einer politischen Philosophie. Frankfurt am Main: Suhrkamp Verlag.

Ehrenspeck, Yvonne (2001): Strukturalismus und Poststrukturalismus in der Erziehungswissenschaft. Thematische, theoretische und methodische Implikationen einer Rezeption. In: Fritzsche, Bettina/Hartmann, Jutta/Schmidt, Andrea/Tervooren, Anja (Hrsg.) (2001): Dekonstruktive Pädagogik. Erziehungswissenschaftliche Debatten unter poststrukturalistischen Perspektiven. Opladen: Leske + Budrich Verlag, S. 21-33.

Derrida, Jacque (1983): Grammatologie. Aus dem Französischen von Hans-Jörg Rheinberger und Hanns Zischler. Frankfurt am Main: Suhrkamp Verlag.

Glasze, Georg (2007): Vorschlage zur Operationalisierung der Diskurstheorie von Laclau und Mouffe in einer Triangulation von lexikometrischen und interpretativen Methoden. Abrufbar unter: http://www.geographie.uni-erlangen.de/docs/article/68/ggl_publik_vorschlaegezuroperationaldiskurstheorie_100113.pdf.

Glasze, Georg/Mattissek, Annika (2009): Die Hegemonie- und Diskurstheorie von Laclau und Mouffe. In: Glasze, Georg/Mattissek, Annika (Hrsg.) (2009): Handbuch Diskurs und Raum. Theorien und Methoden für die Humangeographie sowie die sozial- und kulturwissenschaftliche Raumforschung. Bielefeld: transcript Verlag, S. 153-179.

Keller, Reiner (2010): Der Müll der Gesellschaft. Eine wissenssoziologische Diskursanalyse. In: Keller, Reiner/Hirseland, Andreas/Schneider, Werner/Viehöver, Willy (Hrsg.) (2010): Handbuch Sozialwissenschaftliche Diskursanalyse. Band 2: Forschungspraxis. Wiesbaden: VS Verlag für Sozialwissenschaften, S. 197-232.

Krause, Detlef (2005): Luhmann-Lexikon: eine Einführung in das Gesamtwerk von Niklas Luhmann. Stuttgart: UTB Verlag.

Laclau, Ernesto (1990): The Impossibility of Society. In: Laclau, Ernesto (1990): New Reflections on the Revolutions of our Time. London: Verso Verlag, S. 89-92.

Laclau, Ernesto (2002): Was haben leere Signifikanten mit Politik zu tun? In: Laclau, Ernesto (Hrsg.) (2002): Emanzipation und Differenz. Wien: Verlag Turia + Kant, S. 65-78.

Lefort, Claude (1990): Die Frage der Demokratie. In: Rödel, Ulrich (Hrsg.) (1990): Autonome Gesellschaft und libertäre Demokratie. Frankfurt am Main: Suhrkamp Verlag, S. 281-297.

Meyers Lexikonredaktion (Hrsg.) (1996): Meyers Taschenlexikon. In 12 Bänden. Band 4: Fels – Gorg. Mannheim; Leipzig; Wien; Zürich: B.I.-Taschenbuchverlag.

Moebius, Stephan (2003): Die soziale Konstituierung des Anderen. Grundrisse einer poststrukturalistischen Sozialwissenschaft nach Lévinas und Derrida. Frankfurt am Main: Campus Verlag.

Parsons, Talcott (1966): Der Begriff der Gesellschaft: Seine Elemente und ihre Verknüpfungen. In: Parsons, Talcott (1976): Zur Theorie sozialer Systeme (hrsg. von Stefan Jensen). Opladen: Westdeutscher Verlag, S. 121-160.

Schneider, Wolfgang Ludwig (2008): Grundlagen der soziologischen Theorie. Band 1: Weber-Parsons-Mead-Schütz. Wiesbaden: VS Verlag für Sozialwissenschaften.

Treibel, Annette (2006): Einführung in soziologische Theorien der Gegenwart. Lektion 3, Diskurstheorie, Disziplinargesellschaft und Gouvernementalität (Foucault). Wiesbaden: VS Verlag für Sozialwissenschaften, S. 53-80.

Die verschwiegene Armut: Mentalitätswandel der Schuldner in der römischen Kaiserzeit?

Nathalie Bissen

Das gesamte Karrierenetzwerk in der Antike basierte zu großen Teilen auf den persönlichen Beziehungen der Mitglieder der Oberschicht. Das Prinzip der römischen Freundschaft, einem weiten Geflecht aus Förderung, Empfehlung, Unterstützung und Dankesschuld, ist hierbei ins Zentrum unserer Forschung[1] gerückt. Über das römische Verständnis von Freundschaft und den Zusammenhang von Kredit und Vertrauen in der späten Republik hat Herr Rollinger an dieser Stelle in den vergangenen Jahren bereits berichtet[2]. Es sei aber nochmal daran erinnert, dass Kredite innerhalb der Oberschichten auf privater Ebene vergeben wurden und ein strenger Standeskodex alle Beziehungen regelte und die Ehre aller Mitglieder dieser *ordines* schützte. Die wichtigste Regelung war hierbei, dass eine Leistung eine wie auch immer geartete Gegenleistung forderte. Diese sollte im Rahmen der Möglichkeiten des Empfängers, auf keinen Fall aber darunter liegen. Erstes Ziel war hierbei, das Ansehen des Gebers zu steigern. Festzuhalten bleibt weiter, dass Schulden in der Späten Republik für den politischen Aufstieg unumgänglich waren und in der Auffassung aller keinen Makel darstellten, solange das betreffende Mitglied der Oberschicht seinen politischen und gesellschaftlichen Verpflichtungen noch nachkommen konnte oder die Hoffnung auf eine baldige finanzielle Sanierung bestand[3]. Innerhalb der Oberschichten existierte eine große Solidarität und es gehörte zum guten Ton, sich möglichst viele andere Standesgenossen politisch und finanziell zu verpflichten, ja allein durch die Einbettung in ein dichtes Netz aus Krediten, Empfehlungen, Schenkungen und anderen sogenannten Freundschaftsdiensten wurde eine politische Karriere überhaupt erst möglich. Die erhoffte finanzielle Sanierung sollte dann erst mit der Ausbeutung der zur Verwaltung übertragenen Provinzen erfolgen. Dieses System funktionierte nur mangelhaft und führte zu hohen Schulden, insbesondere bei jungen Senatoren. Deshalb schob Augustus durch seine Neuerungen diesem einen Rie-

---

1   Projekt: Netzwerkbildung als Reaktion auf Statusbedrohung durch Verarmung in der römischen Oberschicht.
2   Rollinger (2010): 31-56.
3   Zum Selbstverständnis im Umgang mit Schulden in der späten Republik, siehe: Rollinger (2009)

gel vor. Frau Schake hat im vergangenen Jahr erläutert, wie der Kaiser versuchte, die Verschuldungsmechanismen zu durchbrechen[4]. Erreichen wollte er dies durch verwaltungstechnische Umstrukturierungen in der Besetzung und Besoldung der Ämter, sowie in der Verwaltung der Provinzen[5]. Hinzu kamen die Einführung eines Mindestzensus von einer Million Sesterzen zum Verbleib in der Oberschicht, die Abschaffung der hohen Ausgaben für die Wahl in ein Amt, sowie die Übertragung der hohen finanziellen Belastungen von den jungen Senatoren auf die finanziell belastbareren älteren. Hierdurch wurde das Risiko, sich bereits in jungen Jahren zu überschulden enorm verringert. Neben der erwünschten politischen Stabilisierung hatten diese Maßnahmen des Kaisers aber auch große Auswirkungen auf die persönlichen Beziehungen der Senatoren, sowie auf ihren Umgang mit Schulden und Verarmung. Um diese Entwicklung dokumentieren und verstehen zu können, ist es unumgänglich, das römische Verständnis von Armut, das sich von unserem neuzeitlichen sehr unterscheidet, näher zu erläutern. Daher möchte ich zunächst kurz auf die Armutsterminologie eingehen, bevor in einem nächsten Schritt, der klaffende Unterschied zwischen philosophischem Ideal und kaiserzeitlicher Praxis offengelegt wird.

Relative Armut/Absolute Armut: Definition und Terminologie[6]

Da unser Projekt sich innerhalb der römischen Oberschicht ansiedelt, möchte ich an erster Stelle hervorheben, dass bereits in der Antike zwischen absoluter und relativer Armut unterschieden wird. Die verschiedenen Arten der Armut werden in den Quellen auch mit verschiedenen Begriffen charakterisiert. Begriffe wie *egestas, indigentia* und *inopia* gehören, wie auch *mendicitas* dem Bereich der absoluten Armut an. Hierunter finden sich alle Personen, die ihren Lebensunterhalt nicht aus eigener Kraft bestreiten können und in irgendeiner Weise Hilfe benötigen. Hierbei beschreiben die einzelnen Begriffe nochmals einen bestimmten Grad der Armut, wobei *inopia* den Mangel kennzeichnet, *egentia* jedoch bereits bittere Not. Im Falle des *mendicus* ist die Unterstützung durch andere meist die einzige Einnahmequelle. Dieser Begriff steht nicht nur für den Bettler selbst, sondern auch für den Bettelarmen. Anders verhält es sich mit der relativen Armut, die für uns relevant ist. Sie wird mit dem allgemeinen Begriff *paupertas* beschrieben. Hierbei handelt es sich keinesfalls um Bedürftige, sondern vielmehr

---

4   Schake (2011): 191-214; Zum sozialen Abstieg in der Kaiserzeit siehe auch: Klingenberg (2011)
5   Siehe: Alföldy (2011); Ausbüttel (1998); Eck (1995); Jacques/Lepelley/Scheid (Hrsgg.) (1998/2001); Nitschke (2006); Oraá (2007)
6   Bolkestein (1967): 327ff.; Grodzynski (1987): 140-218; Knoch (2010): 305-330.

um diejenigen, die im Vergleich zu anderen arm erscheinen und nach ihrem eigenen subjektiven Empfinden, dies auch sind. Belegen lässt sich die gefühlte Armut sehr gut bei dem Dichter Martial, der sich trotz des Besitzes einer Wohnung, eines Landhauses und einiger Sklaven fortwährend über seine eigene Armut beklagt[7]. Bedingt durch seinen Umgang mit den wichtigsten Männern Roms kann er seinen Neid auf deren Reichtum und das Hadern mit seinem eigenen Schicksal kaum verbergen und vergisst hierüber, dass er es durchaus zu bescheidenem Wohlstand gebracht hat. Der Genießer Apicius machte gar seinem Leben ein Ende, als er hundert Millionen Sesterzen für seine Schlemmereien ausgegeben hatte und ihm nur noch zehn Millionen – ein stattliches Vermögen, das immerhin noch das zehnfache des Mindestzensus für Senatoren darstellte – für die Zukunft blieben[8]. Aufgrund der Unmöglichkeit, sich weiterhin alles leisten zu können, fühlt er sich bettelarm. Auch Seneca bezeugt eine ähnliche Definition der relativen Armut. Er sagt:

> Von Armut spricht man nicht im Hinblick auf Besitz, sondern Entziehung [...]: nicht das, was man hat, wird bezeichnet, sondern das, was man nicht hat. [...] Armut besteht nämlich nicht darin, wenig zu besitzen, sondern vieles nicht zu besitzen: so hat sie ihren Namen nicht danach, was man besitzt, sondern nach dem, was einem fehlt[9].

Diese Definition des Philosophen Seneca führt uns zum philosophischen Ideal im Umgang mit Schulden und Verarmung.

Das philosophische Ideal

Die philosophischen Ansichten, die für unseren Untersuchungszeitraum maßgeblich sind, werden für die späte Republik in erster Linie von Cicero, für die Kaiserzeit von Seneca vertreten. Interessant ist, wie wenig ihre Auffassungen über die Rolle von Freundschaft und Unterstützungswürdigkeit voneinander abweichen, obwohl sie doch unter völlig anderen gesellschaftlichen Voraussetzungen schreiben. Beide unterscheiden zwischen absoluter und relativer Armut[10]. Den wirklich Armen wurde nicht nur von den Philosophen, sondern von allen Rei-

---

7   Martial, Epigramme 2,90,3 und 5,13,1; Zum subjektiven Empfinden von Armut, siehe auch: Prell (1997): 213.

8   Seneca, ad Helv. 10,9

9   Seneca, ep. 87, 39: *Paupertas non per possessionem dicitur, sed per detractionem [...]; non quod habeat dicitur, sed quod non habeat. [...] Paupertas enim est non quae pauca possidet, sed quae multa non possidet: ita non ab eo dicitur, quod habet, sed ab eo, quod ei deest.*

10   Seneca, de clementia 2,5,1

chen, von jeher Verachtung entgegengebracht und als arm galt in den Oberschichten jeder, der von seiner Hände Arbeit leben musste. Für Mitleid oder
Barmherzigkeit Bettlern gegenüber war auch bei den Philosophen kein Platz[11].
Im Gegenteil: Seneca verurteilt *misericordia* aufgrund seiner stoischen Einstellung, die es verbietet, sich von Gefühlen beherrschen zu lassen. Dies galt als
persönliche Schwäche. Wenn man einem Bettler etwas geben wollte, dann nicht
aus dem Gefühl von *misericordia*, sondern aufgrund von persönlicher Milde,
clementia, die durchaus als Tugend verstanden wurde, da sie vom Verstand ge-
leitet wurde. Die Bindung an den Verstand bewirkt aber auch, dass längst nicht
alle als unterstützungswürdig angesehen wurden. In der Tat sollten Wohltaten in
erster Linie nur denen zu Gute kommen, bei denen eine wie auch immer geartete
Gegenleistung zu erwarten war, oder bei denen Hoffnung bestand, dass sie ihrer
Armut noch entfliehen konnten[12]. Die wirklich Bedürftigen fallen nur dann unter
diese Kategorie, wenn sie nachweislich über einen guten Charakter verfügten,
den es sich lohnte zu unterstützen. Unter diese Kategorie fallen aber sehr wohl
die eigenen Freunde, sowie die meisten der Standesgenossen, die im Regelfall,
zumindest theoretisch, in der Lage waren, bei finanziellen Engpässen durch
Kredite wieder auf die Beine zu kommen. Der lautere Charakter spielte aber
auch hier eine große Rolle. Dankbarkeit und, wenn möglich, Vergeltung der
empfangenen Wohltat, waren die Kriterien, die es zu erfüllen galt, wenn man auf
Unterstützung angewiesen war. Zumindest zu Zeiten Ciceros funktionierte dieses
System der gegenseitigen Hilfe noch sehr gut. Hierbei ist aber auch ein interes-
santer Unterschied zwischen den beiden Philosophen zu erkennen. Während
Cicero mehr Wert auf den Willen zu Dankbarkeit und Vergeltung legt, wählt
Seneca für die Unterstützungswürdigkeit die reelle Möglichkeit zur Vergeltung
einer Wohltat. Demnach zählt in der Kaiserzeit nicht mehr der Wille allein, son-
dern zusätzlich das Vermögen, sich für eine erwiesene Wohltat zu revanchieren.
Trotzdem hält aber auch Seneca an dem Ideal fest, den Standeskodex zu beachten und sich gegenseitig zu unterstützen.

    In der Kaiserzeit ist von der, für die späte Republik noch üblichen, bei Se-
neca weiter idealisierten Form der Unterstützung, in der alltäglichen Praxis, nicht
mehr viel zu spüren und es ist ein deutlicher Mentalitätswandel im Umgang mit
Überschuldung und Verarmung zu bemerken. Schulden begannen immer mehr
zum Problem zu werden und konnten, anders als in der späten Republik, nun im
schlimmsten Fall zum Ausschluss aus dem ersten Stand führen. Die wichtigsten
Faktoren für diesen Wandel waren in erster Linie die genannten politischen und
verwaltungstechnischen Umstrukturierungen, wie auch der Mindestzensus, den

---

11   Parkin (2009²): 60-82; Rosivach (1995), 91-98
12   Seneca, de vita beata 23,5 – 24,1; Cicero, de officiis 2,54

es zu erfüllen galt. Ein weiterer wichtiger Faktor war die Konzentration auf den Kaiser als mächtigsten Mann im Staat, dessen persönliche Auffassungen die Meinung einer ganzen Gesellschaft prägen konnten und der allein über den Verbleib oder den Ausschluss aus dem Senatorenstand entscheiden konnte. Begünstigt wurde der Wechsel auch durch die Wiederbelebung der alten Sittengesetze sowie durch die Einführung der Vermögenskonfiskation als Strafe für bestimmte Vergehen innerhalb der Oberschicht. All dies verursachte in zunehmendem Maß ein Gefühl der Scham bei Geldmangel.

Die kaiserzeitliche Praxis: Die Freigebigkeit des Kaisers

Die Konzentration auf den Kaiser lässt sich in der Praxis an dessen Freigebigkeit zeigen. Alle Maßnahmen des ersten Kaisers, Augustus, zielten auf die politische und gesellschaftliche Stabilisierung. Hierzu musste der, nach den Bürgerkriegen, angeschlagene Stand der Senatoren wieder aufgewertet werden. Diese Aufwertung erfuhr er durch eine stärkere Abgrenzung nach unten, was durch den erhöhten Mindestzensus erreicht wurde. Besonders Kaiser Augustus förderte auch die verarmten alten adeligen Familien, die diesen nicht erfüllen konnten und garantierte durch seine Unterstützung deren Verbleib in der Oberschicht. Durch den Ausschluss der in Bürgerkriegszeiten hinzugekommen Unwürdigen wurde der höchsten Gesellschaftsschicht auch ein Stück ihrer alte Würde wiedergegeben. Diese erneut gewonnene Würde galt es nun zu erhalten, um neue Probleme zu vermeiden. Das gleiche Ziel verfolgte die Wiederbelebung der alten Sittengesetze. Von den Mitgliedern der Oberschicht wurde ein tadelloser Lebenswandel erwartet, insbesondere auch was das Vermeiden von übertriebenem Luxus betrifft[13]. Übertriebene Verschwendung galt fortan als Laster. Auch durch diesen Lebenswandel sollte der Senatorenstand stärker von den unteren *ordines* getrennt werden. Die Mitglieder des neuen, bereinigten, Senates sollten nun, möglichst ohne die Hilfe des Kaisers, die Aufgaben ihres Standes bewältigen können. Kaiserliche Hilfe kam ihnen nur zu, wenn sie unverschuldet verarmt waren. Ausschlaggebend für die Unterstützung war der vom Kaiser geforderte und sowohl bei Cicero wie auch bei Seneca dokumentierte tadellose Lebenswandel und lautere Charakter. Abstammung allein genügte bald nicht mehr, um sich den Verbleib in der ersten Zensusklasse zu sichern. Besonders unter Augustus' Nachfolger Tiberius wurden neue Weichen für Unterstützungskriterien gestellt. Tacitus hält fest:

---

13   Baltrusch (1989)

Wie er jedoch die Armut linderte, in die anständige Leute ohne Schuld geraten waren, so stieß er Verschwender oder durch ausschweifendes Leben Verarmte, nämlich Vibidius Varro, Marius Nepos, Appius Appianus, Cornelius Sulla und Q. Vitellius, aus dem Senat oder genehmigte ihr freiwilliges Ausscheiden[14].

Während seiner Amtszeit zwischen 14 und 33 n.Chr. wurde es für die Senatoren immer schwieriger kaiserliche Hilfen in Anspruch zu nehmen. Er machte es vielen Senatoren unmöglich, ohne Gesichtsverlust von seiner Freigebigkeit zu profitieren. In der Tat unterlief er das althergebrachte System der Freundschaftsdienste, indem er die Senatoren hieß, die Gründe für ihre Verarmung vor dem Senat offenzulegen und sich öffentlich zu rechtfertigen. Er wollte hierdurch Transparenz in die eigene Freigebigkeit bringen und Neid und Missgunst vorbeugen. Gleichzeitig schuf er hiermit aber auch ein mächtiges Kontrollinstrument das über die Unterstützungswürdigkeit eines Bittstellers und somit auch über Verbleib oder Ausschluss aus der Oberschicht entschied. Dass er diese Verantwortung formell dem Senat übertrug, verhindert jedoch nicht, dass er allein im Endeffekt selbst die Entscheidung traf und sie durch den Senat verkünden ließ. Als erster zerrte er die Schuldenproblematik gleichsam an die Öffentlichkeit. In der Vergangenheit sollte gerade diese Öffentlichkeit und der damit einhergehende Ehrverlust vermieden werden. Ein überaus wichtiger Bestandteil einer Freundschaft war es, die Not des anderen zu erkennen und Unterstützung anzubieten, bevor der Freund gezwungen war hierum zu bitten. Außerdem war es Sitte, Geschenke oder Kredite zu gewähren und sie den Empfängern anzubieten, damit dessen Ehre intakt blieb und es für den Geber eine Beleidigung dargestellt hätte, wenn der Empfänger das Angebot abgelehnt hätte. Auch diese Praxis wurde von Tiberius in einigen Fällen unterlaufen[15]. So bat der ehemalige Prätor Marius Nepos ihn, er möge ihm bei seinen Schulden behilflich sein. Tiberius zahlte zwar, jedoch nicht ohne den Nepos brieflich zu ermahnen und zu beleidigen. Hierdurch erreichte er, dass der Beschenkte ihm zu keinerlei Dank verpflichtet war, aber auch dass mögliche andere Bittsteller, die nicht öffentlich beschämt werden wollten, von vornherein abgeschreckt wurden. Das Signal, das von dieser Bloßstellung und der gleichzeitigen Verweigerung der Freundschaft und Dankesschuld, ausging ist deutlich: Der erste Mann im Reich und somit auch das Vorbild der Oberschicht, wollte sich einen Verarmten nicht persönlich verpflichten. Kein Wunder also, dass Marius Nepos sich später unter den bereits oben genannten Verarmten und Ausgeschlossenen befand. Sein Ziel hat Tiberius,

---

14   Tacitus Annalen 2,48: *ceterum ut honestam innocentium paupertatem levavit, ita prodigos et ob flagitia egentis, Vibidium Varronem, Marium Nepotem, Appium Appianum, Cornelium Sullam, Q. Vitellium movit senatu aut sponte cedere passus est.*
15   Seneca, de beneficiis 2,7,2-3

so Seneca weiter, nicht vollständig erreicht, da neue Bitten ihm immer wieder vorgelegt wurden. Trotzdem erreichte Tiberius, dass nur noch jene unterstützt wurden, die vor dem Senat ihre Armut rechtfertigen konnten. Seneca, der dem Ideal der Freundschaftsdienste nachtrauert, billigt die Vorgehensweise der öffentlichen Beschämung innerhalb der höchsten Gesellschaftsschicht nicht[16]. Trotzdem ist ihm ein verantwortungsbewusster Umgang mit Geld wichtig und auch er verlangt, dass jeder Rechenschaft über seine Vermögensverhältnisse ablegen können muss[17].

Der Historiker Tacitus, der Tiberius nicht wohlgesinnt war, billigt dessen neue Praxis der Offenlegung ebenso wenig. Er muss allerdings eingestehen, dass der Kaiser durchaus bereit war aus offensichtlichen Gründen Verarmten unter die Arme zu greifen, trotzdem lässt er es sich nicht nehmen, Tiberius Gehässigkeit vorzuwerfen, aufgrund derer andere es nicht wagten, ihre Armut zu gestehen und Hilfe zu erbitten[18]. Velleius Paterculus, der Tiberius nicht mit der Antipathie eines Tacitus gegenübersteht, beurteilt seine Vorgehensweise hingegen so:

> Wie oft ehrte er [Tiberius] das Volk durch Spenden, und wie bereitwillig vervollständigte er das Vermögen von Senatoren, wenn er dies auf Antrag des Senats tun konnte – und er tat es so, dass er weder der Verschwendung Tür und Tor öffnete, noch zuließ, dass jemand aus unverschuldeter Armut seinen Rang einbüßte[19].

Auch wenn diese Quelle ebenfalls nicht frei ist von Tendenzen und Velleius Paterculus ein Loblied auf seinen Freund Tiberius singt, klingt sie wesentlich neutraler als ihr taciteisches Pendant.

Wie abhängig aber die *liberalitas* des Kaisers von seinen persönlichen Sympathien war, zeigt deutlich die Tatsache, dass Kaiser Nero gleichzeitig mit unschuldig Verarmten auch zwei offensichtlichen Verschwendern ein jährliches Einkommen finanzierte[20].

Die Gunst des Kaisers (Förderung und Freundschaftsentzug)

Anders verhält es sich bei jenen, die nicht das Glück hatten, von der Gunst des Kaisers zu profitieren. Wie bereits erwähnt, beeinflussten die persönlichen An-

---

16 Seneca, de beneficiis 2,8,1
17 Seneca, ep. 1, 4-5
18 Tacitus, Annalen 1,75
19 Velleius Paterculus 2,129,3: *Quotiens populum congiariis honoravit senatorumque censum, cum id senatu auctore facere potuit, quam libenter explevit, ut neque luxuriam invitaret neque honestam paupertatem pateretur dignitate destitui!*
20 Tacitus, Annalen 13,34

sichten und das Verhalten des Kaisers die Oberschichten stark. Das Geflecht aus gegenseitigen Freundschaftsdiensten konnte durch die öffentliche Bloßstellung eines der Akteure jäh durchtrennt werden. Wem der Kaiser seine Gunst entzog, der konnte auch auf die Hilfe seiner Freunde nicht mehr zählen. Anders lässt sich die Verarmung des Marcus Hortensius Hortalus, Enkel des berühmten Redners nicht erklären[21]. Aus einer alten Familie stammend und durch die Gunst von Augustus im Senatorenstand verblieben, verfügte dieser sicherlich über einen guten Ruf und vielfältige Kontakte zu seinen Standesgenossen. Seine erneute Bitte um Unterstützung für seine vier Söhne lehnt Tiberius aber zunächst sehr barsch ab. Tacitus legt ihm folgende beleidigende Worte in den Mund:

> Wenn alles, was arm ist, damit anfängt, hierher zu kommen und für seine Kinder um Geld zu betteln, werden die einzelnen niemals befriedigt, der Staat aber erschöpft werden[22].

Schließlich billigt Tiberius, zunächst noch vom Senat bedrängt, jedem der Söhne 200 000 Sesterzen zu, allerdings lässt er sich später zu keiner weiteren Unterstützung mehr überreden, sosehr die Familie auch in, so Tacitus, „beschämende Armut[23]" abglitt. Durch seine offensichtliche Ablehnung verhindert der Kaiser auch weitere Unterstützungen durch die Standesgenossen, die dem Beispiel des Kaisers – ob aus Furcht oder aus Überzeugung sei dahingestellt – folgen und den Hortalus haben fallen lassen. Über sein weiteres Schicksal jedenfalls und das seiner Familie schweigen die Quellen.

Doch nicht nur die Einbindung in die Kreditvergabe innerhalb der Oberschicht stand bei einem Gunstverlust auf dem Spiel. Senatoren versagten ihren Freunden in der Regel alle Freundschaftsdienste, sobald der Schatten des kaiserlichen Misstrauens auf diese gefallen war. In den Sog der darauf folgenden Verurteilungen wollte niemand mit hineingezogen werden und ebenso wenig wie Freunde die Verteidigung des Angeklagten übernahmen, werden sie ihn, oder seine Familie, finanziell unterstützt haben. Der Freundschaftsentzug bedeutete

---

21   Tacitus, Annalen 2,37-38
22   Tacitus, Annalen 2,37 : *si quantum pauperum est venire huc et liberis suis petere pecunias coeperint, singuli numquam exsatiabuntur, res publica deficiet*
23   Tacitus. Annalen 2,38: *quamvis domus Hortensii pudendam ad inopiam delaberetur*. Bemerkenswert hierbei ist, dass Tacitus den Begriff *inopia* wählt, der dem Bereich der absoluten Armut zugeordnet werden kann. Wenn man keine Übertreibung des Historikers annehmen mag, so ist das Haus des Hortalus nicht nur in die nächste Zensusklasse gerutscht, sondern auch hier weiter durchgereicht worden und eventuell sogar in wirkliche Armut gefallen. Ein weiteres Beispiel dieser Art findet sich Tacitus, Annalen 2,48 (siehe Anm.12) wo mit *egestas* für Mitglieder der Oberschicht ebenfalls ein Begriff aus dem Bereich der absoluten Armut verwendet wird und impliziert, dass die Betroffenen nicht nur aus der höchsten Zensusklasse ausgeschieden sind, sondern sich auch in der Nächsten nicht halten konnten.

über kurz oder lang den Ausschluss aus der Oberschicht, sei es durch Verarmung, sei es durch eine Verurteilung. Wie gefährlich die Treue zu einem Freund sein konnte beschreibt auch Plinius, der dem unter Domitian verbannten Philosophen Artemidor als, so scheint es zumindest, einziger Freund noch beisteht[24]. Viele seiner Freunde sind zu der Zeit verbannt oder hingerichtet worden. Trotz der ihm drohenden Gefahr, die für ihn schon greifbar war, nahm er selbst einen Kredit auf, um das Geld seinem Freund zinslos weiterzugeben, damit dieser seine eigenen Schulden begleichen konnte. Wie viele Senatoren in einer ähnlichen Situation Standhaftigkeit und Treue bewiesen haben, muss ungeklärt bleiben, aus dem Brief des Plinius geht aber hervor, dass es durchaus nicht viele dieser positiven Beispiele gegeben haben kann. Neben der mangelnden Standessolidarität lassen sich anhand desselben Briefes aber ebenfalls die Veränderungen im Umgang mit Schulden belegen. Plinius beeilt sich, hervorzuheben, dass Artemidor die genannten Schulden aus „durchaus ehrbaren Gründen[25]" aufgenommen hatte. Eine Rechtfertigung dieser Art wäre für die späte Republik undenkbar. Plinius aber ist sehr darauf bedacht, den Freund durch die Veröffentlichung des Briefes und die Nennung seiner Schulden, nicht in ein schlechtes Licht zu rücken. Die mächtigen Einschnitte im Bereich der römischen Freundschaft haben weitreichende Folgen. In welchem Maß die Freundschaft in der Kaiserzeit unter manchen Kaisern gelitten hat, beschreibt wiederum Plinius in seinem Panegyricus auf Kaiser Trajan:

> Ein altehrwürdiges Gut der Menschen, die Freundschaft, war längst in den Herzen auch der einfachen Bürger verkümmert, und an seine Stelle traten Anbiederung, Schmeichelei und, schlimmer noch als Hass, geheuchelte Liebe. Ja, im Kaiserpalast blieb nur noch das Wort „Freundschaft" übrig, ein leerer, verspotteter Begriff, sonst nichts[26].

Sicherlich wird Plinius in seinem Bestreben, Trajan hervorzuheben, dessen Vorgänger – und insbesondere Domitian – in einem möglichst schlechten Licht erscheinen lassen. Sicher ist aber auch, dass die Freundschaftsbeziehungen in der Kaiserzeit sehr stark gelitten haben. Da Freundschaft aber gleichzeitig unabdingbar war für ein funktionierendes System von Kredit und Vertrauen, erfuhr dieses starke Einschränkungen und verlagerte sich immer mehr auf den engsten persönlichen Kreis, v.a. die eigenen Verwandten und Freigelassenen.

---

24 Plinius, epistulae 3,11
25 *ex pulcherrimis causis*, siehe ebd.
26 Plinius, Panegyricus 85,1-2: *Iam etiam et in privatorum animis exoleverat priscum mortalium bonum amicitia, cuius in locum migraverant adsentationes blanditiae et peior odio amoris simulatio. Etenim in principum domo nomen tantum amicitiae, inane scilicet inrisumque remanebat.*

Armut als Strafe

Als letzten Faktor, der die Entwicklung hin zu verschämter Armut begünstigt und für die Senatoren einen Ehrverlust mit sich bringt, mag die Armut als Strafe gelten. In der Tat wurde die Konfiskation von Vermögen dazu eingesetzt, ganze Familien wegen des Vergehens eines Einzelnen in Sippenhaft zu nehmen und aus dem Senatorenstand zu entfernen. Bereits 18 v.Chr. legt Augustus in der *lex Julia de adulteriis coercendis*, einem seiner Ehegesetze[27] fest, dass Ehebruch, vormals ein Vergehen, das innerhalb der Familie bestraft wurde, nunmehr als Tatbestand des Strafrechts gelten solle. Den Ehebrechern drohten die Verbannung sowie der Verlust ihres gesamten Vermögens, das dann auch den Kindern nicht mehr für ihre Karriere zur Verfügung stand. Gleiches gilt bei denen, die wegen Inzest überführt wurden. Auch ihnen wurde ihr gesamtes Vermögen genommen und der Staatskasse, oder, wie im Fall des Sextus Marius, des reichsten Mannes Spaniens, dem persönlichen Vermögen des Kaisers zugeführt[28]. Über die Motive der Anklage im Fall Sextus Marius sind sich die Historiker Tacitus und Cassius Dio uneins. Während Tacitus nur von der Verurteilung wegen Inzest spricht und in erster Linie auf die Habgier des Kaisers abzielt, berichtet Cassius Dio davon, wie Sextus Marius seine Tochter den Nachstellungen des Kaisers Tiberius entziehen wollte und deshalb dessen Rache zu spüren bekam. Wer von beiden Recht hat, oder ob in beiden Darstellungen ein Funken Wahrheit liegt, kann aus heutiger Sicht nur schwer ermittelt werden. Wichtig in unserem Zusammenhang ist aber, dass die Verarmung der ehemals reichsten Familie Spaniens hier in einem Atemzug mit einem schändlichen Verbrechen, zu denen Ehebruch und Inzest ja zweifellos gehörten, genannt und in gewisser Weise kriminalisiert wird. Durch die Konfiskation des gesamten Vermögens, wird den Nachkommen des Senators jede Möglichkeit genommen weiter politisch Einfluss zu nehmen. Die Verurteilung bedingt die Verarmung der gesamten Sippe und ihr Ausschluss aus dem ersten Stand folgt als logische Konsequenz.

Scham

Bedingt durch all diese Faktoren – also, Abschaffung der Motive für eine überhöhte Verschuldung, Bestreben des Kaisers, die Verschuldung einzudämmen, öffentliche Rechtfertigung und Zurechtweisung, und die daran gebundene Entscheidung über Unterstützungswürdigkeit, sowie eine gewisse Kriminalisierung

---

27   Mette-Dittmann (1991): 33-90
28   Tacitus, Annalen 6,19; Cassius Dio 58,22,2

von Armut – entwickelte sich ein Gefühl der Scham im Umgang mit Geldprob-
lemen. In einer Gesellschaftsschicht, in der jede Abweichung von der Norm den
Spott der Standesgenossen hervorruft, muss es für Betroffene beschämend gewesen sein, die Erfüllung bestimmter Voraussetzungen was Kleidung und Auftreten
angeht, nicht mehr erfüllen zu können[29]. Seneca beschreibt, wie er sich einmal
mit einem seinem Stand nicht angemessenen handgezogenen Wagen auf die
Straße begibt. Bei jeder Begegnung mit Dritten tritt ihm die Schamesröte ins
Gesicht und er hadert mit seinen philosophischen Grundsätzen, die ein beschei-
denes Leben befürworten[30]. Weiter berichtet er, dass sich die Mentalität dahin
gewandelt habe, dass Armut nun als Vorwurf gelte[31] und wie alle Begriffe für
Armut, sowohl *paupertas*, wie auch *inopia* und *egestas*, den so Bezeichneten in
seiner Würde herabsetzen[32]. Daher ist es unbedingt notwendig, den Betroffenen
im Verborgenen zu helfen, um ihre Ehre nicht zu verletzen. In seinem Buch über
die Wohltaten schreibt er:

> Es schreiben daher alle Lehrer der Philosophie vor, manche Wohltaten müssten öf-
> fentlich erwiesen werden, manche unter vier Augen: öffentlich, die auf ein rühmli-
> ches Handeln folgen, militärische Geschenke oder Auszeichnungen und was immer
> sonst durch Bekanntheit schöner wird; was andererseits nicht im Leben voranbringt
> und geachteter macht, sondern zu Hilfe kommt der Schwäche, der Bedürftigkeit, der
> Entehrung, muss in aller Stille geleistet werden, damit es allein denen bekannt ist,
> denen es hilft[33].

Auch der Dichter Juvenal beschreibt, wie die Armut den Betroffenen der Lächer-
lichkeit preisgibt, insbesondere dann, wenn dieser trotz offensichtlichem Geldmangel an seiner Position festhält[34]. Denn verspürt einer aufgrund seiner beeng-
ten Vermögensverhältnisse keine Scham, so wird sie von außen, wie in diesem
Fall von Juvenal für ein Mitglied des Ritterstandes, gefordert. Er legt der Menge
folgende Worte in den Mund:

> Er sollte sich doch genieren und von den für Ritter reservierten Sitzen aufstehen,
> wenn sein Vermögen der gesetzlichen Anforderung nicht entspricht[35].

---

29   Kneppe (1994): 315ff.
30   Seneca, epistulae 87,4-5
31   Seneca, epistulae 115,11
32   Seneca, de tranquilitate animi 8,4
33   Seneca de beneficiis 2,9,1-2: *Praecipiunt itaque omnes auctores sapientiae quaedam beneficia
      palam danda, quaedam secreto : palam, quae consequi gloriosum, militaria dona aut honores
      et quidquid aliut notitia pulcrius fit; rursus, quae non producunt nec honestiorem faciunt, sed
      succurrunt infirmitati, egestati, ignominae, tacite danda sunt, ut nota sint solis, quibus prosunt.*
34   Juvenal, Satiren 3,152
35   Ebd. 3,154f.

Hierzu muss man wissen, dass es im Theater und den Arenen speziell für Senatoren und Ritter reservierte Plätze gab, die die Würde und Exklusivität der beiden Stände innerhalb der Gesellschaft hervorheben sollten. Dabei waren die ersten Sitzreihen den Senatoren vorbehalten. Darüber lagen die Sitzreihen der Ritter. Erst dahinter fanden Nichtadelige Platz. Diese waren wiederum unterteilt in wohlhabende und arme Bürger. So hatte jeder seinen Platz, wie er seinem Stand und seinem Vermögen entsprach. Äußerlich erkennbar durch seine zerschlissene, ärmliche Kleidung, erfüllte der hier von Juvenal angesprochene Ritter die Kriterien seines Standes für alle offensichtlich nicht mehr. Da er trotzdem kein Schamgefühl zeigt, wird es ihm von außen aufgezwungen.

Fazit

Anders als in der späten Republik, wo Schulden noch untrennbar mit einem gesellschaftlichen Fortkommen verbunden waren und zum guten Ton gehörten, werden sie in der Kaiserzeit zunehmend zum Problem, da hier gerade jene, die möglichst wenig Schulden hatten, eine größere Karrierechance hatten. Alle Maßnahmen der Kaiser, die Bekämpfung der Verschwendung und die Verunglimpfung der Verschwender, sowie die Unterstützung allein der Würdigen, dienten in erster Linie der Stabilisierung der römischen Gesellschaft und der Festigung der Hierarchien. Das Problem, das hierbei entsteht, ist, dass unter den neuen Voraussetzungen die Beziehungen innerhalb der Oberschicht leiden und es für die Akteure oft unmöglich ist, das nötige Vertrauen sowohl für Freundschaftsdienste im allgemeinen, als auch für Geldgeschäfte im Besonderen, zu finden. Bei Verarmung erfolgt der Ausschluss aus der obersten Gesellschaftsschicht, was den weiteren Abstieg in einigen Fällen bis hin zu wirklicher Armut zur Folge haben kann. Auch in einer niedrigeren Gesellschaftsschicht wird es für einen Ausgeschlossenen, also Stigmatisierten, praktisch unmöglich gewesen sein, neue gute Beziehungen aufzubauen. Vielmehr ist anzunehmen, dass die Betroffenen sich an professionelle Geldverleiher[36] wenden mussten, die keinem Ehrenkodex unterlagen und denen das Recht zustand gegen ihre Schuldner juristisch vorzugehen und ihnen notfalls all ihren Besitz zu nehmen. Hierüber schweigen aber die Quellen, denn wer erst einmal aus dem obersten Stand herausgefallen ist, der stirbt den sozialen Tod und findet zumeist keine Erwähnung mehr in den Quellen[37].

---

36   Rollinger (2009): 82-87
37   Zum sozialen Tod: Herrmann-Otto (2002); siehe auch: Cicero, pro Quinctio 15

Allein in den Metamorphosen des Apuleius[38] taucht, in einer fiktiven Erzählung, ein solcher sozial Toter wieder auf. Auf der Straße unter den Bettlern trifft ein gewisser Aristomenes seinen verschollen geglaubten Freund Sokrates, der sich aus Scham unter seiner spärlichen, zerlumpten Kleidung zu verstecken sucht. Auch wenn keiner der beiden der Oberschicht angehörte, sondern eher als Handel treibende Reiche zu verstehen sind, ist nicht zu leugnen, wie die Scham über seinen wirtschaftlichen Misserfolg den Sokrates heraus aus der Gesellschaft und hinein in ein Bettlerdasein geführt haben. Aristomenes führt dem Freund vor Augen, dass seine Familie für ihn sogar eine Totenfeier abgehalten hat und den Kindern ein Vormund bestellt wurde. Sokrates selbst wurde also ob seiner Armut quasi für tot erklärt, verliert jeglichen sozialen Halt und bleibt allein, sozial entwurzelt, zurück.

Literatur

Alföldy, Géza (2011): Römische Sozialgeschichte. 4. Völlig überarbeitete und aktualisierte Auflage. Stuttgart: Steiner.

Atkins, Margaret/Osborne, Robin (Hrsg.) (2009²): Poverty in the Roman World. Cambridge: University Press.

Ausbüttel, Frank M. (1998): Die Verwaltung des römischen Kaiserreiches. Darmstadt: Wissenschaftliche Buchgesellschaft.

Baltrusch, Ernst (1989): Regimen morum. Die Reglementierung des Privatlebens der Senatoren und Ritter in der römischen Republik und frühen Kaiserzeit. München: C.H. Beck.

Bolkestein, Hendrik (1967): Wohltätigkeit und Armenpflege im vorchristlichen Altertum. Ein Beitrag zum Problem „Moral und Gesellschaft". Groningen: Boekhuis. Ndr. Der Ausgabe Utrecht 1939.

Eck, Werner (1995): Die Verwaltung des römischen Reiches. 2 Bände. Basel: Reinhardt.

Grodzynski, Denise (1987): Pauvres et indigents, vils et plébeiens. Une étude terminologique sur le vocabulaire des petits gens dans le Code Théodosien. In: SDHI 53. S. 140-218.

Hergenröder, Curt Wolfgang (Hrsg.) (2010): Gläubiger, Schuldner, Arme, Netzwerke und die Rolle des Vertrauens. Wiesbaden: VS Verlag für Sozialwissenschaften.

Hergenröder, Curt Wolfgang (Hrsg.) (2011): Krisen und Schulden, Historische Analysen und gegenwärtige Herausforderungen. Wiesbaden: VS Verlag für Sozialwissenschaften.

Herrmann-Otto, Elisabeth (2002): Der soziale Tod. Leben am Rande der römischen Gesellschaft. In: OIR 7. S. 20-41.

Jacques, François; Lepelley, Claude; Scheid, John (Hrsgg.) (1998/2001): Rom und das Reich in der hohen Kaiserzeit, 44 v. Chr. – 260 n. Chr. Bd.1: Die Struktur des Rei-

---

38 Apuleius, Metamorphosen 1,6,3-4

ches. Stuttgart/Leipzig: Teubner / Bd.2: Die Regionen des Reiches. München/Leipzig: De Gruyter Saur.

Klingenberg, Andreas (2011): Sozialer Abstieg in der römischen Kaiserzeit: Risiken der Oberschicht in der Zeit von Augustus bis zum Ende der Severer. Paderborn: Ferdinand Schöningh.

Kneppe, Alfred (1994): Metus temporum. Zur Bedeutung von Angst in Politik und Gesellschaft der römischen Kaiserzeit des 1. und 2. Jahrhunderts n.Chr. Stuttgart: Steiner.

Knoch, Stefan (2010): Beobachtungen zu Armut und Armen bei Platon und Aristoteles, Cicero und Seneca. In: Klio 92.2. S. 305-330.

Mette-Dittmann, Angelika (1991): Die Ehegesetze des Augustus. Eine Untersuchung im Rahmen der Gesellschaftspolitik des Princeps. Stuttgart: Steiner.

Nitschke, Jens (2006): *Dignitas* und *auctoritas*. Der römische Senat und Augustus. Prosopographische Überlegungen zur Karriere der Konsuln und Statthalter 30 v.Chr. bis 14 n.Chr. München: Utz.

Oraá, Eva Tobalina (2007): El *cursus honorum* senatorial durante la época julio-claudia, Pamplona: Eunsa Editorial Universidad Navarra S.A.

Parkin, Anneliese (2009[2]): ‚You do him no service': an exploration of pagan almsgiving. In: Atkins/Osborne (2009[2]): S. 60-82.

Prell, Marcus (1997): Sozialökonomische Untersuchungen zur Armut im antiken Rom. Von den Gracchen bis Kaiser Diokletian. Stuttgart: Steiner.

Rollinger, Christian (2009): *Solvendi sunt nummi.* Die Schuldenkultur der späten römischen Republik im Spiegel der Schriften Ciceros. Berlin: Verlag Antike.

Rollinger, Christian (2010): Kredit und Vertrauen in der römischen Oberschicht. In: Hergenröder (2010): 31-56.

Rosivach, Vincent J. (1995): Seneca on the Fear of Poverty in the *Epistulae Morales*. In: AC 64. S. 91-98.

Schake, Susanne (2011): Augustus' Krisenmanagement in den Provinzen: Schuldenbekämpfung durch Verwaltungsmaßnahmen? In: Hergenröder (2011): S. 191-214.

Teilhabe am Zahlungsverkehr durch Giro- und Pfändungsschutzkonto

Carsten Homann

Gesellschaftliche Teilhabe setzt nicht zuletzt auch die Teilnahme am bargeldlosen Zahlungsverkehr voraus. Die Debatte um das Recht auf ein Girokonto wird in Deutschland schon seit vielen Jahren geführt, bislang mit keinem dauerhaften Erfolg für die Vertreter eines solchen Rechts. Unversöhnlich stehen sich die Kreditwirtschaft auf der einen Seite, Verbraucherschützer, Schuldnerberater und weitere Befürworter auf der anderen Seite gegenüber. An die letztgenannte Auffassung scheint sich in der letzten Zeit auch zunehmend die Rechtspolitik anzunähern. So wurde ein neues Kapitel in dieser Debatte mit der Einführung des Pfändungsschutzkontos begonnen: Am 01.07.2010 traten die entsprechenden Regelungen zum Pfändungsschutzkonto (sog. P-Konto) mit dem Gesetz zur Reform des Kontopfändungsschutzes vom 07.07.2009 in Kraft (Bundesgesetzblatt I, 1707). Der nachstehende Beitrag schneidet zunächst die Geschichte um das Recht auf ein Girokonto an, stellt sodann die Verbindung zwischen Girokonto und Pfändungsschutzkonto her und widmet sich abschließend dem letztgenannten Kontotyp.

A. Teilhabe durch Girokonto

I. Bedeutung und Ausmaß der Kontolosigkeit

Der alltägliche Vorgang beim Bezahlen mit der Girocard oder beim Überweisen von Geld mittels Online-Banking ist für weite Teile der Gesellschaft zur Routine geworden. Die Bezahlung der Gas- oder Stromrechnung, die Überweisung von Löhnen und Gehältern oder die Vorteile beim Kauf von Gütern und Dienstleistungen – alle diese tagtäglichen Vorgänge werden ohne ein Girokonto zur besonderen Herausforderung. Selbst der deutsche Gesetzgeber geht wie selbstverständlich davon aus, dass Sozialleistungen wie das Arbeitslosengeld 2 unbar „auf das im Antrag angegebene inländische Konto bei einem Geldinstitut überwiesen" werden (können), § 42 Abs. 1 S. 1 SGB II. Nach Angaben der Europäischen Kommission haben rund 30 Millionen Verbraucher über 18 Jahre in der Europäi-

schen Union kein Bankkonto, davon werde 6 bis 7 Millionen Personen der Zugang zu einem Konto von der Kreditwirtschaft verweigert.[1] In Deutschland gibt
es keine amtliche Erfassung der Kontolosigkeit[2], dementsprechend keine valide
Datenbasis, allenfalls Schlaglichter.[3] So gibt der iff Überschuldungsreport 2011
für das Jahr 2010 an, dass knapp ein Fünftel der Klienten der Schuldnerberatungsstellen kontolos seien.[4] Die Europäische Kommission rechnet aufgrund der
vorgenannten Zahlen in Deutschland mit 620.000 Personen über 21 Jahre.[5] Menschen, die nicht in der Lage sind, eingangs genannte Vorgänge ohne Schwierigkeiten bargeldlos abzuwickeln, sind vielfach auf die Hilfe Dritter angewiesen.
„Wenn man heutzutage über keinerlei Konto mit grundlegenden Zahlungsfunktionen ('Basiskonto') verfügt, wird das Alltagsleben schwierig und teurer."[6]

II. Überblick über die geltende Rechtslage zum *Girokonto für jedermann*

Seit dem Jahr 1995 existiert die Empfehlung des Zentralen Kreditausschusses[7]
zum *Girokonto für jedermann*[8]. Danach werden alle Kreditinstitute, die grundsätzlich Girokonten für alle Bevölkerungsgruppen führen, nachgesucht, für „je-
de/n Bürgerin/Bürger in ihrem jeweiligen Geschäftsgebiet auf Wunsch ein Girokonto" bereitzuhalten. Der Kunde solle dadurch die Möglichkeit zur Entgegennahme von Gutschriften, zu Barein- und -auszahlungen und zur Teilnahme am
Überweisungsverkehr erhalten. Das *Girokonto für jedermann* ist als reines Guthabenkonto ausgestaltet, Überziehungen braucht das Kreditinstitut also nicht
zuzulassen. Frei entscheiden können Kreditinstitut darüber, ob über die vorgenannten Dienstleistungen hinausgehende Bankdienstleistungen angeboten wer-

---

1   http://europa.eu/rapid/pressReleasesAction.do?reference=IP/11/897&format=HTML
    &aged=0&language=DE &guiLanguage=en, 12.01.2012.
2   Siehe BR-Drs. 715/11, S. 3.
3   Eine Übersicht hierzu findet sich in der Stellungnahme „P-Konto kann Problematik des Giro-
    kontos für jedermann nicht lösen" des vzbv, S. 5ff., abrufbar unter http://www.vzbv.de/cps/
    rde/xbcr/vzbv/Girokonto-Jedermann-Stellungnahme-vzbv-2011.pdf, 12.01.2012
4   iff-Überschuldungsreport 2011, 24.
5   http://ec.europa.eu/internal_market/finservices-retail/docs/inclusion/sec_2011_906-
    annex_en.pdf, 12.01.2012; S. 24.
6   So der Schluss der Europäischen Kommission, http://europa.eu/rapid/pressReleasesAction.do?
    reference=IP/11/897&format=HTML&aged=0&language=DE&guiLanguage=en, 12.01.2012.
7   Seit August 2011 firmiert diese Organisation unter *Die Deutsche Kreditwirtschaft*; sie ist eine
    Einrichtung der Kreditinstitute in Deutschland zur gemeinsamen Meinungs- und Willensbil-
    dung und zur Vertretung der Interessen der Kreditwirtschaft gegenüber staatlichen Institutio-
    nen, www.deutsche-kreditwirtschaft.de.
8   Abrufbar   unter   http://www.die-deutsche-kreditwirtschaft.de/die-deutsche-kreditwirtschaft/
    kontofuehrung/konto-fuer-jedermann/empfehlung.html, 12.01.2012.

den. Nach der Empfehlung soll die Bereitschaft zur Kontoführung unabhängig von Art und Höhe der Einkünfte bestehen, genannt werden hier beispielsweise Arbeitslosengeld und Sozialhilfe. Sofern der Kontoinhaber Eintragungen bei der SCHUFA hat, die auf schlechte wirtschaftliche Verhältnisse des Kunden hindeuten, so ist dies allein kein Grund, die Führung eines Girokontos zu verweigern. Das Kreditinstitut ist aber dann nicht verpflichtet, ein Girokonto für den Antragsteller zu führen bzw. die Vereinbarung zu kündigen, wenn dies unzumutbar ist. Beispielhaft werden in der Empfehlung Unzumutbarkeitsgründe genannt, wie etwa der Missbrauch der Leistungen des Kreditinstitutes insbesondere für gesetzwidrige Transaktionen, z. B. Betrug, Geldwäsche o.Ä., die Nichtzahlung der für die Kontoführung und -nutzung vereinbarten üblichen Entgelte oder die grobe Belästigung oder Gefährdung von Mitarbeitern oder Kunden durch den Kontoinhaber. Höchst umstritten ist ein schon benannter Beispielsfall, nämlich wenn die bezweckte Nutzung des Kontos zur Teilnahme am bargeldlosen Zahlungsverkehr nicht möglich ist, weil z. B. das Konto durch Handlungen vollstreckender Gläubiger blockiert ist oder ein Jahr lang umsatzlos geführt wird. Angesichts von monatlich ca. 350.000 bis 370.000 Kontopfändungen bundesweit hat dieser Beispielsfall die nötige Relevanz in der Praxis und führt zu massenhaften Kontokündigungen; ein Anlass für den Bundesgesetzgeber im Jahr 2009, die Vorschriften über den Kontopfändungsschutz einer umfangreichen Umgestaltung zu unterziehen (dazu gleich mehr). Wird einem Verbraucher entgegen der Empfehlung kein Konto eingerichtet oder die Kontoverbindung gekündigt, stellt sich die Frage nach ihrer Justiziabilität. Entgegen vereinzelt gebliebener Entscheidungen ist die überwiegende Meinung zu dem Ergebnis gekommen, dass sich aus der Empfehlung kein Rechtsanspruch auf Einrichtung eines Guthabenkontos ergibt.[9] Auch die Ableitung eines entsprechenden Anspruchs aus § 826 BGB konnte sich nicht durchsetzen.[10] Übrig bleibt letztlich in diesen Fällen nur der Gang zum Ombudsmann des jeweiligen Bankenverbandes.[11] Anders schaut dies freilich dann aus, wenn im Sparkassengesetz ein entsprechender Anspruch normiert ist. Entsprechendes findet sich in den Gesetzen der Länder Bayern, Hessen, Nordrhein-Westfalen, Rheinland-Pfalz und in allen ostdeutschen Bundesländern

---

9   Vgl. nur das OLG Bremen, ZInsO 2006, 104; *Berresheim*, ZBB 2005, 420; *Pieper*, ZVI 2007, 457; a.A. LG Bremen, ZVI 2005, 424; LG Berlin, ZVI 2008, 362.

10 So auch LG Berlin, ZVI 2008, 362. Dazu auch *Hergenröder*, in: *Hadding/Hopt/Schimansky* (Hrsg.), Verbraucherschutz im Kreditgeschäft. Compliance in der Kreditwirtschaft (Schriftenreihe der Bankrechtlichen Vereinigung Bd. 29), 2009, S. 39, 92 ff.

11 Siehe beispielsweise den Bundesverband der Deutschen Volksbanken und Raiffeisenbanken e.V. (BVR), den Spitzenverband der genossenschaftlichen Bankengruppe, der Dr. *Alfons van Gelder*, Richter am Bundesgerichtshof a.D., für diese Aufgabe verpflichtet hat. Dessen Jahresbericht 2010 (S. 24) ist zu entnehmen, dass der Schwerpunkt der von Privatkunden eingereichten Beschwerden das *Girokonto für jedermann* betraf.

mit Ausnahme von Berlin. Die Erfahrung von Rheinland-Pfalz zeigt, dass auch mit diesem Anspruch nicht jeder Kontolosigkeit begegnet werden kann, in vielen Fällen wird die Gesetzeslage gleichwohl Verbesserungen mit sich bringen.

III. Aktuelle rechtspolitische Ansätze

In den Jahren 2000, 2002, 2004, 2006 und 2008 berichtete die Bundesregierung dem Deutschen Bundestag zur Umsetzung der Empfehlung des Zentralen Kreditausschusses zum *Girokonto für jedermann*; im Dezember 2011 soll ein weiterer Bericht erfolgen. Auch aus diesem Grund führte eine aktuelle Initiative der Freien und Hansestadt Hamburg Ende des Jahres 2011 nicht zum Erfolg.[12] Diese hatte die Einbringung eines Gesetzesantrages in den Deutschen Bundestag zur Einführung eines subjektiven Anspruchs auf ein Guthabenkonto beantragt[13], der sich die Länder Brandenburg, Bremen, Nordrhein-Westfalen und Rheinland-Pfalz anschlossen. Mehrheitlich sprach sich der Bundesrat aber gegen die Einbringung aus und lehnte diese in der 891. Sitzung am 16. Dezember 2011 ab. Bemerkenswert ist diese Entwicklung, weil die Berichte der Bundesregierung seit jeher eine deutliche Sprache sprechen. So lautete die Empfehlung der Bunderegierung im Jahre 2006[14]

- den Kontopfändungsschutz zu reformieren,
- die ZKA-Empfehlung durch eine rechtsverbindliche Selbstverpflichtung der Kreditinstitute auszutauschen und
- den Kreditinstitute eine verbindliche Erklärung dahingehend abzufordern, Schlichtungssprüche ihrer Ombudsmänner anzuerkennen.

Der Bericht 2008 mit seinem Fazit[15]

- dass die Zahl der Bürgerinnen und Bürger ohne Zugang zum Girokonto mindestens sechsstellig sei,
- dass die Anwendung der Empfehlung durch die Kreditinstitute die Lage kontoloser Bürger nicht verbessert habe und

---

12 So die zu Protokoll gegebene Erklärung von Staatsminister *Boddenberg* (Hessen), Anlage 6 zum Plenarprotokoll der 891. Sitzung des Deutschen Bundesrates am 16.12.2011, S. 632.
13 BR-Drs. 715/11.
14 BT-Drs. 16/2265, S. 25, 27.
15 BT-Drs. 16/11495, S. 7, 8.

- dass eine Anpassung der aus dem Jahr 1995 stammenden Empfehlung an die Bedingungen einer bargeldlosen Gesellschaft nicht ansatzweise erfolgt sei,

wurde als letzte Aufforderung der deutschen Politik an die Kreditwirtschaft verstanden.[16]

Mit diesem Appell stimmen auch Bemühungen der EU-Kommission überein, die sich seit dem Jahre 2009 dem Zugang zu einem Bankkonto widmet. Einen vorläufigen Abschluss fand dies in der Empfehlung „Zugang zu einem Konto mit grundlegenden Zahlungsfunktionen („Basiskonto")" vom 18.07.2011[17]. Diese lautet auszugsweise: „Die Mitgliedstaaten sollten dafür sorgen, dass jeder Verbraucher, der sich rechtmäßig in der Union aufhält, berechtigt ist, ein Basiskonto bei einem Zahlungsdienstleister, der in ihrem Hoheitsgebiet tätig ist, zu eröffnen und zu führen, ... Die Mitgliedstaaten sollten dafür sorgen, dass ein Basiskonto entweder kostenlos ist oder zu angemessenen Kosten zur Verfügung gestellt wird. ... Anhand eines oder mehrerer der nachfolgend genannten Kriterien sollten die Mitgliedstaaten festlegen, was angemessene Kosten sind: a) nationale Einkommensniveaus; b) Durchschnittskosten für Zahlungskonten in dem jeweiligen Mitgliedstaat; c) Gesamtkosten für die Bereitstellung des Basiskontos; d) einzelstaatliche Verbraucherpreise."

B. Teilhabe durch das P-Konto

I. Zugang zum Zahlungsverkehr und das P-Konto

Oben wurde schon bemerkt, dass insbesondere die Pfändung eines Kontos zu Kontokündigungen durch Kreditinstitute führt. Anknüpfend an den Vierten Bericht zur Umsetzung der Empfehlung des Zentralen Kreditausschusses zum *Girokonto für jedermann* vom 14.07.2006 unternahm die Bundesregierung den Versuch, das Kontopfändungsrecht zu novellieren. Am 19.01.2007 erblickte der Referentenentwurf des Bundesjustizministeriums das Licht der Welt[18], am 19.12.2007 erfolgt die Einbringung in den Deutschen Bundestag[19]. Der Gesetzesbeschluss erfolgte dann am 07.07.2009, das Gesetz zur Reform des Konto-

16   Stellungnahme des vzbv (Fn. 3), S. 3.
17   http://ec.europa.eu/internal_market/finservices-retail/docs/inclusion/c_2011_4977_de.pdf, 12.01.2012.
18   http://www.sfz.uni-mainz.de/Dateien/190107-RefE-Kontopfaendung.pdf, 12.01.2012.
19   BT-Drs.16/7615.

pfändungsrechts trat schließlich am 01.07.2010 in Kraft. Ziel des Gesetzgebers war es u.a., das Pfändungsschutzverfahren so umzugestalten, dass es möglichst unkompliziert und gleichsam effektiv durchzuführen ist.[20] Insbesondere sollte Rücksicht auf den Aufwand der Kreditwirtschaft genommen werden, der in einem vertretbaren Rahmen gehalten werden sollte, um Kontokündigungen zu verhindern. Letztlich steht hinter der Reform also auch der Gedanke der Teilhabe am Zahlungsverkehr.

II. Konkrete Umsetzung in Theorie und Praxis

1. Grundfreibetrag

Das P-Konto gewährt auf einem Girokonto des Schuldners einen automatischen Pfändungsschutz in Höhe des sog. Grundfreibetrages. Die Einkunftsart, aus der sich das Guthaben, also ein positives Kontosaldo[21], ergeben hat, ist ohne Belang; es gilt der sog. erweiterte Guthabenbegriff. In diesem Sinne fallen unter die Einkünfte des § 850k Abs. 1 ZPO Arbeitseinkommen, Sozialleistungen[22], Mieteinnahmen, Unterhaltsleistungen, Geldgeschenke, Nebenkostenrückerstattung, Beihilfe in Krankheits-, Geburts-, Pflege- und Todesfällen, Steuererstattungen usw. Der Grundfreibetrag beträgt derzeit 1.028,89 EUR (§ 850 c Abs. 1 S. 1 i.V.m. Abs. 2 a ZPO) je Kalendermonat (§ 850k Abs. 1 S. 1 ZPO). Der Guthabenteil, über den nicht verfügt wurde, wird automatisch in *den* folgenden Kalendermonat übertragen (§ 850k Abs. 1 S. 2 ZPO), womit das Gesetz eine beschränkte Ansparmöglichkeit erlaubt.[23] Dies gilt auch für die Tatbestände nach § 850k Abs. 2 und 3 ZPO.[24]

2. Aufgestockte Freibeträge

a) Tatbestände
Das Gesetz nennt in § 850k Abs. 2 ZPO verschiedene Tatbestände, bei deren Vorliegen der vorgenannte Grundfreibetrag erhöht werden kann.

---

20   BT-Drs. 16/7615, S. 12 ff.
21   *Graf-Schlicker/Linder*, ZIP 2009, 989, 993.
22   Beispielsweise Arbeitslosengeld I und II, Sozialhilfe, Grundsicherung, Kranken-, Eltern- oder Mutterschafts- oder Wohngeld.
23   Hierzu ausführlich *Homann*, ZVI 2012, 37.
24   Siehe *Homann*, ZVI 2010, 365, 371; *ders.*, ZVI 2010, 405, 406.

aa) Unterhaltspflicht/Bedarfsgemeinschaft etc.
Gewährt der Schuldner einem Angehörigen aufgrund gesetzlicher Unterhaltspflicht Unterhalt (§ 850k Abs. 2 S. 1 Nr. 1 a ZPO) oder nimmt er innerhalb einer Bedarfs- oder Einsatzgemeinschaft Geldleistungen nach SGB II/XII auf seinem Konto entgegen (§ 850k Abs. 2 S. 1 Nr. 1 b ZPO), so erhöht sich der konkrete, auf dem P-Konto vor Pfändung geschützte Betrag anhand der Freibeträge des § 850 c Abs. 1 S. 2 ZPO und zwar auf

- 1.416,11 EUR bei einer Unterhaltspflicht bzw. bei Entgegennahme von Sozialleistungen für eine weitere Person der Bedarfs- oder Einsatzgemeinschaft,
- 1.631,84 EUR bei zwei Unterhaltspflichten etc.,
- 1.847,57 EUR bei drei Unterhaltspflichten etc.,
- 2.63,30 EUR bei vier Unterhaltspflichten etc. und
- 2.279,03 EUR bei fünf/mehr Unterhaltspflichten etc.

In Anlehnung an § 850 c Abs. 2 S. 1 ZPO stellt § 850k Abs. 2 S. 1 Nr. 1 a ZPO auf die tatsächliche Unterhaltsleistung („...*Unterhalt gewährt*...") ab; maßgeblich sind hier wie dort nur gesetzliche Unterhaltsverpflichtungen.

bb) Sonstige Sozialleistungen, Kindergeld und andere Geldleistungen für Kinder
Einmalige Geldleistungen nach § 54 Abs. 2 SGB I und Geldleistungen, die dafür bestimmt sind, einen durch einen Körper- oder Gesundheitsschaden bedingten Mehraufwand auszugleichen (§ 54 Abs. 3 Nr. 3 SGB I), führen ebenso zur Erhöhung des Grundfreibetrages (§ 850k Abs. 2 S. 1 Nr. 2 ZPO), und zwar in ihrer tatsächlichen Höhe! Auch in tatsächlicher Höhe können gezahltes Kindergeld oder andere Geldleistungen *für* Kinder (§ 850k Abs. 2 S. 1 Nr. 3 ZPO) von der Pfändungswirkung ausgenommen werden. Der Begriff der „anderen Geldleistungen für Kinder" ist in § 48 Abs. 1 S. 2 SGB I legal definiert, weitere Leistungen für Kinder unterfallen dem Tatbestand damit nicht[25].

b) Bescheinigung als Nachweis
Die Erhöhungstatbestände nach § 850k Abs. 2 ZPO müssen immer im Zusammenhang mit der Nachweisregelung des § 850k Abs. 5 S. 2 ZPO gesehen werden: Das Kreditinstitut ist zur Auszahlung des erhöhten pfändungsfreien Betrag nur dann verpflichtet, wenn eine Bescheinigung des Arbeitgebers, der Familienkasse, des Sozialleistungsträgers oder einer geeigneten Person oder Stelle i.S.v. §

---

25 *Homann*, ZVI 2010, 365, 371; *Somberg*, ZVI 2010, 169, 175.

305 Abs. 1 Nr. 1 InsO vorgelegt wird, mittels der die beanspruchten Beträge, die von der Pfändung nicht erfasst sind, nachgewiesen werden.[26]

3. Abweichende Festsetzung des Freibetrages durch Gerichte

Weiterhin kann es auch beim P-Konto zur gerichtlichen Bestimmung des pfändungsfreien Betrages kommen. Leider entzieht sich eine unbekannte Anzahl von Vollstreckungsgerichten dieser Aufgabe und gefährdet in nicht unerheblichem Maße die Existenzsicherung des Kontoinhabers. Die Verbraucherzentrale Nordrhein-Westfalen hat einen Marktcheck durchgeführt, bei dem sich 20 von 53 angeschriebenen Gerichten beteiligt hatten.[27] Herausragendes Ergebnis war, dass 85% dieser Gerichte die Festsetzung des Freibetrages von Voraussetzungen abhängig macht, beispielsweise von einem Negativattest einer oder sogar aller örtlich verfügbaren Schuldnerberatungsstellen. Dies ist umso erstaunlicher, da das Gesetz keine solche Voraussetzung statuiert. Da die vorstehend genannten Stellen nach der ausdrücklichen Gesetzesbegründung nicht zur Bescheinigungserstellung verpflichtet sind, kann es einen förmlichen Nachrang bei der Zuständigkeit des Vollstreckungsgerichts auch nicht geben. Die Zuständigkeit ist daher in drei Fällen ohne weiteres gegeben: Zunächst setzt das Vollstreckungsgericht den pfändungsfreien Betrag nach § 850k Abs. 2 ZPO auf Antrag fest, wenn der Nachweis durch die Bescheinigung vom Kreditinstitut als nicht erbracht angesehen wird (§ 850k Abs. 5 S. 4 ZPO). Weiter erfolgt die Festsetzung auf Antrag nach den Vorschriften über die Pfändung von Arbeitseinkommen abweichend von § 850k Abs. 1, Abs. 2 S. 1 Nr. 1 und Abs. 3 ZPO (§ 850k Abs. 4 ZPO). Zuletzt sieht das Gesetz noch für den Fall einer Kontopfändung eines Unterhaltsgläubigers vor, dass der durch das Vollstreckungsgericht festgelegte notwendige Lebensunterhalt nach § 850 d ZPO automatisch die Beträge nach § 850k Abs. 1 und Abs. 2 S. 1 Nr. 1 ZPO ersetzt (§ 850k Abs. 3 ZPO).

4. Leistungspflicht des Kreditinstituts

Der beste Pfändungsschutz auf einem Konto nutzt nichts, wenn das Kreditinstitut bestehendes Guthaben nicht auszahlt. Die Vorschriften der § 850k Abs. 5 und 6 S. 2 ZPO sehen daher ausdrücklich Regelungen über die Leistungspflicht des Kreditinstituts im Rahmen des vertraglich Vereinbarten vor, wobei danach zu

---

26   Zu den besonderen Anforderungen an die Arbeit der Schuldnerberatungsstellen insoweit vgl. *Homann*, ZVI 2010, 365, 371 ff.
27   Abrufbar unter http://www.vz-nrw.de/mediabig/162521A.pdf, 12.01.2012.

differenzieren ist, ob ein Guthaben oder ein Sollstand besteht: Befindet sich auf dem P-Konto ein Guthaben, so besteht die Leistungspflicht unter den Voraussetzungen der § 850k Abs. 1 und 3 ZPO ohne weiteres (§ 850k Abs. 5 S. 1 ZPO). Bei den Freibeträgen nach § 850k Abs. 2 ZPO ist die Vorlage einer tragfähigen Bescheinigung Voraussetzung (§ 850k Abs. 5 S. 2 ZPO). Liegt ein Freigabebeschluss des Vollstreckungsgerichts aufgrund von § 850k Abs. 4 ZPO vor, so folgt die Leistungsverpflichtung aus diesem. Bei fehlender Deckung auf dem Konto ergibt sich die Leistungspflicht alleine unter den Voraussetzungen des § 850k Abs. 6 S. 2 ZPO: Voraussetzung ist hier, dass auf dem gepfändeten Konto Sozialleistungen oder Kindergeld eingehen, was ggf. entsprechend nachzuweisen ist (§ 850k Abs. 6 S. 3 ZPO). In diesem Fall hat das Kreditinstitut im Zeitraum von 14 Tagen seit der Gutschrift nach Abzug der Kontoführungsgebühren alle Zahlungsvorgänge auszuführen, die der Schuldner anweist.

5. Auf- und Verrechnung auf dem P-Konto durch das Kreditinstitut

Neben der Leistungsverpflichtung des Kreditinstituts bei Eingang von Sozialleistungen und Kindergeld regeln zwei der drei (!) Sätze im langen sechsten Absatz des § 850k ZPO den Komplex der Auf- und Verrechnung auf dem P-Konto. Da die Vorschrift des § 850k ZPO Pfändungsschutz für Kontoguthaben regelt, wäre die Aufrechnung mit Guthaben auf einem P-Konto nach der Vorschrift des § 394 BGB unzulässig. Dementgegen sieht § 850k Abs. 6 S. 3 ZPO vor, dass die Auf- und Verrechnung mit Kontoführungsgebühren bei im Haben stehenden Konto für die nach § 850k Abs. 1 bis 4 pfandfreien Beträgen zulässig ist. Liegt ein debitorischer Kontostand vor, so besteht kein Kontopfändungsschutzschutz nach § 850k Abs. 1 bis 4 ZPO. Gleichwohl sieht § 850k Abs. 6 S. 2 ZPO, dies wurde vorstehend angesprochen, eine Leistungspflicht des Kreditinstituts im Rahmen des Kontokorrents innerhalb von 14 Tagen vor, wenn die Gutschrift aus einer Geldleistung nach dem SGB oder Kindergeld stammt. Diesem Leistungsanspruch geht zunächst die Auf- und Verrechnung innerhalb des genannten Zeitraums mit Kontoführungsgebühren „vor". Damit ist der P-Kontoinhaber also bei jedem Kontostand verpflichtet, seine Kontoführungsgebühren zu begleichen; die Regelung soll die Kreditinstitute dazu bewegen, P-Konten zu führen.[28] Daneben darf auch mit Aufwendungsersatzansprüchen aufgrund der Ausführung von Kontoverfügungen des Berechtigten (§ 850k Abs. 6 S. 1 Hs. 5 2. Alt. ZPO) auf- und verrechnet werden. Mit anderen Forderungen kann das Kreditinstitut im Umkehrschluss nicht gegen diese auf- oder diese verrechnen, was grundsätzlich

---

28   BT-Drs. 16/12714, S. 20.

der vormaligen Rechtslage nach der Regelung in § 55 SGB I i.V.m. § 394 BGB entspricht.

6. Vertragsrechtliche Grundlagen des P-Kontos

a) Ein P-Konto pro Person

Die vertragsrechtlichen Grundlagen sind in den Vorschriften des § 850k Abs. 7 bis 9 ZPO niedergelegt. Die bedeutendste und zwingende Vorgabe findet sich § 850k Abs. 8 S. 1 ZPO: Für jede natürliche Person darf nur ein P-Konto geführt werden! Die Absicherung der Vorgabe erfolgt durch eine Negativversicherung des Kunden sowie eine Abfrage bei der Schufa und anderen Auskunfteien: Zum einen hat der Kunde gegenüber dem Kreditinstitut zu versichern, dass er kein weiteres P-Konto führt (§ 850k Abs. 8 S. 2 ZPO). Zum anderen darf das Institut eine Abfrage aus den P-Konto-Verzeichnissen der Auskunfteien durchführen, um herauszufinden, ob schon ein P-Konto für den Kunden bei einem anderen Institut besteht, sowie die Führung des P-Kontos an diese mitteilen (§ 850k Abs. 8 S. 2 und 3 ZPO). Stellt sich heraus, dass ein Schuldner mehrere P-Konten führt, hat der pfändende Gläubiger ein Wahlrecht, welches gegenüber dem Vollstreckungsgericht auszuüben ist. Er kann bestimmen, welches Konto das P-Konto sein soll (§ 850k Abs. 9 S. 1 ZPO). Nach einem entsprechenden Beschluss des Vollstreckungsgerichts entfällt für alle anderen Konten der Pfändungsschutz (§ 850k Abs. 9 S. 5 ZPO).

b) Vereinbarung, Umwandlungsanspruch und Zusatzleistungen

Die vertragsrechtlichen Voraussetzungen des P-Kontos entsprechen im Übrigen denen des Girokontos, d.h. die Einrichtung eines P-Konto erfolgt aufgrund einer vertraglicher Vereinbarung (§ 850k Abs. 7 S. 1 ZPO). Damit behalten die Kreditinstitute es faktisch in der Hand, sich ihre Vertragspartner frei auswählen zu dürfen. Dies öffnet weiterhin obskuren Geschäftspolitiken Tür und Tor und wird über den Erfolg oder Misserfolg des P-Kontos mitentscheiden. Schon jetzt besteht ein Anspruch auf Umwandlung eines bestehenden Girokontos (§ 850k Abs. 7 S. 2 ZPO) in ein P-Konto. Dieser ist auch bei vorliegender Pfändung möglich (§ 850k Abs. 7 S. 3 ZPO). In diesem Fall muss die Umwandlung in ein P-Konto vor Ablauf von 4 Wochen nach Zustellung des Pfändungs- und Überweisungsbeschlusses (§ 850k Abs. 1 S. 3 ZPO) erfolgen, das Kreditinstitut hat die Umwandlung in diesem Fall innerhalb von drei Geschäftstagen durchzuführen (§ 850k Abs. 7 S. 3 ZPO). Erfolgt die Umstellung eines Kontos auf ein P-Konto, ergreift die Schutzwirkung den laufenden Kalendermonat, da der Pfändungsschutz auf dem P-Konto immer an der Zeiteinheit „Kalendermonat" ansetzt. Die Praxis zeigt, dass mit der Umwandlung eines Kontos in ein P-Konto vielfach

Auswirkungen auf Zusatzleistungen, wie beispielsweise dem Online-Banking, der Nutzung von Girocard, Kreditkarte oder Dispositionskredit zu befürchten sind.[29]

7. Kosten

Eine Regelung zu den Kosten für ein P-Konto findet sich im Gesetz nicht. Allerdings hat sich der Rechtsausschuss des Deutschen Bundestages hierzu in seiner Beschlussempfehlung klar und eindeutig geäußert[30]: *„Auch für die Führung des Pfändungsschutzkontos darf die Preisgestaltung der Banken jedenfalls das für ein allgemeines Gehaltskonto Übliche nicht übersteigen."* Dem stehen erste Erfahrungen mit der Kreditwirtschaft entgegen.[31] Zwar gibt es auch Institute, die Entgelte für P-Konto entsprechend denen von Girokonten berechnen (0 bis 10 EUR). Andere hingegen lassen sich das P-Konto mit 13 bis 20 EUR vergüten, einige wenige verlangen sogar über 20 EUR pro Monat.[32] Auf das Jahr gerechnet ergeben sich damit Kontoführungsgebühren von 324 EUR, was fast der monatlichen Regelleistung nach § 20 Abs. 2 S. 1 SGB II entspricht (374 EUR). Der Erfahrungssatz „the poor pay more" bewahrheitet sich einmal mehr.[33] Seit einiger Zeit rollt aus diesem Grund eine regelrechte Abmahnwelle der Verbraucherschützer durch die Republik. Diese hat zu einer Vielzahl von gerichtlichen Entscheidungen geführt. In allen bislang veröffentlichen Entscheidungen lassen sich zwei Linien herauslesen: Zum einen darf das P-Konto nicht als eigenes Kontomodell angeboten werden, sondern ist als Kontozusatzfunktion anzusehen, die kostenneutral aktiviert werden können muss.[34] Zum anderen nutzt es Kreditinstituten nichts, wenn sie sich Zusatzvereinbarungen unterzeichnen lassen, die erhöhte Gebühren vorsehen und davon die Umwandlung eines Girokontos in ein P-Konto abhängig machen.[35] Trotz dieser nachhaltig zu begrüßenden Entwicklung wird noch viel Zeit ins Land gehen, lässt der Gesetzgeber der Kreditwirtschaft bei der Preisgestaltung freie Hand. Denn nicht jedes abgemahnte Institut zieht die nötige Folgerung und reduziert seine Preise auf ein akzeptables Maß. Vielfach erfolgt eine marginale Änderung, mit der Folge, dass eine erneute Abmah-

---

29   So das Ergebnis der Untersuchung der Zeitschrift Ökotest, Heft November 2010, S. 104.

30   BT-Drs. 16/12714, S. 17.

31   Vgl. wiederum die Untersuchung der Zeitschrift Ökotest, Heft November 2010, S. 100 ff.

32   *Bitter* (ZIP 2008, 2155, 2157) hält wohl bis zu 45 EUR monatlich für zulässig und auch nicht sittenwidrig (§ 138 Abs. 2 BGB), da mit einer Kontopfändung entsprechende Kosten entstünden.

33   Vgl. *Busch*, VuR 2007, 138.

34   LG Erfurt, VuR 2011 188; siehe auch die Stellungnahme des vzbv (Fn. 3), S. 16 m.w.N.

35   LG Köln, VuR 2011, 392.

nung nötig würde.[36] Letztlich erweist sich der Erfolg des Abmahnverfahrens als Pyrrhussieg.

C. Fazit

Der Zugang zu einem *Girokonto für jedermann* entwickelt sich in Deutschland bald zur unendlichen Geschichte. Dies bedeutet für eine Vielzahl von Personen eine eingeschränkte Teilhabe am Zahlungsverkehr und allgemein am gesellschaftlichen Leben. Die Auswirkungen sind bedeutungsvoll und erheblich. Die Rechtspolitik tut gut daran, das Problem nicht mehr auf die lange Bank zu schieben, sondern baldmöglichst zu erledigen. Entsprechende Initiativen auf europäischer und Bundesebene zeigen in die richtige Richtung und sollten weiterverfolgt werden. Die Kreditwirtschaft täte gut daran, ihre partielle Verhinderungspraxis aufzugeben. Beginnen könnte sie mit einem ehrlicheren Umgang mit dem P-Konto. Dieses schickt sich an, wenigstens einen Teilbereich des Problems zu lösen. In der Praxis offenbaren sich aber zum Teil erhebliche Probleme, die geeignet sind, den Erfolg des P-Kontos abzuwenden. Insbesondere die Frage der angemessenen Bepreisung ist überlebenswichtig. Ganz im Sinne der Debatte um das *Girokonto für jedermann* bedarf es hier eines Beitrages der Kreditwirtschaft. Gerade in Zeiten der Finanzkrise und stetigen Versuchen der Politik zur Rettung von Bankinstituten wäre ein solch gesellschaftliches Engagement der Kreditwirtschaft ein erhebliches Zeichen.

---

36   Stellungnahme des vzbv (Fn. 3), S. 19.

Private Überschuldung und Teilhabe am staatlichen Gesundheitssystem

Curt Wolfgang Hergenröder/Sonja Justine Kokott

Den Wechselbeziehungen von Krankheit und Schulden wird in der Rechtsordnung nur unzureichend Beachtung geschenkt. Der nachfolgende gemeinsame Beitrag skizziert zunächst die Grundproblematik dieser Gemengelage. Dem spezifischen Aspekt der Teilhabe am staatlichen Gesundheitssystem überschuldeter Personen wird dann jeweils gesondert im Hinblick auf die Zuzahlungen zu Gesundheitsleistungen (Hergenröder) sowie dem Anspruch auf ein präventives Gesundheitsangebot (Kokott) nachgegangen.

I. Empirische Datenquellen privater Überschuldung

Der Zusammenhang zwischen der privaten Überschuldung[1] einer Person und ihrem Gesundheitszustand offenbart sich nicht auf den ersten Blick, auch wenn man Zusammenhänge bei näherem Hinsehen mutmaßen kann. So liegt es nahe, dass kranke Menschen eher in Schulden geraten können als gesunde, ist ihre Erwerbsfähigkeit doch eingeschränkt. Und umgekehrt mag die Belastung mit Schulden auch Krankheiten nach sich ziehen, insbesondere bei daraus entstehender psycho-sozialer Destabilisierung. Genaue Aussagen zu den Wechselbeziehungen von Krankheit und Schulden lassen sich freilich erst nach Auswertung empirischer Datenquellen tätigen. Insoweit ist zu berücksichtigen, dass die Über-

---

1 Im sozialwissenschaftlichen Schrifttum ist regelmäßig von „Überschuldung" die Rede, nicht zuletzt deshalb, um den Gegensatz zur landläufig durchaus akzeptierten „Verschuldung" zu betonen, vgl. etwa *Korczak/Roller*, Überschuldung in Deutschland zwischen 1988 und 1999, 2000, S. 47: „Überschuldung liegt vor, wenn der nach Abzug der notwendigen Lebenshaltungskosten verbleibende Einkommensrest nicht mehr ausreicht, die eingegangenen Zahlungsverpflichtungen zu erfüllen." Nach der InsO ist demgegenüber begrifflich zu trennen: „Zahlungsunfähigkeit" definiert § 17 Abs. 2 InsO – als Voraussetzung für die Eröffnung des Insolvenzverfahrens nach §§ 17 Abs. 1, 16 InsO – wie folgt: „Der Schuldner ist zahlungsunfähig, wenn er nicht in der Lage ist, die fälligen Zahlungspflichten zu erfüllen." Satz 2 ergänzt: „Zahlungsunfähigkeit ist in der Regel anzunehmen, wenn der Schuldner seine Zahlungen eingestellt hat." Demgegenüber ist der Begriff der Überschuldung den juristischen Personen vorbehalten und bei diesen gem. § 19 Abs. 1 InsO Eröffnungsgrund. Im Folgenden werden beide Begriffe synonym verwendet.

schuldung deutscher Privathaushalte ein sozialpolitisches Phänomen ist, dessen Ausmaß, Ursachen und Auswirkungen in den letzten Jahrzehnten zunehmend in den Fokus gesellschaftlicher Aufmerksamkeit gerückt sind. Insbesondere die im Zuge der Insolvenzrechtsreform im Jahre 1999[2] erfolgte Einführung eines speziell auf Privatpersonen zugeschnittenen Verfahrens und die damit verbundene Möglichkeit, im Wege der Restschuldbefreiung breite Kreise der Bevölkerung von ihren Verbindlichkeiten zu befreien, haben ihren Teil hierzu beigetragen. Verbraucherinsolvenz und Restschuldbefreiung sind angesichts des sogleich noch zu erörternden Grades der Zahlungsunfähigkeit in der deutschen Bevölkerung – das sei deutlich gesagt[3] – freilich nur eine Reaktion des Staates auf einen unhaltbar gewordenen gesellschaftlichen Zustand.

Zur Erfassung des Ausmaßes, der Ursachen und wichtiger Begleitumstände einer Überschuldungssituation beauftragt das Bundesministerium für Familie, Senioren, Frauen und Jugend seit dem Ende der 80er Jahre Expertengruppen, die in Ermangelung einer empirisch ermittelbaren Richtgröße auf ein Indikatorenmodell[4] zurückgreifen, das anhand der Entwicklung der Arbeitslosenzahlen, der Konsumentenkredite und deren Kündigungen, der eidesstattlichen Versicherungen, der Mietschulden und der Klientenstatistiken der Schuldnerberatungsstellen[5] die Zahl der überschuldeten Haushalte ermitteln.[6] In Zusammenarbeit mit dem Statistischen Bundesamt macht sich das Bundesministerium für Familie, Senioren, Frauen und Jugend zudem seit 2006 verstärkt die Erfahrungen aus der Praxis der Schuldnerberatungsstellen der einzelnen Bundesländer zunutze[7], da diese

---

2   Insolvenzordnung vom 5.10.1994, BGBl. I, 2866; gem. Art. 110 Abs. 1 EGInsO in Kraft getreten am 1.1.1999.

3   Siehe schon *Hergenröder*, DZWIR 2001, 397, 411 f.

4   Die Methode einer solchen Art der Datenermittlung beruht auf der Grundannahme, dass jeder Überschuldete früher oder später bei einem Indikator auffällig werden wird.

5   Zur Schuldnerberatung als Institution grundlegend *Homann*, Praxis und Recht der Schuldnerberatung, 2009.

6   Vgl. etwa *Korczak*, Überschuldung in Deutschland zwischen 1988 und 1999, Schriftenreihe des Bundesministeriums für Familie, Senioren, Frauen und Jugend, Bd. 198, S. 105 f.; *ders.*, Überschuldungsexpertise für den 2. Armuts- und Reichtumsbericht der Bundesregierung, 2004, im Internet zu finden unter: http://www.bmfsfj.de/RedaktionBMFSFJ/Abteilung2/ Pdf-Anlagen/materialien-zur-familienpolitik-nr.-19-2004,property=pdf,bereich=,rwb=true.pdf; *Zimmermann*, Ermittlung der Anzahl überschuldeter Privathaushalte in Deutschland, in: Bundesministerium für Familie, Senioren, Frauen und Jugend (Hrsg.): Materialien zur Familienpolitik – Lebenslagen von Familien und Kindern – Überschuldung privater Haushalte, Expertisen zur Erarbeitung des dritten Armuts- und Reichtumsberichts der Bundesregierung, Nr. 22/2008, Berlin 2008.

7   Die Überschuldungsstatistik wird gemäß § 7 Absatz 1 des Bundesstatistikgesetzes (BStatG) als freiwillige Erhebung bei denjenigen Schuldnerberatungsstellen durchgeführt, die unter der Trägerschaft der Wohlfahrts- und Verbraucherverbände oder der Kommunen stehen. Die Schuldnerberater leiten das Datenmaterial ihrer Klienten mit deren Zustimmung anonymisiert

Institutionen über die umfassendsten Angaben in Bezug auf sozioökonomische Strukturdaten und psychosoziale Rahmenbedingungen überschuldungsgefährdeter und überschuldeter Haushalte verfügen.[8] Die Schuldnerberatungsstellen dienen den betroffenen Schuldnern als psychosoziale Auffangstationen, bewähren sich als wichtige Partner in der Verhandlung mit Gläubigern in der Vorbereitung und während der Durchführung des Insolvenzverfahrens und können aus ihrem anonymisierten statistischen Datenpool hinreichend zuverlässige Aussagen zu den Ursachen und dem Ausmaß privater Überschuldung, der Zusammensetzung des überschuldeten Personenkreises und Angaben zu den Gläubigern liefern.[9] Verlässliche Größen zur Anzahl der privaten Schuldner, die ein Insolvenzverfahren in Anspruch nehmen, werden von den Gerichten an das Statistische Bundesamt weitergeleitet.[10] Die Rechtsinstanzen liefern Informationen über den Umfang der Verbraucherinsolvenzen, die Höhe der Forderungen und die Art und

---

an das Statistische Bundesamt weiter, das die Daten in einem jährlichen Bericht zusammenfasst. Die Erhebung liefert Aussagen über die Zusammensetzung des verschuldeten Personenkreises, über die Ursachen und die Höhe der Schulden, über Einkünfte sowie die wichtigsten Gläubiger. Zum Ablauf und Umfang der Erhebung vgl. etwa *Angele*, Wirtschaft und Statistik 2007, 948, 949 ff.; *ders.*, Wirtschaft und Statistik 2008, 963 ff. Zur aktuellsten Überschuldungsstatistik siehe *Statistisches Bundesamt*, Statistik zur Überschuldung privater Personen 2009, im Internet abrufbar unter: http://www.destatis.de/jetspeed/portal/cms/Sites/ destatis/Internet/DE/Content/Publikationen/Fachveroeffentlichungen/UnternehmenGewerbeInsol venzen/Insolvenzen/Ueberschuldung5691101097004,property=file.pdf.

8 Die Teilnahme der Schuldnerberatungsstellen an der Erhebung nach § 7 Abs. 1 BStatG ist allerdings von Bundesland zu Bundesland äußerst unterschiedlich, hierzu und zu den Gründen *Hergenröder*, DZWIR 2009, 221, 222; *ders.*, in: *Hadding/Hopt/Schimansky* (Hrsg.), Verbraucherschutz im Kreditgeschäft. Compliance in der Kreditwirtschaft (Schriftenreihe der Bankrechtlichen Vereinigung Bd. 29), 2009, S. 39, 45 f.

9 Zu Selbstverständnis und Arbeitsweise der Schuldnerberatungsstellen *Hergenröder* ZVI 2003, 577, 578 ff.; *ders.* ZVI 2007, 448 ff. Eingehend *Ebli*, Pädagogisierung, Entpolitisierung und Verwaltung eines gesellschaftlichen Problems. Die Institutionalisierung des Arbeitsfeldes „Schuldnerberatung", 2003, S. 141 ff.; *Homann*, Praxis und Recht der Schuldnerberatung, 2009, Rn. 25 ff., 85 ff., 116 ff.

10 Die Insolvenzstatistik des Statistischen Bundesamtes liefert monatlich Informationen über alle Privatinsolvenzverfahren in den einzelnen Bundesländern. Das Verfahren gibt über die Höhe der Forderungen, die Art und Anzahl der Gläubiger sowie den Ausgang und das finanzielle Ergebnis des Verbraucherinsolvenzverfahrens Auskunft, so dass auch Datenbestände über die Erteilung oder Versagung der Restschuldbefreiung zur Verfügung stehen. Vgl. hierzu etwa *Statistisches Bundesamt*, Überschuldung privater Personen und Verbraucherinsolvenzen – Begleitmaterial zur Pressekonferenz am 21. Oktober 2008 in Berlin, im Internet abrufbar unter: http://www.destatis.de/jetspeed/portal/cms/Sites/destatis/Internet/DE/Presse/pk/2008/Uebersch uldung/Pressebroschuere__ueberschuldung,property=file.pdf; *Angele*, Wirtschaft und Statistik 2008, 302 ff.; *Statistisches Bundesamt*, Datenreport 2011, Kapitel 6.1.6 Überschuldung und Privatinsolvenz, im Internet abrufbar unter: http://www.destatis.de/jetspeed/portal/cms/Sites/ destatis/Internet/DE/Content/Publikationen/Querschnittsveroeffentlichungen/Datenreport/Downlo ads/Datenreport2011Kap6,property=file.pdf.

Anzahl der Gläubiger. Weitere Datenbestände wissenschaftsbasierter Sozialbe-richtserstattung existieren beim Verband der Vereine Creditreform (Schuldner-Atlas Deutschland),[11] der Schutzgemeinschaft für allgemeine Kreditsicherung Schufa (Kredit-Kompass)[12] sowie beim Institut für Finanzdienstleistungen (iff - Überschuldungsreport).[13]

Bei der Begutachtung des Zahlenmaterials muss beachtet werden, dass die einzelnen Institutionen bei der Auswertung ihrer Daten zum Teil unterschiedli-che Überschuldungsdefinitionen zu Grunde legen und sich auf unterschiedliche Einheiten – Privatpersonen oder Haushalte – beziehen. So ist keine absolute Zahl an überschuldeten Privatpersonen oder Haushalten ermittelbar und selbst bei direkten Vergleichen der ermittelten Zahlengrößen ist Vorsicht geboten, da sich Datengrundlagen und Auswertungsmethoden der verschiedenen Studien unter-scheiden. Jedoch gewährleisten die vorhandenen empirischen Erhebungen eine hinreichend zuverlässige Einschätzung der Anzahl an Betroffenen und machen die Dimension der Schuldenlast in der Bevölkerung deutlich.

II.   Private Überschuldung in Zahlen und Fakten

1.   Das Phänomen im gesamtgesellschaftlichen Zusammenhang

Der zweite Armuts- und Reichtumsbericht der Bundesregierung stützt sich auf ein durch die GP Forschungsgruppe[14] München erstelltes Gutachten, das die Gesamtzahl überschuldeter deutscher Privathaushalte für das Jahr 2002 auf 3,13 Millionen einschätzt.[15] Für den dritten Armuts- und Reichtumsbericht der Bun-

---

11   SchuldnerAtlas 2011, im Internet zu finden unter: http://www.creditreform.de/Deutsch/Cre ditreform/Presse/Archiv/SchuldnerAtlas_Deutschland/2011/Analyse_SchuldnerAtlas_Deutschl and_2011.pdf.

12   SCHUFA Kredit-Kompass 2011, im Internet zu finden unter: http://www.schufa-kredit-kompa ss.de/media/download/downloadsgesamt2011/schufa_kreditkompass2011.pdf.

13   Iff - Überschuldungsreport 2011, im Internet zu finden unter: http://www.iff-ueberschuldungsr eport.de/media.php?id=4364

14   Institut für Grundlagen- und Programmforschung München unter der Leitung von Dieter Korczak.

15   Die Expertisen zur Erarbeitung des 2. Armuts- und Reichtumsbericht der Bundesregierung sind im Internet abrufbar unter: http://www.bmfsfj.de/bmfsfj/generator/RedaktionBMFSFJ/ Abteilung2/Pdf-Anlagen/materialien-zur-familienpolitik-nr.-19-2004,property=pdf,bereich=,rwb =true.pdf, S. 281, 356 ff.; vgl. ebenfalls Bundesministerium für Familie, Senioren, Frauen und Jugend (Hrsg.): Überschuldung – Betroffenen helfen, finanzielle Allgemeinbildung verbessern (2004). Eine Aktualisierung dieser auf dem Indikatorenmodell ermittelten Daten für den 3. Armuts- und Reichtumsbericht ist nicht erfolgt. Vielmehr sollten die Zahlen auf eine breitere Basis gestellt werden. Vgl. hierzu das Protokoll des Experten-Workshops zur Datenerhebung zur Überschuldung, abrufbar unter:

desregierung wurde eine Studie herangezogen, die die Überschuldung privater Haushalte mit Kreditverbindlichkeiten in den Jahren 2002 bis 2006 analysiert.[16] In der Untersuchung wird die höchste Anzahl überschuldeter Haushalte für das Jahr 2003 mit rund 2,9 Millionen angegeben, im Jahre 2006 sank die Zahl auf rund 1,6 Millionen Einheiten.[17] Als Datengrundlage dient der Datenbestand des sozio-ökonomischen Panels (SOEP)[18], bei dem zu berücksichtigen ist, dass er auf einer freiwilligen Befragung privater Haushalte in Deutschland beruht, nur die Verschuldungsform Kreditverbindlichkeit erfasst und andere Verschuldensformen wie beispielsweise Mietschulden oder Schulden bei der öffentlichen Hand bzw. bei Energiekonzernen außer Betracht lässt. Ebenfalls ist zu berücksichtigen, dass es sich um die Erfassung von Haushalten handelt, nicht um Einzelpersonen. Wenn man davon ausgeht, dass regelmäßig Ehe- oder Lebenspartner durch Bürgschaften oder Schuldmitübernahmen ebenfalls Verbindlichkeiten eingegangen sind, ist sicherlich von einer höheren Zahl auszugehen.

Auf personenbezogene Daten stützen sich Untersuchungen der Vereine Creditreform (Schuldner-Atlas), die von 6,54 Millionen Schuldnern im Jahre 2004 ausgehen. Nach deren Datenbeständen stieg die Anzahl der Schuldner bis zum Jahre 2007 auf 7,34 Millionen, um sich danach zwischen sechs und sieben Millionen zu bewegen sowie im Jahre 2011 eine Schuldnergruppe in einer Dimension von 6,41 Millionen auszuweisen.[19] Die Abnahme der privaten Überschuldung wird von Creditreform mit der deutlichen Belebung auf dem Arbeitsmarkt in Verbindung gebracht; diese Annahme korrespondiert mit dem Umstand, dass Arbeitslosigkeit den häufigsten Auslöser für eine Überschuldungssituation darstellt. Im Gegenzug hierzu ist jedoch ein Anstieg der sogenannten strukturellen Überschuldung zu verzeichnen. Die Befunde des SchuldnerAtlasses für das

---

16   http://www.bmfsfj.de/bmfsfj/generator/RedaktionBMFSFJ/Internetredaktion/Pdf-Anlagen/arm
      utsbericht-materialien,property=pdf,bereich=,rwb=true.pdf, S. 215 ff.
      Der 3. Armuts- und Reichtumsbericht der Bundesregierung ist im Internet abrufbar unter:
      http://www.bmas.de/coremedia/generator/26742/property=pdf/dritter__armuts__und__reichtu
      msbericht.pdf.

17   *Zimmermann*, Ermittlung der Anzahl überschuldeter Privathaushalte in Deutschland sowie
      weitere Kennzahlen zum Ausmaß privater Überschuldung auf der Basis des SOEP 2006, Gutachten im Auftrag des Bundesministerium für Familie, Senioren, Frauen und Jugend (2007);
      im Internet abrufbar unter: http://www.bmfsfj.de/bmfsfj/generator/RedaktionBMF
      SFJ/Internetredaktion/Pdf-Anlagen/armutsbericht-materialien,property=pdf,bereich=,rwb=true
      .pdf, S. 162 ff.

18   Das SOEP ist eine vom Deutschen Institut für Wirtschaftsforschung durchgeführte Wiederholungsbefragung privater Haushalte in Deutschland, die jährlich bei denselben Personen und
      Familien durchgeführt wird und durch die sich insbesondere Verschuldungsbeziehungen zu
      Kreditinstituten abbilden lassen.

19   *Creditreform*, SchuldnerAtlas Deutschland 2011, im Internet abrufbar unter:
      http://www.creditreform.de/Deutsch/Creditreform/Presse/Archiv/SchuldnerAtlas_Deutschland/
      2011/Analyse_SchuldnerAtlas_Deutschland_2011.pdf.

Jahr 2011 verdeutlichen, dass mittlerweile 3,7 Millionen Schuldner einer Gruppe mit einer hohen Überschuldungsintensität zuzurechnen sind, da dem Einzelnen gleichzeitig mehrere Negativmerkmale bzw. Überschuldungsindikatoren anhaften, zudem juristische Sachverhalte und unstrittige Inkassofälle vorliegen sowie nachhaltige Zahlungsstörungen zu verzeichnen sind.[20] Diese Betroffenen befinden sich in einer nachhaltigen und zumeist dauerhaften Überschuldungskrise und können nur sehr begrenzt von der positiven Entwicklung auf dem Arbeitsmarkt profitieren. Dieser konjunkturunabhängige und somit mehr oder weniger veränderungsresistente Schuldnersockel, der für das Jahr 2011 rd. 58 Prozent der gesamten Schuldnergemeinschaft ausmacht, lässt die Annahme zu, dass ein nachhaltiger Rückgang der Überschuldung in Deutschland kurz- und mittelfristig trotz positiver Rahmenbedingungen eher unwahrscheinlich ist.

Der Kredit-Kompass 2011 der die Bonität der deutschen Bürger kommentierenden Schutzgemeinschaft für allgemeine Kreditsicherung (Schufa) zeichnet ebenfalls ein mittlerweile beständiges Bild der Entwicklung der Indikatoren für die private Kreditaufnahme.[21] Das verwendete Risikomodell, welches das persönliche Verschuldensrisiko eines Bundesbürgers in vier Warnstufen einteilt, zeigt keine Zunahme, jedoch auch keine gewichtige Abnahme einer kritischen Verschuldung der Bevölkerung. Im Jahr 2010 gehörten 3,3 Millionen der Bundesbürger der kritischen Warnstufe rot an, da Hinweise auf eine bereits abgegebene eidesstattliche Versicherung oder Informationen zu einem Verbraucherinsolvenzverfahren bestehen. Weitere 987.000 Personen sind in die Warnstufe orange eingeordnet, da mindestens eine bereits abgemahnte und unbestrittene offene Verbindlichkeit gegenüber einer Bank existiert. Der Schufa-Privatverschuldungsindex (PVI) als ein Instrument, das nicht nur die historische Entwicklung der kritischen Anzeichen privater Verschuldung analysiert, sondern auch künftige mittelfristige Entwicklungen prognostiziert, bestätigt dementsprechend ein momentan stabiles Niveau der Gefahr einer privaten Ver- bzw. Überschuldung in Deutschland.[22] Eine ähnliche Einschätzung bestätigt der Schuld-

---

20 *Creditreform*, SchuldnerAtlas Deutschland 2011, im Internet abrufbar unter: http://
    www.creditreform.de/Deutsch/Creditreform/Presse/Archiv/SchuldnerAtlas_Deutschland/2011/
    Analyse_SchuldnerAtlas_Deutschland_2011.pdf., S. 29.
21 SCHUFA Kredit-Kompass 2011, im Internet zu finden unter: http://www.
    schufa-kredit-kompass.de/media/download/downloadsgesamt2011/schufa_kreditkompass2011.
    pdf.
22 Zum Privatverschuldungsindex 2010 vgl. den SCHUFA Kredit-Kompass 2011, S. 67 ff., im
    Internet abrufbar: http://www.schufa-kredit-kompass.de/media/download/downloadsgesa
    mt2011/schufa_kreditkompass2011.pdf.

nerKlima-Index Deutschland (SKID) für den Herbst 2011, der als Trendindikator die Überschuldungslage der deutschen Verbraucher bewertet.[23]

2. Verbraucherinsolvenzen als Abbild der Zahlungsunfähigkeit

Nun kann die Rechtsordnung an dauernd leistungs- bzw. zahlungsunfähigen Personen – seien sie nun natürliche oder juristische – nicht vorbeigehen. Vielmehr nimmt sich dieser Personen die Insolvenzordnung an, welche in den alten Bundesländern zum 1.1.1999 die noch aus dem vorvorigen Jahrhundert stammende Konkursordnung abgelöst hat. Letztere hatte insoweit ein einfaches Credo: Sie diente der alleinigen Befriedigung der Gläubiger. Eine Hilfe zur Bereinigung der Verbindlichkeiten stellte sie indes kaum dar. Auch nach einem Konkursverfahren konnten die Gläubiger ihre Restforderungen unbeschränkt geltend machen[24]. Zwar erklärt § 1 Satz 1 InsO ganz in der Tradition der Konkursordnung die bestmögliche Gläubigerbefriedigung zum vorrangigen Ziel des Insolvenzverfahrens. Indes betont Satz 2 der Vorschrift, dass dem redlichen Schuldner Gelegenheit gegeben wird, „sich von seinen restlichen Verbindlichkeiten zu befreien". Es geht also nicht nur um Vollstreckungsschutz, sondern um die vollständige Befreiung vom Rest der Schulden bzw. von den Schulden schlechthin. Angesprochen ist damit das sog. „Verbraucherinsolvenzverfahren" sowie vor allem die „Restschuldbefreiung"[25].

Gemäß den Auskünften der Insolvenzgerichte nutzten seit Einführung der neuen Insolvenzverordnung im Jahre 1999 bis zum Ende des Jahres 2009 rund 600.000 redliche Schuldner das Verbraucherinsolvenzverfahren, das zahlungsunfähigen Privatpersonen nach einer mindestens sechsjährigen Wohlverhaltensphase die Möglichkeit bietet, Restschuldbefreiung zu erlangen.[26] Im Jahre 2010 nahmen die Verbraucherinsolvenzen um weitere 108.798 Verfahren zu, stiegen

---

23 *Creditreform*, SchuldnerKlima-Index Herbst 2011, im Internet abrufbar unter: http://www.creditreform.de/Deutsch/Creditreform/Aktuelles/Creditreform_News_dyn/Creditre form_News/2011-11-17_SchuldnerKlima-Index_Deutschland.jsp.

24 § 164 Abs. 1 KO. Die Weiterhaftung des Schuldners entfiel nur insofern, als sie in einem Zwangsvergleich nach §§ 173 ff. KO ausgeschlossen wurde. Ebenso wie die Möglichkeit, die Schulden vor Eröffnung eines Konkursverfahrens in einem gerichtlichen Vergleichsverfahren erlassen zu bekommen, setzte der Zwangsvergleich die Zustimmung der Mehrheit der Gläubiger voraus. Vgl. auch *Uhlenbruck*, FLF 1989, 11.

25 Bei juristischen Personen gibt es keine Restschuldbefreiung, siehe auch *Pape*, ZinsO 2001, 587, 589.

26 *Statistisches Bundesamt*, Datenreport 2011, Kapitel 6.1.6 Überschuldung und Privatinsolvenz, im Internet unter: http://www.destatis.de/jetspeed/portal/cms/Sites/destatis/Internet/DE/Content/Pu blikationen/Querschnittsveroeffentlichungen/Datenreport/Downloads/Datenreport2011Kap6,proper ty=file.pdf.

rechnerisch um weitere 7,6 % gegenüber dem Vorjahr an und erreichten mit mehr als 106.000 Eröffnungen ihren Höchststand seit ihrer Einführung im Jahre 1999.[27] Im ersten Halbjahr 2011 lag die Zahl der Verbraucherinsolvenzen mit 51.778 Fällen hingegen um 3, 9 % niedriger als im ersten Halbjahr 2010.[28] Zusammenfassend ist seit dem Jahre 2007 zu beobachten, dass jährlich rund 100.000 Privatpersonen ein Verbraucherinsolvenzverfahren eröffnen, um die gerichtliche Schuldenregulierung in Anspruch zu nehmen.[29]

III. Krankheit als Auslöser und Folge finanzieller Krisen

1. Ursachen privater Überschuldung

236 der etwa 1.000 Schuldnerberatungsstellen in der Bundesrepublik, die durch die Wohlfahrts- oder Verbraucherverbände organisiert sind oder einer Kommune angehören, lieferten auf freiwilliger Basis für das Jahr 2009 belastbare Aussagen zur Ver- und Überschuldungssituation deutscher Bürger.[30] Im Datenausgleich wurden soziökonomische Merkmale der finanziellen Situation von insgesamt 74.413 Personen statistisch ausgewertet.[31] Von besonderem Interesse sind die Ursachen für die finanzielle Notlage. Zumeist sind es mehrere Faktoren, die in die Schuldenspirale führen, insbesondere wenn bei ohnehin niedrigem Einkom-

---

27 Pressemitteilung des Statistischen Bundesamtes vom 10.03.2011, im Internet abrufbar unter: http://www.destatis.de/jetspeed/portal/cms/Sites/destatis/Internet/DE/Presse/pm/2011/03/PD11 __096__52411.psml.; in der Genesis-Online Datenbank, im Internet zu finden unter: https://www-genesis.destatis.de/genesis/online/logon?language=de&sequenz=tabelleErgebnis& selectionname=52411-0009.

28 Pressemitteilung des *Statistischen Bundesamtes* vom 07.09.2011, im Internet abrufbar unter: http://www.destatis.de/jetspeed/portal/cms/Sites/destatis/Internet/DE/Presse/pm/2011/09/PD11 __323__52411.psml.

29 Zur Kostenbelastung der Justizhaushalte näher *Hergenröder*, DZWIR 2009, 221, 224 f.; *ders.*, in: *Hadding/Hopt/Schimansky* (Hrsg.), Verbraucherschutz im Kreditgeschäft. Compliance in der Kreditwirtschaft (Schriftenreihe der Bankrechtlichen Vereinigung Bd. 29), 2009, S. 39, 69 ff.; *ders.*, DZWIR 2006, 265, 267 f.

30 Zahlenmaterial zur Teilnahme der Schuldnerberatungsstellen in den einzelnen Bundesländern bei *Hergenröder*, DZWIR 2009, 221, 222; *ders.*, in: *Hadding/Hopt/Schimansky* (Hrsg.), Verbraucherschutz im Kreditgeschäft. Compliance in der Kreditwirtschaft (Schriftenreihe der Bankrechtlichen Vereinigung Bd. 29), 2009, S. 39, 45 f.

31 *Statistisches Bundesamt*, Statistik zur Überschuldung privater Personen 2009, im Internet zu finden unter: http://www.destatis.de/jetspeed/portal/cms/Sites/destatis/Internet/ DE/Content/ Statistiken/UnternehmenGewerbeInsolvenzen/Insolvenzen/Ueberschuldung__1,property =file.pdf.; vgl. ebenfalls *Statistisches Bundesamt*, Datenreport 2011, Kapitel 6.1.6 Überschuldung und Privatinsolvenz, im Internet abrufbar unter: http://www.destatis.de/jetspeed/ portal/ cms/Sites/destatis/Internet/DE/Content/Publikationen/Querschnittsveroeffentlichungen/Datenre port/Downloads/Datenreport2011Kap6,property=file.pdf., S. 148 ff.

men gravierende Änderungen der Lebensumstände die bisherige Lebensführung beeinträchtigen. Einer gewissen praktikablen Betrachtungsweise geschuldet obliegt den Schuldnerberatern und -beraterinnen die Aufgabe, aus den oftmals subjektiven Ausführungen der Hilfesuchenden eine Hauptursache auszuwählen, die in der Statistik sichtbar wird. Somit gestalten die an der Datensammlung beteiligten Beratungsexperten mit jeder individuellen Zuordnung das gesellschaftliche Bild von Überschuldung aktiv mit.

Die Arbeitslosigkeit und die hiermit verbundenen Einkommenseinbußen waren im Jahr 2009[32] für rund 28 % der beratenen Personen der wichtigste Grund für die finanzielle Misere. Als weitere Ursache traten persönliche Lebensveränderungen in der Form einer Trennung bzw. Scheidung mit 14 % zu Tage. In etwa 11 % der Fälle hatten eine Erkrankung, eine Sucht oder ein Unfall mit negativen Folgen für die Gesundheit die finanzielle Krise herbeigeführt. Erst danach tauchen selbstverschuldete Zahlungsschwierigkeiten wie etwa die unwirtschaftliche Haushaltsführung mit circa 10 % oder eine gescheiterte Immobilienfinanzierung mit 4 % in der Statistik auf. Bei rund 9 % der beratenen Personen war die gescheiterte Selbständigkeit der Hauptauslöser der Schuldenkrise gewesen. Betrachtet man einen längeren Zeitraum und vergleicht das für das Jahr 2009 beim Statistischen Bundesamt zusammengestellte Datenmaterial der Schuldnerberatungsstellen mit demjenigen der Jahre 2006[33], 2007[34] und 2008[35], wird deutlich, dass die Hauptursache der Ver- und Überschuldung bei Privatpersonen als konstante Größe mit rund 30 % Größenordnung der unfreiwillige Verlust des Arbeitsplatzes darstellt. Die Paartrennung und die hiermit wohl zumeist

---

32   Zu früheren Jahren vgl. *Hergenröder*, DZWIR 2009, 221, 222 f.; *ders.*, DZWIR 2001, 397, 399 ff.; *Hergenröder/Kokott*, ZVI-Sonderheft 2009, 27, 28 f.

33   *Statistisches Bundesamt*, Datenreport 2008, im Internet zu finden unter: http://www.destatis.de/jetspeed/portal/cms/Sites/destatis/Internet/DE/Content/Publikationen/Q uerschnittsveroeffentlichungen/Datenreport/Downloads/Datenreport2008,property=file.pdf, S. 160.;
Das Tabellenband zur Überschuldungsstatistik 2008 ist abrufbar unter: http://www.destatis.de/jetspeed/portal/cms/Sites/destatis/Internet/DE/Content/Statistiken/Unternehm enGewerbeInsolvenzen/Insolvenzen/UeberschuldungPDF,property=file.pdf.

34   *Statistisches Bundesamt*, Überschuldung privater Personen und Verbraucherinsolvenzen – Begleitmaterial zur Pressekonferenz vom 21. Oktober 2008 in Berlin, im Internet abrufbar unter:
http://www.destatis.de/jetspeed/portal/cms/Sites/destatis/Internet/DE/Presse/pk/2008/Uebersch uldung/Pressebroschuere__ueberschuldung,property=file.pdf, S. 13 f.; vgl. auch die Pressemitteilung vom 21.10.2008, im Internet unter: http://www.destatis.de/jetspeed/portal/ cms/Sites/destatis/Internet/DE/Presse/pm/2008/10/PD08__393__52411,templateId=renderPrint .psml.

35   Vgl. die Pressemitteilung des Statistischen Bundesamtes vom 26.11.2009, im Internet abrufbar unter: http://www.destatis.de/jetspeed/portal/cms/Sites/destatis/Internet/DE/Presse/pm/2009/ 11/ PD09__454__52411.psml.

verbundene Auflösung des gemeinsamen Haushalts schlagen regelmäßig in einer Größenordnung von etwa 14 % zu Buche. Stand die persönliche Schuldenbiographie mit einer Erkrankung, einem Unfall oder einer Suchtdiagnose im Zusammenhang, war seit dem Jahr 2006 eine Steigerung von 8,3 % bis zu 11 % im Jahre 2009 festzustellen.

Ein Blick auf andere Erhebungen im selben Zeitverlauf bestätigt das aufgezeigte Ursachenspektrum. Die seit dem Jahre 2005 geführte Entwicklungsanalyse des iff-Überschuldungsreports[36] weist vergleichbare Ergebnisse auf, wobei bei der Auswertung der benannten Überschuldungsstatistik darauf zu achten ist, dass bei den Gründen für die private Finanzkrise Mehrfachnennungen sowie die Angabe des Hauptauslösers erwünscht waren. Auch diese detaillierte Sicht auf die persönlichen Biographien kommt zu ähnlichen Ergebnissen und Verläufen, wenn das Augenmerk auf den Hauptauslöser für Überschuldung gelegt wird. Arbeitslosigkeit, Trennung oder Scheidung, Krankheit und Sucht, unwirtschaftliche Haushaltsführung sowie gescheiterte Selbstständigkeit sind auch hier die wichtigsten Gründe für den Einstieg in den Überschuldungsprozess. Bei den Faktoren wie Arbeitslosigkeit und gescheiterte Selbständigkeit ist zu beobachten, dass diese mit einer zeitlichen Verzögerung Veränderungen der konjunkturellen Entwicklung aufzeigen.

2. Wechselbeziehungen zwischen Krankheit und Schulden

Überraschend springt der Anstieg des Faktors Krankheit ins Auge, der seit dem Jahre 2005 prozentual im Verlauf deutlich angestiegen ist.[37] In Bezug auf psychische Erkrankungen wie Depression oder Burnout geht diese Entwicklung Hand in Hand mit den Beobachtungen der gesetzlichen Krankenkassen, die bei der jährlichen Aufstellung des Fehlzeitenreports feststellen, dass sich seit den 90er Jahren die Anzahl der Krankschreibungen aufgrund psychischer Erkrankungen fast verdoppelt hat und inzwischen nach Angaben der Bundespsychotherapeutenkammer knapp 11 % aller Fehltage auf psychische Störungen zurückge-

---

36   Iff - Überschuldungsreport 2011, im Internet zu finden unter: http://www.iff-ueberschuldungsr eport.de/media.php?id=4364, S. 20 ff. in Bezug auf selbständige und nichtselbständige Schuldner; nur die nichtselbständigen Schuldner behandelt die Übersicht der Überschuldeten 2006 bis 2010 auf Seite 85 des Überschuldungsreports.

37   Vgl. etwa die Abbildung zur Entwicklung der wichtigsten Überschuldungsauslöser im iff-Überschuldungsreport 2011, abrufbar im Internet unter: http://www.iff-ueber schuldungsreport.de/media.php?id=4364, S. 22; ebenfalls aufgegriffen vom SchuldnerAtlas Deutschland 2011, im Internet abrufbar unter: http://www.creditreform.de/Deutsch/ Creditreform/Presse/Archiv/SchuldnerAtlas_Deutschland/2011/Analyse_SchuldnerAtlas_Deut schland_2011.pdf, S. 22.

hen.[38] Insgesamt ist der Zusammenhang zwischen einem desolaten Gesundheitszustand und einer Überschuldungssituation sicherlich noch in höheren Prozentzahlen anzunehmen, wenn man bedenkt, dass die Überschuldungsstatistiken aufgrund ihrer Fragestellung mit dem Ressort Krankheit und Sucht nur diejenigen Fälle erfasst wissen wollen, bei denen eine bereits bestehende Erkrankung den Überschuldungsprozess begünstigt hat.

Nicht erfasst sind somit die Fälle, in denen die finanzielle Krise in die Krankheit oder Sucht führte. Aber auch diese Entwicklung des Gesundheitszustands als Reaktion auf die desolate Finanzlage bedarf der Beachtung, wenn man sich vorstellt, wie leicht zugänglich und verständlich der Gedanke ist, dass finanzieller Stress zu physischen und psychischen Schädigungen führen, soziale Beziehungen zerstören und negative Auswirkungen auf das soziale Umfeld der Betroffenen haben kann.[39] Vertiefte Untersuchungen zur psychosozialen Genese von Überschuldung bestehen im deutschsprachigen Raum nicht. Die bisherigen Erkenntnisse hierzu zeugen jedoch davon, dass Überschuldung nicht nur ein rein finanzielles Problem darstellt, sondern alle zentralen Lebensbereiche der von einer Zahlungsenge betroffenen Person erfasst und die wirtschaftliche Destabilisierung der Lebenslage regelmäßig mit einer psycho-sozialen Belastung einhergeht, die nicht zu unterschätzen ist.[40] Dieser Umstand wird gleichfalls aus folgender Definition des Phänomens deutlich, die von der Bundesregierung selbst in ihrem ersten Armuts- und Reichtumsbericht verwendet worden war:

„Überschuldung ist die Nichterfüllung von Zahlungsverpflichtungen, die zu einer ökonomischen und psycho-sozialen Destabilisierung von Schuldnern führt. Überschuldung bedeutet daher nicht allein, dass nach Abzug der fixen Lebenshaltungs-

---

38 Vgl. etwa die Pressemitteilung der Bundespsychotherapeutenkammer zur Woche der seelischen Gesundheit 2010, im Internet abrufbar unter: http://www.bptk.de/uploads/media/20101001_pm_bptk_psychische_krankheiten_zahlen_fakten.pdf; umfassend die Studie der Bundespsychotherapeutenkammer zu psychischen Belastungen in der modernen Arbeitswelt, im Internet zu finden unter: http://www.bptk.de/uploads/media/2010 0518_psychische_erkrankungen_in_der_arbeitswelt.pdf.

39 Zum Zusammenhang zwischen Krankheit und Armut *Korczak*, Überschuldungsexpertise für den 2. Armuts- und Reichtumsbericht der Bundesregierung, 2004, S. 15, 17 ff.; aus der zumeist englischsprachigen Literatur zu diesem Themenkomplex und zum Umstand, dass Verarmung mit starkem psychischem Stress einhergeht *Davis/Mantler*, The consequences of financial stress for individuals, families and society. Centre for research on stress, Coping and Wellbeing. Carleton University 2004.

40 Den Forschungsstand aufzeigend *Oesterreich,* Psychische und soziale Folgen von Überschuldung für Betroffene und ihr soziales Umfeld, Expertise für das Bundesministerium für Familien, Senioren, Frauen und Jugend, 2007 – im 3. Armuts- und Reichtumsbericht der Bundesregierung, S. 129 ff., abrufbar im Internet unter: http://www.bmas.de/SharedDocs/Downloads/DE/PDF-Publikationen/forschungsprojekt-a333-dritter-armuts-und-reichtumsbericht.pdf?__blob=publicationFile.

kosten der verbleibende Rest des monatlichen Einkommens für zu zahlende Raten nicht mehr ausreicht, sondern birgt massive soziale und psychische Konsequenzen in sich."[41]

Die Bedeutung des Gesundheitszustands für eine Entschuldung sowie Wiedereingliederung und Anteilnahme am gesellschaftlichen Leben überschuldeter Bürger und Bürgerinnen kann in diesem Zusammenhang als grundlegend erachtet werden.

IV. Überschuldung als Gesundheitsrisiko

Dem wichtigen Themenfeld, die gesundheitliche Lage überschuldeter Privatpersonen erstmalig zu untersuchen und somit quantitative Daten zu ihrer Gesundheitssituation zu generieren, widmet sich das sozialmedizinische Teilprojekt des Forschungsclusters „Gesellschaftliche Abhängigkeiten und soziale Netzwerke" des Landes Rheinland-Pfalz.[42] Im Rahmen des sozialmedizinischen Forschungsschwerpunkts „Netzwerke der Gesundheitsprävention bei Schulden und Armut"[43] des Instituts für Arbeits-, Sozial- und Umweltmedizin der Johannes Gutenberg-Universität Mainz wurde die sozialmedizinische Studie „Armut, Schulden und Gesundheit" – kurz ASG-Studie genannt – initiiert.[44] In der Befragungs-

---

41   *Korczak/Pfefferkorn*, Überschuldungssituation und Schuldnerberatung in der Bundesrepublik Deutschland, Schriftenreihe des Bundesministeriums für Familie und Senioren, Band 3 (1992), S. XXI.

42   Der Untersuchung des Phänomens der Verschuldung und Überschuldung widmen sich verschiedene Teilnehmer des Forschungsclusters „Gesellschaftliche Abhängigkeiten und soziale Netzwerke" im Rahmen der Forschungsinitiative des Landes Rheinland-Pfalz. Informationen zu diesem Forschungsprojekt sind abrufbar unter www.netzwerk-exzellenz.uni-trier.de/?site_id=111. Einen Überblick über die einzelnen Projekte geben *Bock/Breuer/Clemens/Gestrich/Hergenröder/Hermann-Otto/Irsigler/Münster/Schnabel-Schüle/Scheppe* in ZVI 2007, 515 ff. und ZVI (Sonderheft) 2009, 1ff.

43   Informationen zu diesem sozialmedizinischen Forschungsprojekt sind im Internet zu finden unter: www.netzwerk-exzellenz.uni-trier.de/?site_id=111.

44   Zum Verlauf und den Ergebnissen der Studie siehe etwa *Münster/Rüger/Ochsmann/Alsmann/Letzel*, Überschuldung und Gesundheit – Sozialmedizinische Erkenntnisse für die Versorgungsforschung, in: ArbeitsmedizinSozialmedizinUmweltmedizin 2007, 628 ff.; *Münster/Letzel*, Überschuldung, Gesundheit und soziale Netzwerke. Expertisen zur Erarbeitung des dritten Armuts- und Reichtumsbericht der Bundesregierung, in: Bundesministerium für Familie, Senioren, Frauen und Jugend (Hrsg.), Materialien zur Familienpolitik: Lebenslagen von Familien und Kindern. Überschuldung privater Haushalte Nr. 22/2008, 55 ff.; *dies.*, Sozialmedizinische Relevanz der überschuldeten Privathaushalte in Deutschland, in: ZVI (Sonderheft) 2009, 50 ff.; *dies.*, Auswirkungen von Überschuldung auf die Gesundheit, in: Bundesverband der Wohlfahrtsverbände (Hrsg.), Schuldenreport 2009, S. 62 ff.; *Münster/Rüger/Ochsmann/Alsmann/Letzel*, Überschuldung und Zuzahlung im deutschen

studie wurden insgesamt 666 Klienten und Klientinnen der Schuldnerberatungsstellen in Rheinland-Pfalz schriftlich unter anderem um Auskünfte über ihren Gesundheitszustand, ihre Inanspruchnahme von medizinischen Leistungen und ihre sozioökonomische Lage ersucht.[45] Die Ergebnisse der Untersuchung bringen zum Ausdruck, dass für von Überschuldung betroffene Personen im Vergleich zu nicht überschuldeten Bevölkerungsschichten ein zwei- bis dreifach höheres Risiko besteht, an bestimmten Krankheiten zu leiden und der Gesundheitszustand überschuldeter Personen somit als defizitär einzustufen ist.[46]

Im Vergleich zur sozial am schlechtesten gestellten Gruppe der Gesamtbevölkerung besteht eine erhöhte Prävalenz psychischer Erkrankungen des Personenkreises der Überschuldeten.[47] Zu dem defizitären Gesundheitszustand der Überschuldeten kommt hinzu, dass die Mehrzahl der befragten Probanden angibt, einen Arztbesuch unterlassen zu haben, um die quartalsweise notwendig aufzubringende Praxisgebühr zu meiden sowie schon mindestens einmal ärztlich verordnete Medikamente aufgrund der gesetzlich vorgesehenen Zuzahlungen in der Apotheke nicht abgeholt zu haben.[48] Mehr als die Hälfte der befragten Schuldner gab an, sich weniger gesund zu ernähren und in einem geringeren

---

Gesundheitssystem – Benachteiligung bei Ausgabenarmut, in: Gesundheitswesen 2009, 67 ff.; im Internet ist der Bericht zu finden unter: http://www.bmfsfj.de/bmfsfj/generator/Kategorien/ Forschungsnetz/forschungsberichte,did=111808.html.

45 Ausführlich zur Methodik und den Ergebnissen *Münster/Rüger/Ochsmann/Alsmann/Letzel*, Überschuldung und Zuzahlung im deutschen Gesundheitssystem – Benachteiligung bei Ausgabenarmut, in: Gesundheitswesen 2009, 67 ff.; *Münster/Letzel*, Sozialmedizinische Relevanz der überschuldeten Privathaushalte in Deutschland, ZVI Sonderheft 2009, 50 ff.

46 *Münster/Letzel*, Sozialmedizinische Relevanz der überschuldeten Privathaushalte in Deutschland, ZVI Sonderheft 2009, 50, 52; *Münster/Rüger*, Überschuldung von Privatpersonen und die medizinischen Konsequenzen in Deutschland. Studie beweist: Überschuldete Menschen sind häufiger krank, in: ASB-Informationen (Zeitschrift der Schuldnerberatungsstellen in Österreich) 2008, 18 ff.; ausführlich zur Studie *Münster/Letzel*, Auswirkungen von Überschuldung auf die Gesundheit, in: Bundesverband der Wohlfahrtsverbände (Hrsg.), Schuldenreport 2009, S. 62 ff.

47 *Rüger/Löffler/Ochsmann/Alsmann/Letzel/Münster*, Psychische Erkrankung und Überschuldung – Psychische Erkrankung, soziale Netzwerke und finanzielle Notsituation bei Überschuldung, in: Psychotherapie Psychosomatik und medizinische Psychologie (Psychother Psych Med), DOI: 10.1055/s-0029-1202364, Online-Publikation (2009); im Internet unter: https:// www.thieme-connect.de/ejournals/pdf/ppmp/doi/10.1055/s-0029-1202364.pdf.; bzgl. Krebserkrankungen vgl. *Münster/Rüger*, Überschuldung bei Krebspatienten – Finanzielle Not, ein Thema für das medizinische Versorgungssystem, in: FORUM (Mitgliederzeitschrift der Deutschen Krebsgesellschaft) 2008, 42 ff.

48 Ausführlich hierzu *Münster/Rüger/Ochsmann/Alsmann/Letzel*, Überschuldung und Zuzahlung im deutschen Gesundheitssystem – Benachteiligung bei Ausgabenarmut, in: Gesundheitswesen 2009, 67 ff.; *Münster/Letzel*, Überschuldung, Gesundheit und soziale Netzwerke. Expertisen zur Erarbeitung des dritten Armuts- und Reichtumsbericht der Bundesregierung, in: Bundesministerium für Familie, Senioren, Frauen und Jugend (Hrsg.), Materialien zur Familienpolitik: Lebenslagen von Familien und Kindern. Überschuldung privater Haushalte Nr. 22/2008, 55, 93 ff.

Maße sportlich aktiv zu sein, als dies vor dem Eintritt der Überschuldung der Fall gewesen war.[49] Jeder fünfte Betroffene nahm im Vergleich zum Zeitraum vor der Überschuldung vermehrt Beruhigungsmittel ein.[50] Die ASG-Studie widmete sich zudem auch dem Zusammenhang zwischen der Ursache und der Wirkung von Überschuldung und Krankheit. Die Teilnehmenden wurden gezielt danach befragt, ob eine Krankheit dazu geführt hatte, dass die betroffene Person in die Überschuldung geraten war oder ob die starke Verschuldung den Menschen in die Krankheit geführt hatte. Ein Drittel der Befragten führte als Hauptgrund der Überschuldung das Bestehen einer Krankheit oder einer Suchterkrankung an. Nahezu 38 % des Kollektivs bejahte den umgekehrten Mechanismus, der besagt, dass bei diesen Personen die Überschuldung eine Ursache für den verschlechterten Gesundheitszustand darstellt. Die Selbstangaben der an der ASG-Studie teilgenommen habenden Schuldner und Schuldnerinnen konnten mittlerweile durch Experteninterviews mit 16 Schuldner- und Insolvenzberatern aus Rheinland-Pfalz und Mecklenburg-Vorpommern bestätigt werden.[51]

V.   Prämissen für den gesellschaftlichen Umgang mit kranken Überschuldeten

Die Ergebnisse der ASG-Studie belegen die hohe Krankheitsrate und eine erhöhte Prävalenz physischer und psychischer Erkrankungen bei überschuldeten Personen im Vergleich zur Allgemeinbevölkerung. Sowohl der Mechanismus „Krankheit führt zur Überschuldung" als auch die Reaktionsabfolge „Überschuldung macht krank" spiegeln die Schuldenrealität wider. Die finanzielle Belastungssituation erschwert für die Mehrheit der Betroffenen den Zugang zu einer vergleichbar gleichwertigen Teilhabe an Leistungen des Gesundheits- und Vorsorgesystems. Es besteht eine hohe Gefahr, den Umgang mit der eigenen Gesundheit in Bezug auf Ernährungs- und Bewegungsgewohnheiten zu verschlech-

---

49   Nachweise bei *Münster/Letzel*, Überschuldung, Gesundheit und soziale Netzwerke. Expertisen zur Erarbeitung des dritten Armuts- und Reichtumsbericht der Bundesregierung, in: Bundesministerium für Familie, Senioren, Frauen und Jugend (Hrsg.), Materialien zur Familienpolitik: Lebenslagen von Familien und Kindern. Überschuldung privater Haushalte Nr. 22/2008, 55, 103 ff.

50   *Münster/Letzel*, Überschuldung, Gesundheit und soziale Netzwerke. Expertisen zur Erarbeitung des dritten Armuts- und Reichtumsbericht der Bundesregierung, in: Bundesministerium für Familie, Senioren, Frauen und Jugend (Hrsg.), Materialien zur Familienpolitik: Lebenslagen von Familien und Kindern. Überschuldung privater Haushalte Nr. 22/2008, 55, 107.

51   Siehe hierzu in aller Ausführlichkeit den Abschlussbericht „*Entwicklung von Ansätzen zur Gesundheitsförderung und Krankheitsprävention bei überschuldeten Privatpersonen*"; Institut für Arbeits-, Sozial- und Umweltmedizin der Johannes Gutenberg-Universität Mainz im Auftrag des BKK Bundesverbandes.

tern. Solche Ergebnisse der Studie belegen die Dringlichkeit sozialmedizinischer und psychosozialer Betreuung aller mit einer Überschuldungssituation konfrontierten Personen.[52] Es lässt sich ableiten, dass mit der finanziellen Krise einer Privatperson nicht nur die ökonomische Problemlage zu assoziieren ist, sondern dass gerade der gesundheitliche Aspekt eine wichtige Rolle einnimmt.

Bisher reagiert der deutsche Gesetzgeber auf das Phänomen der Überschuldung insbesondere in einem juristischen Sinne. Wie schon dargelegt, eröffnet seit 1999 das Verbraucherinsolvenzverfahren den Betroffenen die Möglichkeit, einen institutionell geregelten Weg einzuschlagen und nach einer mindestens sechsjährigen Wohlverhaltensphase zu einem Erlass ihrer Restschulden zu gelangen. Es geht darum, den Insolventen zu entschulden und ökonomisch wieder handlungsfähig zu machen. Das sozialpolitische Ziel des Verbraucherinsolvenzverfahrens besteht darin, dem Schuldner den Weg zurück zur ökonomischen Anteilnahme zu ebnen und ihn bei bestehender Erwerbslosigkeit zu einer erneuten handlungsfähigen Teilhabe am Erwerbsleben zu motivieren.[53] Hält man sich das durch die benannten Studien aufgezeigte Ausmaß der gesundheitlichen Beeinträchtigungen überschuldeter Personen vor Augen, wird deutlich, dass Verbraucherinsolvenz und Restschuldbefreiung als legislative Reaktion auf die Überschuldung der Privathaushalte nicht ausreichen können, um dem multifaktoriellen Charakter der Zahlungsunfähigkeit gerecht zu werden.[54] Die rechtliche Analyse monetärer Faktoren ist lediglich ein Teilaspekt zur Überwindung der individuellen Überschuldungskrise. Die sozialpolitisch erwünschte Reintegration der Betroffenen in das gesellschaftliche Leben und die Wiedererlangung der wirtschaftlichen Handlungsfähigkeit wird nicht gelingen, wenn der Schuldner zwar der legislativen Konzeption zufolge das notwendige Maß an Selbstdisziplin, Eigenverantwortung und Eigeninitiative aufbringt, um die sechsjährige Wohlverhaltensperiode *redlich* hinter sich zu bringen, jedoch infolge der langjährigen Überschuldungsbiographie aufgrund der gesundheitlichen Folgeschäden trotz Restschuldbefreiung nicht mehr am Erwerbsleben teilzuhaben vermag.[55]

---

52 Vgl. zu den Zusammenhängen von Armut, psychischer Erkrankung und Überschuldung aus betreuungsrechtlicher Sicht *Herzog,* Betreuungsrechtliche Praxis 2008, 7 ff.

53 Ausführlich zu den rechtlichen Besonderheiten des Verbraucherinsolvenzverfahrens und den bisherigen Reformüberlegungen zur Entschuldung zahlungsunfähiger Personen *Hergenröder* DZWIR 2001, 401 ff.; *ders.* DZWIR 2006, 265 ff.; *ders.* DZWIR 2006, 441 ff.; *ders.* FS Konzen, 2006, 287 ff.; *ders.* in: *Hadding/Hopt/Schimansky* (Hrsg.), Verbraucherschutz im Kreditgeschäft. Compliance in der Kreditwirtschaft (Schriftenreihe der Bankrechtlichen Vereinigung Bd. 29), 2009, 39 ff; *ders.* DZWIR 2009, 221 ff.

54 Zu den vielfältigen Aspekten der Überschuldung *Hergenröder/Kokott* ZVI Sonderheft 2009, 27 ff.

55 Zu gesundheitlichen Aspekten in der Wohlverhaltensphase *Lechner,* Eine Chance für alle gescheiterten Schuldner?, Längsschnittstudie zur Evaluation des Verbraucherinsolvenzverfahrens, im Internet abrufbar unter: http://www.schufa-verbraucherbeirat.de/media/

VI. Ausblick

Eine aktivierende Sozialpolitik darf den gesundheitlichen Aspekt nicht unterschätzen, denn selbst juristische Hilfestellungen wie die Einführung des Stundungsmodells im Bereich der Verfahrenskostenhilfe[56] im Verbraucherinsolvenzverfahren oder die leider bisher nicht flächendeckend und zeitnah für jeden Schuldner garantierte kostenfreie Schuldnerberatung[57] können ihren Beitrag zu einer Senkung der Sozialkosten nicht vollumfänglich leisten, wenn notwendige gesundheitliche Unterstützungsleistungen fehlen oder das gesundheitliche Leistungsangebot die Gruppe der überschuldeten Personen – wie in der ASG-Studie aufgezeigt – nur unzulänglich erreicht. Es lohnt daher ein vertiefter Blick auf diejenigen Ansprüche an gesundheitlicher Teilhabe, die einer überschuldeten Person im rechtlichen Sinne zustehen. Hierbei wird sich die Untersuchung entsprechend den Handlungsempfehlungen[58] aus der ASG-Studie mit dem Themenkreis der Zuzahlungen zu Gesundheitsleistungen sowie der Frage nach einem Anspruch auf ein präventives Gesundheitsangebot speziell für den Personenkreis der Schuldner beschäftigen.

---

themenundprojekte/downloads/wirkungsstudie_verbraucherinsolvenzverfahren_final.pdf, S. 52, 62, 74.

56 Ausführlich *Hergenröder*, Verbraucherinsolvenz und Restschuldbefreiung – Auslaufmodell oder Zukunftskonzept?, in: Festschrift für Horst Konzen, 2006, S. 287, 291 ff.

57 Zur Unentgeltlichkeit der Schuldnerberatung *Hergenröder*, ZVI 2007, 448, 453 f.; *ders.*, ZVI 2003, 577, 579. Eingehend *Homann*, Praxis und Recht der Schuldnerberatung, 2009, Rn. 322, 324, 331 ff., 369 ff. Umfassend zur Wirksamkeit gemeinnütziger Schuldnerberatung *Kuhlemann/Walbrühl*, Wirksamkeit von Schuldnerberatung in Deutschland, Expertise im Auftrag des Bundesministeriums für Familie, Senioren, Frauen und Jugend, 2007, im Internet abrufbar unter: http://www.indeed-net.eu/text/wirksamkeitsstudie_von_sb_in_deutschland.pdf.

58 *Letzel/Münster*, Auswirkungen von Überschuldung auf die Gesundheit, in: Bundesverband der Wohlfahrtsverbände (Hrsg.), Schuldenreport 2009, S. 62, 68 ff.; *Münster/Rüger/Ochsmann/Alsmann/Letzel*, Überschuldung und Zuzahlung im deutschen Gesundheitssystem – Benachteiligung bei Ausgabenarmut, in: Gesundheitswesen 2009, S. 67 ff.; im Internet abrufbar unter: http://www.bmfsfj.de/bmfsfj/generator/Kategorien/Forschungsnetz/forschungsberichte,did=111808.html.

Zuzahlungen als Hemmschuh gesundheitlicher Teilhabe

Curt Wolfgang Hergenröder

I. Datenlage zur Inanspruchnahme zuzahlungspflichtiger Gesundheitsbeiträge

Die vom Juli 2006 bis zum März 2007 am Institut für Arbeits-, Sozial- und Umweltmedizin der Johannes Gutenberg-Universität Mainz in Zusammenarbeit mit den Schuldnerberatungsstellen durchgeführte Querschnittstudie „Armut, Schulden und Gesundheit" (ASG-Studie) hat deutlich gemacht, dass die finanzielle Belastungssituation für die Mehrheit der überschuldeten Privatpersonen zu einer verminderten Inanspruchnahme an zuzahlungspflichtigen medizinischen Leistungen des Gesundheitssystems führt.[1] Etwa 65 Prozent der befragten Schuldner gaben an, aus Geldmangel vom Arzt verschriebene Medikamente nicht gekauft zu haben. Fast ebenso häufig, in rund 61 Prozent der Fälle, sahen Probanden der Studie aufgrund ihrer finanziellen Lage vom Besuch eines Arztes ab, um die pro Quartal anfallende Praxisgebühr nicht leisten zu müssen. Weder die Schuldenhöhe noch die Dauer der prekären finanziellen Lebenslage hatten hierbei einen signifikanten Einfluss auf die Unterlassung der Arztbesuche oder auf den Medikamentenverzicht. Betrachtet man einzelne Schuldnergruppen, wiesen jüngere Altersgruppen, Überschuldete mit Kindern bzw. Schuldner mit einem höheren Beschwerdedruck und einer geringeren Achtsamkeit gegenüber der eigenen Gesundheit ein signifikant höheres Risiko auf, Medikamentenkäufe oder Arztbesuche zu unterlassen. Dasselbe traf für Personen zu, die sich in einem Privatinsolvenzverfahren befanden. Auch der Bereich der Krankheitsverhütung zeigte auf, dass circa die Hälfte der Befragten nicht an regelmäßigen Vorsorgeuntersu-

---

1 Umfassende Beschreibung der Methodik und der Ergebnisse der ASG-Studie bei *Münster/Rüger/Ochsmann/Alsmann/Letzel*, Überschuldung und Zuzahlungen im deutschen Gesundheitssystem – Benachteiligung bei Ausgabenarmut, in: Gesundheitswesen 2009, 67 ff.; im Internet ist der Bericht zu finden unter: http://www.bmfsfj.de/bmfsfj/generator/Kategorien/Forschungsnetz/forschungsberichte,did=111808.html.
Vgl. auch *Münster/Letzel*, Überschuldung, Gesundheit und soziale Netzwerke. Expertisen zur Erarbeitung des dritten Armuts- und Reichtumsbericht der Bundesregierung, in: Bundesministerium für Familie, Senioren, Frauen und Jugend (Hrsg.), Materialien zur Familienpolitik: Lebenslagen von Familien und Kindern. Überschuldung privater Haushalte Nr. 22/2008, 55, 93 ff.

chungen wie etwa der zahnärztlichen Vorsorgeuntersuchung oder der Krebsvorsorge teilnahmen.

Die genannten Daten dokumentieren die im Gegensatz zur Gesamtbevölkerung verminderte Teilhabe überschuldeter Personen an zuzahlungspflichtigen Leistungen des Gesundheitssystems. Insbesondere der Verzicht auf medizinisch verordnete Medikamente legt dar, in welchem Ausmaß Schuldner aufgrund ihrer finanziellen Misere notwendige Leistungen der gesetzlichen Krankenversicherung nicht in Anspruch nehmen. Es stellt sich die Frage, ob und in welcher Form Handlungsbedarf besteht, um die bestehenden Benachteiligungen der sozialen Randgruppe zu verändern bzw. zu verhindern. Zur Beantwortung dieser Frage ist zunächst eine Darstellung der rechtlichen Anspruchsposition einer überschuldeten Person in Bezug auf die zuzahlungspflichtigen Leistungen der gesetzlichen Krankenversicherung erforderlich, um sich ein fundiertes Bild von der rechtlichen Einbettung der Thematik vor Augen zu führen und die rechtlichen Rahmenbedingungen zunächst von sozialen und politischen Interessen zu trennen.

II. Sozialrechtliche Anspruchsposition eines gesetzlich Versicherten

1. Zuzahlungssystem der gesetzlichen Krankenversicherung

Die letzte große Strukturreform, das Gesetz zur Modernisierung der Gesetzlichen Krankenversicherung (GKV-Modernisierungsgesetz - GMG) aus dem Jahre 2003, hat das Recht der Zuzahlungen und Selbstbeteiligungen grundlegend neu gestaltet und die generelle Pflicht jedes gesetzlich Versicherten eingeführt, sich bei der Inanspruchnahme bestimmter Gesundheitsleistungen anteilsgemäß zu beteiligen. Im fünften Abschnitt des dritten Kapitels des fünften Sozialgesetzbuches sind für den Fall der ambulanten Versorgung Zuzahlungen bei zahnärztlicher Behandlung, für Arznei- und Verbandsmittel, für Hilfsmittel, eine Soziotherapie, für die Haushaltshilfe und bei Fahrtkosten vorgesehen. Ähnliche Zuzahlungsbeträge fallen bei stationären Maßnahmen wie etwa medizinischen Vorsorgemaßnahmen, Krankenhausbehandlungen oder der medizinischer Rehabilitation an. Die jeweilige Pflicht zu einer Zuzahlung bei den verschiedenen Gesundheitsangeboten ergibt sich aus verschiedenen sozialrechtlichen Vorschriften, die den jeweiligen Leistungsanspruch begründen. Unter anderem sind Zahlungspflichten in Bezug auf apothekenpflichtige Arznei- und Verbandsmittel in § 31 Absatz 3 SGB V bzw. für Heilmittel wie Massagen oder Krankengymnastik in § 32 Absatz 2 SGB V geregelt. Die sogenannte *Praxisgebühr*[2] hat in § 28 Absatz 4 SGB V eine gesetzliche Normierung erfahren und beschreibt die Verpflichtung des Versicherten, für die erste ärztliche und zahnärztliche Inanspruchnahme eines Vertragsarztes im Quartal 10 Euro zu entrichten.

Der Rechtsklarheit geschuldet hat der Gesetzgeber den größten Teil der Bestimmungen über die jeweilige Höhe der Selbstbeteiligung der Versicherten in der gesonderten Norm des § 61 SGB V zusammengefasst.[3] § 61 Satz 1 SGB V beherbergt die allgemeine Systematik, nach der die Höhe der Zuzahlungen sich nach dem Abgabepreis[4] der Gesundheitsleistung richtet. Demgemäß haben Versicherte generell 10 von Hundert des Abgabepreises, mindestens jedoch 5 Euro und höchstens 10 Euro zu leisten, allerdings jeweils nicht mehr als die Kosten des Mittels. Bei Heilmitteln und häuslicher Krankenpflege erstreckt sich die Zuzahlung auf 10 von Hundert der Kosten und zusätzlich fällt eine Beteiligung in Höhe von 10 Euro pro Verordnung an; bei stationären Maßnahmen beträgt die Zuzahlung 10 Euro pro Kalendertag.[5]

2. Begrenzung der Zuzahlungsverpflichtung gesetzlich Versicherter

§ 62 SGB V gewährleistet, dass gesetzlich Versicherte höchstens bis zu ihrer Belastungsgrenze mit Zuzahlungen belegt werden. Die Vorschrift wird in diesem Sinne auch als Überforderungsklausel bezeichnet. Diesem Zweck entsprechend orientieren sich die Belastungsgrenzen gemäß § 62 Absatz 2 SGB V an den jeweiligen Einkommensverhältnissen der Versicherten. Insgesamt kommt es dem vom Gesetzgeber erwähnten „Gedanken der wirtschaftlichen Gemeinschaft von Personen"[6] entsprechend nicht auf das individuelle Einkommen einer Person, sondern auf die Bruttoeinnahmen aller in einem gemeinsamen Haushalt lebenden Angehörigen an.[7] Die Gratwanderung zwischen einer unangemessenen Kosten-

---

2   Zu dieser Bezeichnung gemäß der amtlichen Begründung zum Gesundheitsmodernisierungsgesetzes lesenswert *Zuck*, NJW 2004, 1091 ff.; terminologische Klarheit bietet *BSG* vom 25.6.2009 – B 3 KR 3/08 R – USK 2009 – 47 = SozR 4 – 2500 § 28 Nr. 3.

3   Vgl. zu den systematischen Zusammenhängen *Albers*, JurisPraxisKommentar SGB V, 2008, § 61 SGB V, RdNr. 8.

4   Der Abgabepreis orientiert sich an dem für die gesetzliche Krankenversicherung maßgebenden Betrag für eine Kostentragung, vgl. etwa Becker/Kingreen/*Sichert*, Kommentar zum SGB V 2. Auflage 2010, § 61 SGB V RdNr. 8.

5   Umfassend Haucke/Haines/*Gerlach*, Kommentar zum SGB V – Loseblattsammlung, 2011, § 61 SGB V RdNr. 41, 44 ff.

6   BT-Drucks. 11/2237, S. 187.

7   Zum Kreis der Angehörigen vgl. Haucke/Haines/*Gerlach*, Kommentar zum SGB V – Loseblattsammlung, § 61 SGB V RdNr. 41 ff.; Schlegel/Voelzke/*Albers*, JurisPraxisKommentar SGB V, 2008, § 62 RdNr. 31 ff.

belastung und dem zumutbaren Eigenanteil der Versicherten konzentriert sich gemäß § 62 Absatz 1 Satz 2 SGB V auf einen Betrag von 2 von Hundert der jährlichen Bruttoeinnahmen zum Lebensunterhalt. Für chronisch Erkrankte, die wegen einer schwerwiegenden Krankheit in Dauerbehandlung sind, ist eine Ausnahme vorgesehen; die Linie in Bezug auf dieselbe schwerwiegende Krankheit wird beim Erreichen von 1 von Hundert der jährlichen Bruttoeinnahmen zum Lebensunterhalt gezogen.[8]

Einnahmen zum Lebensunterhalt umfassen all diejenigen Einkünfte, die zur Bestreitung des Lebensunterhalts bestimmt sind, und zwar ohne Rücksicht auf ihre steuerrechtliche Behandlung, soweit sie der besagten Person gegenwärtig zur Verfügung stehen.[9] Die sozialgerichtliche Rechtsprechung versteht den Terminus in einem wirtschaftlichen Sinne und stellt ganz bewusst nicht auf die Summe der Einkünfte im Sinne des Einkommensteuerrechts ab, sondern füllt den Begriff im Wesentlichen nach wirtschaftlichen Gesichtspunkten aus.[10] Somit sind alle Einnahmen zu berücksichtigen, die dem Versicherten bei Zugrundelegung einer wirtschaftlichen Betrachtungsweise zum Bestreiten seines Lebensunterhalts zugänglich sind.[11] In diesem Sinne sind etwa alle wiederkehrenden Bezüge und geldwerten Zuwendungen wie etwa das Arbeitsentgelt bzw. Einkünfte aus einer selbständigen Tätigkeit, sowie Lohnersatzleistungen wie Krankengeld, Gewinne aus Kapitalvermögen, die meisten Rentenleistungen und Versorgungsbezüge hinzuzuzählen.[12] Das Gesetz nimmt in § 62 Absatz 2 SGB V bestimmte Einnahmeposten wie etwa Grundrenten aus dem Bundesversorgungsgesetz oder Kindergeld aus dem Bundeskindergeldgesetz aus.[13] Das gemeinsame Rundschreiben der Spitzenverbände der Krankenkassen[14] mit Geltung seit dem

---

8   Zu den Tatbestandsmerkmalen „chronische Erkrankung" und „Dauerbehandlung" vgl. Schlegel/Voelzke/*Albers*, JurisPraxisKommentar SGB V, 2008, § 62 RdNr. 20 ff.; nach dem 01.04.1987 geborene Versicherte müssen für eine Herabsetzung der Belastungsgrenze auf 1 Prozent den Nachweis führen, von einem Arzt über entsprechende Früherkennungsmaßnahmen aufgeklärt worden zu sein.

9   *BSG* vom 24.07.1985 – 8 RK 36/84 - USK 85245 = SozR 2200 § 205 Nr. 59.

10   Vgl. jedoch zum Abzug von Werbungskosten bei Einnahmen aus Vermietung und Verpachtung *BSG* vom 19.09.2007 – B 1 KR 7/07 R – USK 2007 -55 = SozR 4 – 2500 § 62 Nr. 3.

11   *BSG* vom 25.08.1982 = USK 82201 = SozR 2200 § 180 Nr. 12; *BSG* vom 27.11.1984 - USK 84246 - SozR 2200 § 180 Nr. 20.

12   Ausführlich zu den einzelnen Einnahmeposten Becker/Kingreen/*Sichert*, Kommentar zum SGB V, 2008, § 62 RdNr. 16 ff.; Haucke/Haines/*Gerlach*, Kommentar zum SGB V – Loseblattsammlung, 2011, § 61 SGB V RdNr. 22 ff.; Schlegel/Voelzke/*Albers*, JurisPraxisKommentar SGB V, 2008, § 62 RdNr. 35 ff.

13   Einzelheiten zu den nicht zu berücksichtigenden Tatbeständen bei Haucke/Haines/*Gerlach*, Kommentar zum SGB V – Loseblattsammlung, 2011, § 61 SGB V RdNr. 35 ff.

14   Einnahmen zum Lebensunterhalt – Gemeinsames Rundschreiben der Spitzenverbände der gesetzlichen Krankenkassen vom 22/23.01.2008, im Internet zu finden etwa unter:

1.8.2008 bietet in diesem Zusammenhang eine versicherungsrechtlich relevante Orientierung in der Form einer alphabetischen Auflistung von Einnahmen und Einkünften im Sinne des § 62 SGB V. Im Bereich der Zahlungen an Dritte, die beispielsweise in der Form einer Pfändung oder Abtretung erfolgen, wird im Rundschreiben ausdrücklich klargestellt, dass diese keinen abzugsfähigen Posten darstellen, sondern stets alle Einnahmen anzurechnen sind, die dem jeweiligen Versicherten zustehen.[15]

3. Antragsnotwendigkeit zur Befreiung von weiteren Zuzahlungen

Wird die Belastungsgrenze im Laufe des Kalenderjahres erreicht, ist der Versicherte kraft Gesetzes gemäß § 62 Absatz 1 Satz 1 letzter Halbsatz SGB V für den Rest des Jahres von weiteren Zuzahlungen zu befreien, ohne dass dies einer konstitutiven Entscheidung der Krankenkasse bedürfte. Aus diesem Grunde bedarf es keiner gesonderten Verwaltungsentscheidung der gesetzlichen Krankenkasse. Notwendig ist jedoch ein förmlicher Antrag des Versicherten, da die jeweilige Verwaltungseinheit mangels Kenntnis über die bereits erfolgten Zuzahlungen und den Einkommensstand des gesamten Haushaltes nicht von Amts wegen tätig werden kann. Der Versicherte hat in diesem Rahmen Bruttoeinnahmen und geleistete Zuzahlungen gegenüber seiner Krankenkasse nachzuweisen. Wird die Freistellung im Laufe des Kalenderjahres für das selbige beantragt, behilft sich die Krankenkasse mit einer Hochrechnung der Bruttoeinnahmen auf der Basis einer gewissenhaften Schätzung. Ist eine solche Schätzung nicht möglich, wird der Befreiungsbescheid mit einem Vorbehalt versehen und nach Abschluss des Kalenderjahres nochmalig geprüft, da sich erst dann das Erreichen der Belastungsgrenze zuverlässig ermitteln lässt.[16] Einige Krankenkassen bieten ihren Versicherten die Möglichkeit an, den auf der Basis des voraussichtlichen Jahreseinkommens ermittelten Höchstzuzahlungsbetrag zu Jahresanfang zu entrichten. Die Versicherten erhalten sofort zu Jahresbeginn einen Befreiungsausweis und ersparen sich das Sammeln und Einreichen von einzelnen Belegen.[17]

---

http://www.vdek.com/versicherte/Zuzahlungen/belastungsgrenze/einnahmen_zum_lebensunter halt.pdf.

15 Einnahmen zum Lebensunterhalt – Gemeinsames Rundschreiben der Spitzenverbände der gesetzlichen Krankenkassen vom 22/23.01.2008, Unterpunkt 13, im Internet zu finden etwa unter: http://www.vdek.com/versicherte/Zuzahlungen/belastungsgrenze/einnahmen_zum_lebens unterhalt.pdf.

16 Einzelheiten bei Haucke/Haines/*Gerlach*, Kommentar zum SGB V – Loseblattsammlung, 2011, § 61 SGB V RdNr. 59 ff.; Schlegel/Voelzke/*Albers*, JurisPraxisKommentar SGB V, 2008, § 62 RdNr. 53 ff.

17 Schlegel/Voelzke/*Albers*, JurisPraxisKommentar SGB V, 2008, § 62 RdNr. 56.

Hat der Versicherte über seine Belastungsgrenze hinaus Zuzahlungen geleistet, ist die für ihn zuständige Verwaltungseinheit verpflichtet, die überschießenden Beträge zu erstatten, um den rechtmäßigen Zustand wiederherzustellen.[18]

4.   Generelle Zuzahlungsverpflichtung überschuldeter Versicherter

Die soeben beschriebene sozialrechtliche Anspruchsposition eines gesetzlich Versicherten sieht nach dem gegenwärtig geltenden Recht eine vollständige Befreiung von Personen in einer finanziellen Krise nicht vor. Jeder gesetzlich Versicherte wird bis zu der benannten Belastungsgrenze in die Pflicht genommen, einen Eigenanteil für bestimmte in Anspruch genommene medizinische Leistungen beizusteuern. Hiervon wird für die besonders belastete Gruppe der überschuldeten Personen keine Ausnahme gemacht, wie der Umgang mit erfolgten Pfändungen und Zahlungen an Dritte im Rahmen der Berechnung der Einkommensverhältnisse als Ausgangsbasis für die Festlegung der Belastungsgrenze belegt. Eine vollständige Befreiung finanziell Schwacher ist nicht mehr vorgesehen. Diese Möglichkeit der vollständigen Befreiung armer Bevölkerungsgruppen war im Rahmen der großen Strukturreform – dem Gesetz zur Modernisierung der Gesetzlichen Krankenversicherung (GKV-Modernisierungsgesetz - GMG) aus dem Jahre 2003 – ersatzlos gestrichen worden. Zuvor hatte § 61 SGB V festgelegt, in welchen Fällen und unter welchen Voraussetzungen gesetzlich Krankenversicherte von ihrer Pflicht zur Kostenbeteiligung vollständig zu befreien waren. Die Bedingung für eine vollständige Befreiung war erfüllt, wenn eine unzumutbare Belastung des Versicherten vorlag, die angenommen wurde, wenn die Bruttoeinnahmen zum Lebensunterhalt der betroffenen versicherten Person eine bestimmte Einkommensgrenze nicht überschritten oder bestimmte Sozialleistungen wie etwa Sozialhilfe bezogen wurden.

III. Verfassungsrechtliche Legitimation zuzahlungspflichtiger Gesundheitsleistungen

1.   Umbau des Gesundheitssystems

Die Festlegung von Zuzahlungen zu bestimmten Gesundheitsleistungen mitsamt der Abschaffung der sogenannten Härtefallregelung in der Form der Befreiung

---

18   Zum öffentlich-rechtlichen Erstattungsanspruch vgl. *BSG* vom 11.10.1994 – 1 RK 34/93 – USK 9459 = SozR 3 – 2500 § 31 Nr. 2.

finanzschwacher Versicherter von der Zuzahlungspflicht sind Teile eines bereits seit Langem während Prozesses des Umbaus unseres Gesundheitswesens, das auf die demographischen und gesamtgesellschaftlichen Veränderungen reagierend eine Strukturreform und Kostendämpfung zum Ziel hat. Mit der Einführung und Umgestaltung von Selbstbeteiligungen der gesetzlich Krankenversicherten wird zum einen erstrebt, das Ausgabenvolumen der gesetzlichen Krankenkasse zu begrenzen.[19] Zum anderen wird eine Steuerungswirkung bei der Inanspruchnahme von Leistungen anvisiert, die darauf gerichtet ist, die Versicherten zu einem bedarfsgerechten Verhalten und effizienten Umgang mit den vorhandenen Gesundheitsangeboten anzuhalten.[20] Aus der Sicht des Verfassungsrechts stellt sich die Frage, ob die Einführung einer generellen Pflicht der Zuzahlung mitsamt der Abschaffung der Härtefallregelung die Grenze der Belastbarkeit für finanziell leistungsschwache Personen überschritten hat. Verfassungsrechtliche Grenzen einer Selbstbeteiligungsverpflichtung gesetzlich versicherter Personen an bestimmten Gesundheitsleistungen müssen sich hierbei an der grundgesetzlichen Grundkonzeption der Gewährleistung der gesundheitlichen Versorgung der Bevölkerung orientieren. Eine zuzahlungsbegrenzende Funktion könnte ebenfalls aus dem in diesem Zusammenhang viel diskutierten Sozialstaatsprinzip oder aus entgegenstehenden Grundrechtspositionen der einzelnen gesetzlich Versicherten fließen.

2. *Verfassungsrechtliche Bestandsgarantie einer gesetzlichen Krankenversicherung*

Das Grundgesetz schreibt dem Gesetzgeber keine Pflicht zur Gewährleistung des Bestands einer gesetzlichen Krankenversicherung und deren genaue Anforderungen vor. Zwar ist die Institution „Sozialversicherung" im Katalog der Gesetzgebungszuständigkeiten in Art. 74 Absatz 1 Nr. 12 GG sowie in den Vorschriften der Finanzverfassung in Art. 120 Absatz 1 Satz 4 GG enthalten und bei der Verwaltungszuständigkeit des Bundes und der Länder in Art. 87 Absatz 2 GG genannt. Jedoch handelt es sich bei den besagten Normenkomplexen um Kompetenz-, Organisations- und Zuständigkeitsregelungen, die keine weitergehenden

---

19 Das Bundessozialgericht hat den Sinn und Zweck der Zuzahlung eindeutig in der Finanzierungsstärkung der gesetzlichen Krankenkassen gesehen, vgl. *BSG* vom 25.6.2009 – B 3 KR 3/08 R – USK 2009 – 47 = SozR 4 – 2500 § 28 Nr. 3.
20 Ausführlich zu den Zielen von Selbstbeteiligungen vgl. *Pfaff/Langer/Mamberer/Freund/ Kern/Pfaff,* Zuzahlungen nach dem GKV-Modernisierungsgesetz (GMG) unter Berücksichtigung von Härtefallregelungen, im Internet zu finden unter: http://www.wiwi.uni-augsburg.de/vwl/institut/paper/253.pdf.

materiellrechtlichen Wirkungen entfalten.[21] Durch diese Art der Erwähnung ließ der Verfassungsgeber bei der Schaffung des Grundgesetzes erkennen, dass er von der Existenz und dem Fortbestand der damalig vorhandenen Sozialversicherungssysteme ausgegangen ist. Eine weitergehende Interpretation der genannten Regelungen in der Form, die Existenz oder eine gewisse Ausgestaltung des Sozialversicherungssystems verfassungsrechtlich absichern zu wollen, lässt sich dem hingegen nicht entnehmen.[22]

In diesem Sinne bejaht das Bundesverfassungsgericht die grundsätzliche Verfassungsmäßigkeit von Zuzahlungen in der gesetzlichen Krankenversicherung. In ständiger Rechtsprechung verneint das höchste deutsche Gericht eine Pflicht der gesetzlichen Krankenkassen, alles zu leisten, was an Mitteln zur Erhaltung oder Wiederherstellung der Gesundheit verfügbar ist.[23] Der Leistungskatalog der gesetzlichen Krankenkassen darf vielmehr auch von finanzwirtschaftlichen Erwägungen mitbestimmt sein.[24] Die Verfassungsinstanz betont das besondere Gewicht des Kostenaspekts im Gesundheitswesen und bejaht den Gestaltungsspielraum des Gesetzgebers, den Versicherten über den normalen Krankenversicherungsbeitrag hinaus zur Entlastung der Krankenkassen und zur Stärkung des Kostenbewusstseins mit Zuzahlungen zu bestimmten Gesundheitsleistungen zu beschweren.[25] Insoweit verbleibt dem deutschen Gesetzgeber grundsätzlich ein breiter Gestaltungsspielraum, eine Selbstbeteiligung gesetzlich Versicherter bei der Inanspruchnahme von Gesundheitsleistungen festzusetzen. Unter diesem Gesichtspunkt ist das derzeitige Regelungssystem nicht zu beanstanden.

3. Sozialstaatsprinzip als verfassungsrechtliche Grenze

Die verfassungsrechtliche Unzulässigkeit einer Zuzahlungspflicht lässt sich aus dem häufig erwähnten Sozialstaatsprinzip des Art. 20 Absatz 1 GG nicht herleiten.[26] Das Sozialstaatsprinzip tritt im Grundgesetz als Staatszielbestimmung und nicht als Grundrecht auf und legt dem Gesetzgeber das Erfordernis auf, soziale

---

21 Siehe hierzu *Jarass*/Pieroth, Kommentar zum Grundgesetz, 10. Auflage 2009, Art. 74 RdNr. 1, Art. 87 RdNr. 1 sowie Art. 120 RdNr. 8.

22 Ausführlich *Becker*, Materielle Wirkung von Kompetenz- Organisations- und Zuständigkeitsregelungen des Grundgesetzes?, in: DÖV 2002, 397, 398.

23 BVerfGE 115, 25, 46 = SozR 4 – 2500 § 27 Nr. 5; *BVerfG* vom 5.3.1997 – 1 BvR 1071/95 -, NJW 1997, 3085 ff.

24 Vgl. etwa BVerfGE 68, 193, 218 = SozR 5495 Art. 5 Nr. 1.

25 BVerfGE 103, 172, 184 = SozR 3 – 5520 § 25 Nr. 4; BVerfGE 115, 25, 46 = SozR 4 – 2500 § 27 Nr. 5; BVerfG vom 7.4.1994 – 1 BvR 2158/93 -, NJW 1994, 3007 ff.

26 Zur überschätzten Bedeutung des Sozialstaatsprinzips *Schmidt-Aßmann*, NJW 2004, 1689, 1690.

Gegensätze auszugleichen und eine gerechte Sozialordnung zu schaffen. Bei diesem Unterfangen steht dem Gesetzgeber ein weiter Gestaltungsspielraum zu. Spezifische subjektive Rechtsansprüche Einzelner auf eine bestimmte Leistungspflicht des Staates oder das Gebot, Leistungen in einem besonderen Umfang zu gewähren, sind dem Verfassungsprinzip nicht zu entnehmen.[27] Diese Gestaltungsfreiheit gilt in gesteigertem Maße für Bereiche, die Auswirkungen auf die Staatsfinanzen haben und nicht ohne Rücksicht auf andere staatliche Aufgaben ausgestaltet werden können. Sozialstaatliche Leistungsansprüche stehen unter dem Vorbehalt des Möglichen und sind zudem vom verfassungsrechtlichen Wirtschaftlichkeitsgebot des Art. 114 Absatz 2 GG bestimmt. Der im Sozialstaatsprinzip verankerte Auftrag der staatlichen Instanzen, soziale Sicherungssysteme zu schaffen, bedeutet insbesondere nicht, dass bereits geschaffene für den einzelnen Versicherten vorteilhafte Regelungen unabänderlich erhalten bleiben müssen.[28] Aufgrund der Ungeeignetheit, dem Sozialstaatsprinzip verbindliche Anforderungen an die Ausgestaltung des Gesundheitssystems zu entnehmen und in Ermangelung der Möglichkeit der Ableitung unmittelbarer Rechtspositionen bleibt es unter diesem Gesichtspunkt allein dem Ermessen des Gesetzgebers vorbehalten, eine Regelung einzuführen, die alle Versicherten an eine Selbstbeteiligung zu bestimmten Gesundheitsleistungen bindet.

4. *Grundrechtliche Positionen des gesetzlich Versicherten*

a) Medizinisches Existenzminimum

Art. 2 Absatz 2 Satz 1 GG schützt das Recht auf das Leben, die körperliche Unversehrtheit und – obgleich nicht explizit erwähnt – somit auch auf Gesundheit. Nach gefestigter Rechtsprechung des Bundesverfassungsgerichts verpflichtet zudem die in Art. 1 Absatz 1 GG gewährleistete Menschenwürde in Verbindung mit dem Sozialstaatsprinzip den Staat zur Sicherung der Mindestvoraussetzungen eines menschenwürdigen Lebens in der Form der Sicherung des Existenzminimums.[29] Obgleich verschiedene Ansichten bei der Bestimmung der normativen Grundlage des medizinischen Existenzminimums in der Rechtsprechung und wissenschaftlichen Literatur bestehen, ist dessen Verankerung in beiden Nor-

---

27   BVerfGE 94, 241, 263 = SozR 3 – 2200 § 1255 a Nr. 5.
28   Zu den verfassungsrechtlichen Möglichkeiten und Grenzen bei der Rationalisierung in der Gesundheitsversorgung lesenswert *Nettesheim*, VerwArch 2002, 315, 325 f.
29   BVerfGE 45, 187, 228 = NJW 1977, 1525 ff.

menkomplexen heute unwidersprochen.[30] Die bloße Anerkennung des medizinischen Existenzminimums sagt jedoch zunächst nichts über den subjektiven Umfang eines Anspruchs des Versicherten auf einen medizinischen Versorgungsumfang und somit über die Frage nach der Legitimität einer Zuzahlungsverpflichtung bei der Inanspruchnahme bestimmter Gesundheitsangebote aus.

b) Grundrechtlicher Leistungsanspruch aus dem medizinischen Existenzminimum

Grundrechte sind in ihrer klassischen Ausprägung als Abwehrrechte gegenüber dem Staat konzipiert, so dass sich aus ihrem Bestehen nicht ohne Weiteres ein Anspruch auf ein Tätigwerden der staatlichen Gewalt herleiten lässt. Gesetzlich vorgegebene Zuzahlungspflichten der gesetzlich Krankenversicherten können verfassungsrechtlich nur beanstandet werden, wenn ein solcher Leistungsanspruch des Staates anerkannt wird. Das Bundesverfassungsgericht hat sich bis heute noch nicht eindeutig zu einem verfassungsunmittelbaren Anspruch auf das Existenzminimum geäußert, sondern stets nur von der Pflicht des Staates zur Gewährung desselben gesprochen.[31] Im staatsrechtlichen Schrifttum ist man sich jedoch jedenfalls im Kern einig, dass die Einwände, die grundsätzlich gegenüber sozialen Grundrechten bestehen, für das Existenzminimum nicht gelten können. Ein Leistungsanspruch würde weder den Freiheitsbegriff verwässern noch die Bindungswirkung des Art. 1 Absatz 3 GG wirkungslos gestalten noch die Staatskasse finanziell überfordern. Folglich wird in der wissenschaftlichen Literatur ein Leistungsanspruch aus dem abwehrrechtlich konzipierten Art. 1 Absatz 1 GG, Art. 2 Satz 1 GG in Verbindung mit dem Sozialstaatsprinzip fast ausnahmslos anerkannt.[32] Die Anerkennung der schutzrechtlichen Bedeutung des Grundrechts verpflichtet den Staat, sich schützend und fördernd vor das Leben und die körperliche Unversehrtheit zu stellen.[33] Dieser Leistungsanspruch umfasst das medizinische Existenzminimum und somit einen Mindestbestand an Hilfen zur

---

30 Mit weitergehenden Nachweisen zu Rechtsprechung und Literatur *Neumann*, Das medizinische Existenzminimum, in: NZS 2006, 393 ff.; ebenso umfassend *Soria*, Das Recht auf Sicherung des Existenzminimums, in: JZ 2005, 644 ff.

31 BVerGE 40, 121, 133 = SozR 2400 § 44 Nr. 1; BVerfGE 82, 60, 85 = SozR 3-5870 § 10 Nr. 1.

32 Stellvertretend für viele *Herdegen* in Maunz/Dürig, Kommentar zum Grundgesetz, 52. Auflage 2008, Art. 1 Absatz 1 RdNr. 114; *Stark* in: v.Mangoldt/Klein/Stark, Das Bonner Grundgesetz – Kommentar, Band I, 6. Auflage 2010, Art. 1 Absatz 1 RdNr. 41.

33 BVerfGE 39, 1, 41 f. = NJW 1975, 573 ff.; BVerfGE 46, 160, 164 = NJW 1977, 2255 ff.; BVerfGE 88, 203, 251 = NJW 1993, 1751 ff.

Erhaltung der Gesundheit und zur Krankenbehandlung.[34] In Bezug auf das Anwendungsfeld der gesetzlichen Zuzahlungsverpflichtung finanziell schwacher Personen zu einem bestimmten Gesundheitsangebot kommt es in Bezug auf eine Einstandspflicht des Staates daher darauf an, ob diese speziellen Gesundheitsleistungen wie beispielsweise die sogenannte Praxisgebühr oder die Zuzahlungspflicht bei Medikamenten zum medizinischen Existenzminimum gehören.

c) Umfang des Leistungsrechts aus dem medizinischen Existenzminimum

In der wissenschaftlichen Literatur werden zur Bestimmung des medizinischen Existenzminimums und der hieraus zu garantierenden Mindestversorgung zwei unterschiedliche Standpunkte vertreten. Mit einem besonderen Augenmerk auf den Gesichtspunkt der sozialen Gleichheit in der Gesellschaft und einer Betonung der Differenz zwischen Leistungen des Gesundheitswesens und anderen sozialen Leistungen gelangt das eine wissenschaftliche Lager zu dem Ergebnis, dass das Verfassungsrecht dem Gesetzgeber wenig Spielraum belässt und das medizinische Existenzminimum dem Standard einer Normalversorgung zumindest nahe kommen müsse.[35] Mit diesem Inhalt korrespondiert die einfachgesetzliche Regelung des § 12 SGB V, die den Umfang der medizinischen Regelversorgung in der gesetzlichen Krankenversicherung auf das Maß des Notwendigen begrenzt. Als notwendig werden nur solche Maßnahmen erachtet, die nach ihrer Art und ihrem Umfang unentbehrlich, unvermeidbar und unverzichtbar sind.[36]

Die zweite Auffassung in der wissenschaftlichen Staatsrechtslehre reduziert das medizinische Existenzminimum auf eine Minimalversorgung und räumt einen Anspruch auf die staatliche Hilfe erst ein, wenn die Gefahr für die Gesundheit des Einzelnen als existenzbedrohend eingestuft werden kann.[37] Es liegt

---

34 Eingehend *Ebsen*, Verfassungsrechtliche Implikationen der Ressourcenknappheit im Gesundheitswesen, In: NDV 1997, 71, 76; *Seewald*, Gesundheit als Grundrecht – Grundrechte als Grundlagen von Ansprüchen auf gesundheitsschützende staatliche Leistungen, 1982, S. 15 ff.; *Neumann*, Das medizinische Existenzminimum, in: NZS 2006, 393 ff.

35 Vgl. etwa *Ebsen*, Verfassungsrechtliche Implikationen der Ressourcenknappheit im Gesundheitswesen, In: NDV 1997, 71, 78; *Huster*, Medizinische Versorgung im Sozialstaat: Zur Bedeutung des Sozialhilferechts für die Bestimmung einer medizinischen Mindestsicherung, Mazouz/Werner/Wiesing (Hrsg.), Krankheitsbegriff und Mittelverteilung, 2004, S. 157, 166; vgl. auch *Neumann*, Der Grundrechtsschutz von Sozialleistungen in Zeiten der Finanznot, in: NZS 1998, 401, 410.; kritisch hierzu *Schmidt-Aßmann*, Verfassungsfragen der Gesundheitsreform, in: NJW 2004, 1689, 1691.

36 Zu diesem Gedankengang vgl. etwa *Neumann*, Das medizinische Existenzminimum, in: NZS 2006, 393, 395.

37 Statt vieler vgl. *Gröschner* in: Dreier, Grundgesetz Kommentar, Band 2, 2. Auflage 2006, Art. 20 Sozialstaat RdNr. 26; *Kunig* in v.Münch/Kunig, Grundgesetz Kommentar, Band 1, 6. Auf-

in der Natur der Sache, dass die Grenzen dieser Minimalversorgung und der Gesichtspunkt der Existenzbedrohung klaren Konkretisierungen nur schwer zugänglich sind.[38] Trotz der Schwierigkeit der Abgrenzung spricht der verfassungsrechtliche Ursprung des Existenzminimums für diese Wertung. Zwar schützt Art. 2 Absatz 2 Satz 1 GG auch das Gut der menschlichen Gesundheit, der Wortlaut der Norm selbst jedoch fasst den Schutz des Lebens ins Auge. Die gebotene enge Auslegung des Artikels fordert demnach eine existenzbedrohende Dimension einer Gesundheitsbeeinträchtigung, um staatliche Fürsorgepflichten auszulösen. Der Umfang der individuellen Anspruchsposition richtet sich nach dem Ausmaß der Lebensbedrohung.[39] Als Orientierungsmaßstab wird die strafrechtliche Vorschrift der unterlassenen Hilfeleistung (§ 323 c StGB) vorgeschlagen, um denjenigen Bereich eingrenzen zu können, in dem staatliche Fürsorgepflichten auf medizinische Versorgung für den Fall einer lebensbedrohlichen Situation bestehen.[40]

d)   Zuzahlungsverpflichtung und medizinisches Existenzminimum

Das verfassungsrechtlich geschützte medizinische Existenzminimum umfasst somit nur einen sehr eng begrenzten Bereich der medizinischen Versorgung. Der Gesetzgeber ist verpflichtet, dieses versorgungsrechtliche Minimum für den Einzelnen bei der Ausgestaltung eines Gesundheitssystems zu berücksichtigen. Ansonsten ist er – wie bereits ausführlich erörtert – in seiner Gestaltung der Systembedingungen weitestgehend keinen verfassungsrechtlichen Vorgaben unterworfen. Die Auferlegung der Zuzahlungsverpflichtung finanziell schwacher Personen stößt im verfassungsrechtlichen Sinne nur an Grenzen, wenn dem einzelnen Betroffenen in einer existenziell bedrohlichen Lebenssituation staatliche Unterstützung versagt würde und die besagte Person gleichzeitig nicht in der Lage wäre, für die Sicherstellung ihres eigenen medizinischen Existenzmini-

---

lage 2012, Art. 2 RdNr. 60; *Murswiek* in: Sachs, Grundgesetz Kommentar, 6. Auflage 2011, Art. 2 RdNr. 224ff.

38   Vgl. hierzu *Nettesheim*, Rationierung in der Gesundheitsversorgung – verfassungsrechtliche Möglichkeiten und Grenzen, in: VerwArch 93 (2002), 315, 336; zum Vorschlag der Simulierung eines Gesundheitsmarktes *Neumann*, Das medizinische Existenzminimum, in: NZS 2006, 393, 395 ff.

39   *Taupitz*, Ressourcenknappheit in der Medizin – Hilfestellung durch das Grundgesetz?, in: Wolter/Riebel/Taupitz (Hrsg.), Einwirkungen der Grundrechte auf Zivilrecht, Öffentliches Recht, Strafrecht, 1999, S. 113, 119.

40   *Taupitz*, Ressourcenknappheit in der Medizin – Hilfestellung durch das Grundgesetz?, in: Wolter/Riebel/Taupitz (Hrsg.), Einwirkungen der Grundrechte auf Zivilrecht, Öffentliches Recht, Strafrecht, 1999, S. 113, 119.

mums eigenständig einzustehen. Diesem Umstand wird dadurch Rechnung getragen, dass jedermann in Deutschland einen verfassungsrechtlich gewährleisteten Anspruch besitzt, bei Bedürftigkeit staatliche Leistungen zu erhalten, um
eine medizinische Notversorgung in Anspruch zu nehmen.[41]

Zuzahlungsverpflichtungen selbst können mithin nur in eng begrenzten
Ausnahmefällen gegen das Gebot der Gewährleistung des medizinischen Existenzminimums verstoßen, wenn beispielswiese einer Personengruppe der Zugang
zu bestimmten medizinischen Leistungen völlig verwehrt bliebe und nicht
gleichzeitig gesetzliche Regelungen vorgehalten wären, welche die Versorgung
mit der medizinischen Leistung für den betroffenen Versicherten trotz des Aus-
schlusses sicherstellten. Weiterhin ist dies etwa denkbar, wenn zum Existenzm-
nimum gehörende einzelne Gesundheitsleistungen mit solch hohen Zuzahlungen
versehen werden würden, dass diese nicht mehr als zumutbar angesehen werden
könnten oder etwa die Belastungsgrenze des § 62 SGB V so weit angehoben
werden würde, dass es gesetzlich Krankenversicherten nicht mehr möglich wäre,
nach verschiedenen bereits geleisteten Zuzahlungen im Falle einer existenziellen
Krankheit medizinisch notwendige Leistungen erneut in Anspruch zu nehmen.

Zusammenfassend sind selbst massive Zuzahlungsausweitungen bei finanziell leistungsschwachen Versicherten keinen den Art. 1 Absatz 1, Art. 2 Absatz
2 in Verbindung mit Art. 20 Absatz 2 GG innewohnenden verfassungsrechtlichen Bedenken ausgesetzt, soweit in existenzbedrohenden Situationen eine medizinische Versorgung im obig beschriebenen Ausmaß sichergestellt ist. Der
Gesetzgeber stellt einen solchen Anspruch zur Verfügung. Das derzeitig geltende
Zuzahlungssystem erfasst in seiner Ausgestaltung nicht den Grenzbereich der
verfassungsrechtlich zu beanstandenden gesetzlichen Vorgaben. In diesem Sinne
beurteilte auch das Bundessozialgericht die Verfassungsmäßigkeit der als Praxisgebühr bekannten generellen Zuzahlungspflicht eines gesetzlich Krankenversicherten im Falle des ersten Arztbesuchs im Quartal und betonte den Umstand,
dass die Versicherten nur maßvoll zur Eigenbeteiligung herangezogen würden
sowie die diversen Zuzahlungen in ihrer Gesamtheit der Höhe nach gemäß der
Überforderungsklausel in § 62 SGB V begrenzt seien.[42]

e)   Zumutbarkeit der gesetzlichen Zuzahlungsverpflichtungen

Bei alledem gilt es zu beachten, dass das Recht auf die Gewährung des medizinischen Existenzminimums erst entsteht, wenn der Einzelne nicht in der Lage ist,

---

41   Zur Herleitung dieses Anspruchs aus dem physischem Existenzminimum *Neumann*, Men-
      schenwürde und Existenzminimum, NVwz 1995, 426 ff.
42   *BSG* vom 25.06.2009 – B 3 KR 3/08 R – USK 2009 – 47 = SozR 4 – 2500 § 28 Nr. 3.

sich selbst zu helfen. Das Recht auf die Minimalversorgung kommt zum Zuge,
wenn ein gesetzlich Krankenversicherter die notwendige medizinische Versorgung weder durch die eigene Versicherung noch durch ein eigenes Einkommen
oder aus dem eigenen Vermögen zu gewährleisten vermag.[43] In diesem Moment
hat der Staat mit Steuermitteln einzuspringen und es ist die Aufgabe des nach-
rangigen Sozialhilferechts, die zur Sicherung eines menschenwürdigen Lebens
erforderlichen Voraussetzungen zu gewährleisten. Bei Beziehern kleinerer Einkommen oder Empfängern sozialer Unterstützungsleistungen stellt sich daher die
Frage, ob und wann Zuzahlungsverpflichtungen die verfassungsrechtlich ge-
währte Zumutbarkeitsgrenze überschreiten. Da überschuldete Personen in ihren
finanziellen Handlungsmöglichkeiten mit der Gruppe der Leistungsempfänger
des SGB II strukturell vergleichbar sind, kann die im Hinblick auf diese Personengruppe erfolgte Rechtsprechung herangezogen werden kann. Zu dem Themenkomplex der generellen Beteiligungspflicht von Leistungsempfängern des
SGB II bei Zuzahlungen hat sich jüngst das Bundessozialgericht geäußert und
darauf hingewiesen, dass eine Zuzahlung dann nicht mehr zumutbar ist, wenn
mit der Forderung in das verfassungsrechtlich gesicherte Existenzminimum des
Versicherten eingegriffen wird.[44] Die Pflicht des Staates, bedürftigen Bürgern
und Bürgerinnen ein Existenzminimum zu gewähren, wird gemäß Art. 1 Absatz
1 GG und Art. 20 Absatz 1 GG aus der Menschenwürde in Verbindung mit dem
Sozialstaatsprinzip abgeleitet. Es sichert jedem Hilfebedürftigen diejenigen materiellen Voraussetzungen zu, die für seine physische Existenz und für ein Min-
destmaß an Teilhabe am gesellschaftlichen, kulturellen und politischen Leben
unerlässlich sind.[45] Neben dem Kernelement, welches das physisch Notwendige
erfasst, enthält es einen soziokulturellen Teil.[46] Dieses soziokulturelle Existenzminimum enthält den Auftrag, eine soziale Ausgrenzung des Hilfeempfängers zu
verhindern. Der Hilfeempfänger soll in der Umgebung von Nichthilfeempfän-
gern ähnlich wie diese leben können.[47] In seiner Ausprägung ist es als eine dy-
namische Größe aufgestellt; der Vergleichsmaßstab ist die am Lebensstandard
wirtschaftlich schwächerer Bevölkerungsschichten orientierte Lebensweise, die
dem Wandel der Verbrauchs- und Lebensgewohnheiten innerhalb einer Gesellschaft unterliegt.[48]

---

43   Ausführlich hierzu *Neumann*, Sozialstaatsprinzip und Grundrechtsdogmatik, DVBl 1997, 92,
     94.
44   *BSG* vom 22.04.2008 – B 1 KR 10/07 R = USK 2008 -7 = SozR 4-2500 § 62 Nr. 6.
45   Vgl. etwa *BVerfG* vom 09.02.2010 – 1 BvL 1/09 -, = BVerGE 125, 175 ff. = SozR 4 – 4200
     § 20 Nr. 12.
46   Ausführlich *Soria*, Das Recht auf Sicherung des Existenzminimums, in: JZ 2005, 644, 647 ff.
47   BVerwGE 27, 58, 63 = DVBl 1967, 825 ff.; BVerwGE 106, 99 = DVBl 1998, 1129 ff.
48   BVerwGE 25, 307, 317 = DÖV 1967, 640 ff.; BVerwGE 94, 324, 333 = NVwZ 1994, 1013

Das Bundessozialgericht hatte unter diesem Gesichtspunkt zu entscheiden, ob die Zuzahlung bis zum Erreichen der jährlichen Belastungsgrenze aus den Mitteln der Regelleistung von Leistungsbeziehern des SGB II zu tragen sei. Die Richter sahen das Existenzminimum als nicht gefährdet an und haben diese Frage bejaht. Der Senat ordnete Zuzahlungen im Sinne des § 61 SGB V als Kosten der Gesundheitspflege ein, die als mit der Regelleistung abgegolten seien.[49] Argumentativ stützte sich das Gericht auf den Umstand, dass die Regelung des § 20 Absatz 2 SGB II die Höhe der Regelleistung betreffend keine Gesetzesbestimmung sei, die darauf abziele, die verfassungsrechtlichen Untergrenzen des sozialrechtlich zu sichernden Existenzminimums auszuloten, sondern vielmehr auch den soziokulturellen Leistungsanteil einbeziehe und somit im Rahmen des Arbeitslosengeldes II den soziokulturellen Leistungsstandard darstelle. Die Konkretisierung des Existenzminimums falle in den Aufgabenbereich des Gesetzgebers, der bei dessen Festsetzung über einen weiten Ermessensspielraum verfüge, der umso geringer werde, je mehr er sich dem physischen Existenzminimum annähere. Das Bundessozialgericht bescheinigte dem Gesetzgeber eine zuverlässige anhand der realistischen Verhältnisse orientierte Ermittlung der Höhe der Regelleistung und ordnete die Regelsatzhöhe als verfassungsrechtlich im Gestaltungsrahmen des Gesetzgebers befindend ein.[50] Eine verfassungswidrige Vorenthaltung des Existenzminimums für Leistungsempfänger des SGB II wurde nicht festgestellt.

f)   Zwischenbilanz

Aus den aufgezeigten Entscheidungen des Bundessozialgerichts kann abgeleitet werden, dass neben sozialen Leistungsempfängern auch Bezieher kleinerer Einkommen und somit der Großteil der Schuldnergruppe ebenso nicht als in ihrem von der Verfassung gewährleisteten Existenzminimum verletzt eingestuft werden würden, wenn die Frage der derzeitig geltenden Zuzahlungsverpflichtungen zu verschiedenen Gesundheitsleistungen angesprochen ist. Keine Berücksichtigung wird der Umstand finden, dass dieser Annahme eine soziale Wirklichkeit gegenübersteht, die es Leistungsempfängern, Geringverdienern oder überschuldeten

---

49   § 2 RegelsatzVO schreibt vor, dass aus dem Regelsatz Kosten für Nahrungsmittel, Bekleidung und Schuhe, Wohnen, Energie und Wohnungsinstandhaltung, Innenausstattung, Haushaltsgeräte und –gegenstände, Gesundheitspflege, Verkehr, Nachrichtenübermittlung, Freizeit, Unterhaltung, Kultur, Beherbergungs- und Gaststättenleistungen sowie andere Waren und Dienstleistungen getragen werden müssen.

50   Zu der Ermittlung der Bemessung der Regelleistung ausführlich *Wunder*, Die Zuzahlungspflicht nach §§ 61, 62 SGB V für Leistungsempfänger des SGB II, in: SGB 2009, 79, 82.

Personen unmöglich macht, nennenswerte Rücklagen für eventuell auf sie zu-
kommende Zuzahlungsverpflichtungen zu bilden. Ebenso wenig wird dem Umstand Rechnung getragen werden, dass die Orientierung der Belastungsgrenze in
§ 62 SGB V am Bruttoeinkommen selten die tatsächliche finanzielle Notsituation überschuldeter Personen widerspiegelt, da das zur Verfügung stehende Netto-
einkommen aufgrund von Pfändungen oder Zahlungen an Gläubiger geringer
ausfällt als vom Gesetz angenommen. Die individuelle Bedarfszumessung und
die einer funktionsfähigen Sozialverwaltung geschuldete strikte Pauschalie-
rungsnotwendigkeit stehen sich hier in einem Spannungsfeld gegenüber, das nur
schwer aufzulösen ist. Das Bundessozialgericht hat sich entschieden, der individuellen Situation eines Leistungsempfängers keinerlei Rechnung zu tragen und
einem individuellen Sonderbedarf eine Absage zu erteilen, da auch dieser im
Regelsatz abgegolten sei.[51] Eine Entscheidung des Bundesverfassungsgerichts zu
diesem Themenbereich steht noch aus. Den Betroffenen finanziell schwacher
Einkommen wird es nur in Ausnahmefällen gelingen, die Anerkennung der Un-
terschreitung ihres soziokulturellen Existenzminimums vor Gericht anhand der
Darstellung ihrer persönlichen wirtschaftlichen Situation und hierbei ihrer Vermögensverhältnisse, ihrer Belastungen und des individuellen Lebensbedarfes
durchzusetzen. Das Bundessozialgericht wird bei alledem bei überschuldeten
Personen sicherlich nicht versäumen, auf die vom Gesetzgeber zur Verfügung
gestellten Schutzregelungen des im Falle der Pfändung vorgesehenen Selbstbe-
halts hinzuweisen, die in ihrer Zielsetzung darauf gerichtet sind, das von der
Verfassung gewährleistete Existenzminimum nicht zu unterschreiten.

IV. Effizienz der sozialpolitischen Zielsetzungen bei Zuzahlungen

1. Eigenverantwortung des Versicherten als Legitimation für Zuzahlungen

Als einer der Gründe für die Einführung und Ausweitung von Zuzahlungen wird
neben dem finanziellen Einnahmeaspekt die Stärkung der Eigenverantwortung
des Versicherten angeführt. Die gesundheitliche Eigenverantwortung durchwebt
viele Vorschriften des Sozialversicherungsrechts. Schon § 1 SGB V spricht von
der Mitverantwortlichkeit der Versicherten. § 2 Absatz 1 Satz 1 SGB V bestimmt: „Die Krankenkassen stellen der Versicherten die im dritten Kapitel genannten Leistungen unter Beachtung des Wirtschaftlichkeitsgebots (§ 12) zur
Verfügung, soweit diese Leistungen nicht der Eigenverantwortung der Versicherten zugerechnet werden." Der Gesetzgeber hat dieses Ziel bei der Einfüh-

---

51   *BSG* vom 07.11.2006 – B 7b AS 14/06 R = SozR 4 – 4200 § 20 Nr. 1.

rung der Praxisgebühr ausdrücklich festgehalten.[52] Das Bundessozialgericht stellt kurz und knapp fest, dass die Zuzahlungen geeignet seien, die Eigenverantwortung der Versicherten zu stärken und sie von der Inanspruchnahme nicht erforderlicher ärztlicher Behandlungen abzuhalten.[53] Angesprochen ist die Individualverantwortung des Einzelnen. Mittels finanzieller Anreize soll eine Überinanspruchnahme von Gesundheitsleistungen durch die Versicherten verhindert werden.[54]

Der Aspekt der Eigenverantwortung trägt bei einer näheren Betrachtung eine Argumentationsschwäche in sich, die sich auf die Absehbarkeit seiner Ausübung bezieht. Die eigenverantwortliche Entscheidung fordert zunächst mindestens zwei zur Wahl stehende Verhaltensalternativen. Die Entscheidung gegen die Inanspruchnahme einer bestimmten Gesundheitsleistung setzt zudem voraus, dass sich eine der Alternativen als in der subjektiv empfundenen Präferenz entbehrlich und somit als ungerechtfertigt erweist. Mit dieser Entscheidungsauswahl korrespondiert die im Gesundheitswesen übliche Unterscheidung zwischen nützlichen und überflüssigen Leistungen. Für den Fall des häufig beispielhaft herangezogenen *Ärzte-Hopping*[55], das den Umstand des wiederholten Aufsuchens mehrerer Ärzte ohne Überweisung aus nicht medizinischen Gründen beschreibt, mag die ungerechtfertigte Alternative als leicht zu beurteilen gelten; obwohl ein solches Verhalten im Grunde nichts mit einer eigenverantwortlichen Entscheidung zu tun hat, sondern mit einem im Sinne des § 12 SGB V unwirtschaftlichen Verhalten, da es im Versicherungsfall mehr Kosten produziert als notwendig wären. Je komplizierter sich jedoch der medizinische Sachverhalt darstellt, desto schwieriger wiegt für jeden Patienten die Konsequenz seiner Entscheidung. Er muss in der Lage sein, die Folgen einer Behandlung (insbesondere auch unter dem Aspekt der anfallenden Eigenbeteiligung) und einer Nichtinanspruchnahme medizinischer Leistungen abzusehen. Hierfür wird es in den meisten Fällen weitergehender Kenntnisse bedürfen, wie sie eigentlich nur medizinisches Fachpersonal haben kann, so dass letztendlich von einer freien Entscheidung zwischen zwei Verhaltensalternativen keine Rede mehr sein kann. Unter diesem Gesichtspunkt wäre es sozialpolitisch ehrlicher, die nachfragehemmende Wirkung von Zuzahlungen nicht als Argument zu verwenden, sondern beispielsweise bei der Praxisgebühr von einem Eigenanteil zu sprechen und das Kriterium der Eigen-

---

52   Vgl. die Begründung zur Einführung der sogenannten Praxisgebühr in BT-Drucks. 15/1525, S. 83.

53   *BSG* vom 25.06.2009 – B 3 KR 3/08 R – USK 2009 – 47 = SozR 4 – 2500 § 28 Nr. 3.

54   *Rürup-Kommission* (Hrsg.), Bericht der Kommission „Nachhaltigkeit in der Finanzierung der sozialen Sicherungssysteme" vom 28.08.2003, S. 2.

55   Dem Gesetzgeber lag daran, die Praxisgebühr mangels Überweisung bei häufigen und unmotivierten (Fach)arztwechseln zu erheben, vgl. BT-Drucks. 15/1525, S. 77, 83 f.

verantwortlichkeit von vornherein außer Betracht zu lassen, da das Bedürfnis einer Zuzahlung entsteht, da die Beitragszahlungen zur Finanzierung aller Arztbesuche nicht ausreichen und nicht, weil der Versicherte unverantwortlich gehandelt und den Arzt aufgesucht hat. Letztendlich steckt hinter dem Bild der Eigenverantwortung die Notwendigkeit einer weiteren Finanzierungsmitverantwortung der Versicherten, um den Kostenanstieg im Gesundheitswesen aufgrund der demographischen Entwicklung als zukünftiges Problem, dem nicht allein durch Beitragserhöhungen beizukommen sein wird, in den Griff zu bekommen.

2. Zweifelhafter Vergleichsmaßstab

Die Steuerungswirkung von Zuzahlungen ist darüber hinaus unter einem anderen Gesichtspunkt zu bedenken. Als Steuerungsinstrument werden sie unter der Annahme eingesetzt, dass für Gesundheitsleistungen wie in anderen Konsumbereichen ein *normales* Konsumverhalten vorliegt und mit einem steigenden Preis die Nachfrage sinkt. Der steuernde Effekt einer Selbstbeteiligungsregelung hängt jedoch nicht nur von der Preiselastizität der Nachfrage ab; zusätzlich bedarf es der Überschreitung einer Merklichkeitsgrenze und dem Vorliegen einer Gesundheitsleistung, auf die der Patient – zumindest nach seinem eigenen subjektiven Empfinden – eventuell verzichten kann. Anhand der Zuzahlungen zu Medikamenten lässt sich dieser Zusammenhang belegen. So besteht ab einem Arzneimittelpreis über 100 Euro für die Versicherten keinerlei Anreiz mehr, ihr Inanspruchnahmeverhalten wegen der Selbstbeteiligung zu überdenken. So geht gerade im kostenintensivsten Segment bei den mittel- und hochpreisigen Arzneimitteln die erstrebte Wirkung, dass Versicherte beispielsweise billigere Arzneimittel in Anspruch nehmen, ins Leere.[56] Da die individuelle Merklichkeitsgrenze vom verfügbaren Einkommen des Versicherten abhängt, birgt die bestehende Regelung zugleich die Gefahr in sich, dass sie bei Besserverdienern keinerlei Verhaltensänderungen bewirkt, während bei Versicherten mit einem geringen Einkommen die Inanspruchnahme erforderlicher medizinischer Leistungen eingeschränkt oder gar verhindert wird. Zu bedenken gilt es letztlich auch einer gegenteiligen Wirkung bei der Heranziehung des menschlichen Konsumverhaltens. Wer schon einmal die Praxisgebühr bezahlt hat, wird eventuell viele weitere Leistungen ohne eine erneute Zuzahlung in Anspruch nehmen wollen, vielleicht auch solche, auf die er ohne den finanziellen Hintergrund verzichtet

---

56 *Pfaff/Langer/Mamberer/Freund/Kern/Pfaff*, Zuzahlungen nach dem GKV-Modernisierungsgesetz (GMG) unter Berücksichtigung von Härtefallregelungen – Kooperationsprojekt mit dem Internationalen Institut für Empirische Sozialökonomie (INIFES), 2003, S. 32 ff., im Internet abrufbar unter: http://www.wiwi.uni-augsburg.de/vwl/institut/paper/253.pdf.

hätte. Vernachlässigt wird das Wissen um den Umstand, dass der entscheidende kostentreibende Faktor im Gesundheitswesen die Intensität der in Anspruch genommenen Dienstleistungen darstellt, und diese sind wesentlich stärker dem medizinischen Angebot unterworfen als von der vorhandenen Nachfrage abhängig. Das Verordnungs- und Verschreibungsverhalten der Ärzte indes wird von den Zuzahlungen kaum tangiert.[57]

3. Unabsehbarkeit der Folgen von Zuzahlungen

Die Annahme, die Notwendigkeit von Zuzahlungen würde zu einer Stärkung des Kostenbewusstseins der Versicherten und zu einem effizienten Umgang mit den vorhandenen Ressourcen führen, konnte insbesondere in ihren langfristigen Folgen bisher wissenschaftlich nicht hinreichend belegt werden. In ihrem Bericht zur Evaluation der Ausnahmeregelungen von der Zuzahlungspflicht ist es auch den Spitzenverbänden der gesetzlichen Krankenkassen nicht gelungen, die gesetzlich erstrebte Steuerungswirkung von Zuzahlungen zu bestätigen.[58] Zu verzeichnen ist ein kurzfristiger Spareffekt. Dies bestätigen Statistiken der Krankenkassen[59] und Untersuchungen im Bereich der Armutsforschung. Daten aus dem beim Statistischen Bundesamt geführten „Leben in Europa" deuten darauf hin, dass tatsächlich ein Zusammenhang zwischen der Armutsgefährdung und dem Verzicht auf notwendige medizinische Leistungen besteht.[60] Dort wurde festgestellt, dass 22 Prozent der von Armut bedrohten Befragten – im Vergleich zu 7 Prozent der nicht armutsgefährdeten Versicherten – sich aufgrund der Zuzahlungsverpflichtung einen notwendigen Arztbesuch nicht leisten können. Ergebnisse einer Zehn-Jahres-Studie des Zentrums für Qualität und Management im Gesundheitswesen zur Gesundheitsversorgung armer Bevölkerungsgruppen belegen, dass die kostenlose zu Anfang insbesondere für Obdachlose eingerichtete Gesundheitsfürsorge immer mehr von Menschen aus der sogenannten Armutsbevölkerung aufgesucht wird, die sich die Praxisgebühr oder Zuzahlungen

---

57 Weiterführend *Holst*, Modalitäten und Effekte von Zuzahlungen, 2004, S. 25 ff., im Internet abrufbar unter: www.gtz.de/de/dokumente/de-eigenbeteiligung-gesundheitswesen.pdf.

58 Bericht der *Spitzenverbände der Krankenkassen* nach § 62 Absatz 5 SGB V vom 29.01.2008, vgl. hierzu BT-Drucks. 16/8652, S. 2, 9, im Internet abrufbar unter: http:// dipbt.bundestag.de/dip21/btd/16/086/1608652.pdf.

59 Vgl. etwa die Angaben im Bericht der Spitzenverbände der Krankenkassen nach § 62 Absatz 5 SGB V vom 29.01.2008 für das Jahr 2006, abgedruckt in der BT-Drucks. 16/8652, S. 2, 3, im Internet zu finden unter: http://dipbt.bundestag.de/dip21/btd/16/086/1608652.pdf.

60 *Statistisches Bundesamt*, Armut und Lebensbedingungen, Ergebnisse aus „Leben in Europa" für Deutschland 2005, Wiesbaden 2006, S. 33 ff.

nicht leisten können.[61] Die bei überschuldeten Personen vorgenommene ASG-Studie der Universität Mainz verschärft dieses Bild, wenn als Ergebnis der Befragung festgestellt wird, dass etwa 65 Prozent der befragten Schuldner angaben, aus Geldmangel vom Arzt verschriebene Medikamente nicht gekauft zu haben und in rund 61 Prozent der Fälle Probanden der Studie aufgrund ihrer finanziellen Lage vom Besuch eines Arztes abgesehen haben, um die pro Quartal anfallende Praxisgebühr zu vermeiden. Inwieweit der erfolgte Einspareffekt auf der erstrebten vernünftigen Einschätzung des Versicherten etwa in Bezug auf die Notwendigkeit eines Arztbesuches oder der Medikamenteneinnahme beruht, oder eher einen medizinisch bedenklichen Verzicht darstellt, muss dahingestellt bleiben, bis der empirische Beweis anhand einer ausführlichen aussagekräftigen Studie erbracht sein wird. Die Ergebnisse der Armutsforschung deuten darauf hin, dass negative gesundheitliche Folgewirkungen wegen unterlassener Inanspruchnahme von notwendigen Gesundheitsleistungen durchaus zu erwarten sind.[62] Die Gesundheitswissenschaft – insbesondere die internationalen Erfahrungen – bestätigt in diesem Zusammenhang den Umstand, dass die Aufschiebung oder Unterlassung medizinischer Untersuchungen und Behandlungen potenziell die Gefahr in sich trägt, Krankheiten nicht frühzeitig zu erkennen und zu verschleppen und somit in vielen Fällen längerfristige und teurere Therapien die notwendige Konsequenz darstellen.[63] Den Spitzenverbänden der gesetzlichen Krankenkassen stehen diese unerwünschten negativen Folgewirkungen klar vor Augen.[64]

---

61   *Zentrum für Qualität und Management im Gesundheitswesen (ZQ) und die Bezirksstelle Hannover der Ärztekammer Niedersachsen (ÄKN),* 10 Jahre Evaluation – Aufsuchende Gesundheitsfürsorge für Wohnungslose und von Wohnungslosigkeit bedrohte Menschen in Hannover, 2011.

62   Vgl. hierzu *Pfaff/Langer/Mamberer/Freund/Kern/Pfaff,* Zuzahlungen nach dem GKV-Modernisierungsgesetz (GMG) unter Berücksichtigung von Härtefallregelungen – Kooperationsprojekt mit dem Internationalen Institut für Empirische Sozialökonomie (INIFES), 2003, S. 24 f., im Internet abrufbar unter: http://www.wiwi.uni-augsburg.de/vwl/institut/paper/253.pdf.

63   Mit weiteren Nachweisen *Holst,* Modalitäten und Effekte von Zuzahlungen, 2004, S. 27 f., im Internet abrufbar unter: www.gtz.de/de/dokumente/de-eigenbeteiligung-gesundheitswesen.pdf.; mit Beispielen von Untersuchungen aus dem englischsprachigen Raum *Holst,* Zur Kasse, bitte!, in: Gesundheit und Gesellschaft 2008, 34 ff.; ausführlich zu den selbstbeteiligungsbedingten Morbiditätsunterschieden vgl. auch *Pfaff/Langer/Mamberer/Freund/Kern/Pfaff,* Zuzahlungen nach dem GKV-Modernisierungsgesetz (GMG) unter Berücksichtigung von Härtefallregelungen – Kooperationsprojekt mit dem Internationalen Institut für Empirische Sozialökonomie (INIFES), 2003, S. 24 f., im Internet abrufbar unter: http://www.wiwi.uni-augsburg.de/vwl/institut/paper/253.pdf.

64   Bericht der Spitzenverbände der Krankenkassen nach § 62 Absatz 5 SGB V vom 29.01.2008, vgl. hierzu BT-Drucks. 16/8652, S. 2, 9, im Internet abrufbar unter: http://dipbt.bundestag.de/dip21/btd/16/086/1608652.pdf.

V. Fazit

Auf den ersten Blick ist die mit der Zuzahlungsregelung beabsichtigte Gleichstellung aller Versicherten zu begrüßen. Auf einen zweiten, nicht nur gesundheitsökonomischen Blick ist zu befürchten, dass Zuzahlungen im Krankheitsfall schädigenden Einfluss auf die Gesundheit zumindest eines Teils der Bevölkerung haben. Die Gefahr der medizinischen Unterversorgung trifft hierbei auf eine Bevölkerungsgruppe, die statistisch gesehen überproportional krankheitsgefährdet ist.[65] Zuzahlungen treffen nicht jeden Versicherten gleich. Soziale Leistungsempfänger, Geringverdiener und überschuldete Personen müssen einen deutlich höheren Anteil ihres Einkommens für die medizinischen Leistungen ausgeben.

Gesundheit ist zu einem erheblichen Teil nicht der Eigenverantwortung unterworfen. Das Bestreben, den Versicherten verstärkt in die Verantwortung zu nehmen, ist dort gerechtfertigt, wo beeinflussbare Verhaltensweisen zur Entscheidung stehen. Der Verweis auf die Eigenverantwortung hinsichtlich unbeeinflussbarer Determinanten jedoch entbehrt jeglicher Vernunft.

Dem Gesetzgeber steht bei der Gestaltung von Zuzahlungsverpflichtungen ein weiter Ermessensspielraum zur Verfügung, da verfassungsrechtliche Grenzen erst eingreifen, wenn das Existenzminimum tangiert wird, weil eine eng umgrenzte Minimalversorgung weder durch die gesetzliche Krankenversicherung noch durch andere soziale Auffangsysteme gewährleistet wird. Vielleicht sollten die gesetzlichen Regelungen des §§ 61 und 62 SGB V bereits dann verändert werden, wenn sich herausstellt, dass eine unzureichende medizinische Versorgung einzelner Bevölkerungsgruppen droht und diese Personen von der sozialen Teilhabe ausgeschlossen sind.[66] Abhilfe könnte durch die Wiedereinführung der mit dem Gesundheitsmodernisierungsgesetz abgeschafften Härtefallregelung erfolgen, die gesetzlich Versicherte beim Unterschreiten einer gewissen Einkommenshöhe von der Pflicht zur Kostenbeteiligung vollständig befreite. Zuzahlungsverpflichtungen schwächen den Solidarausgleich, wenn bedarfsgerechte Leistungsinanspruchnahme tangiert ist. Nicht nur unter diesem Gesichtspunkt sollte die Senkung von Gesundheitsausgaben durch die Beteiligung von Bevölkerungsgruppen mit geringem Einkommen nochmals überdacht werden.

---

65 Vgl. etwa *Ebsen*, Armut und Gesundheit, SDSVR Nr. 56 (2007), S. 133 ff.
66 Hierzu *Däubler*, Das Verbot der Ausgrenzung einzelner Bevölkerungsgruppen – Existenzminimum und Arbeitslosengeld II, NZS 2005, 225, 230.

Private Überschuldung und Krankheitsprävention

Sonja Justine Kokott

I. Zielgruppenspezifisches Präventionsprogramm

Gemäß den Erkenntnissen aus der quantitativen Studie „Armut, Schulden und Gesundheit" (ASG-Studie) und aufbauend auf den Erfahrungen der Schuldnerberatungsstellen befürworten die Wissenschaftler und Wissenschaftlerinnen des Instituts für Arbeits-, Sozial- und Umweltmedizin der Johannes Gutenberg-Universität Mainz ein auf den speziellen Kreis überschuldeter Personen abgestimmtes Präventionsprogramm. Das besondere Angebot soll auf eine positive Einflussnahme gesundheitsrelevanten Verhaltens der Teilnehmenden hinwirken, die Förderung individueller Bewältigungsstrategien im Auge haben, eine Stabilisierung und Stärkung gesundheitlicher Ressourcen herbeiführen sowie auf riskante Verhaltensweisen aufmerksam machen.[1] In dieser Form kann gruppenbezogen das selbstverantwortliche Gesundheitsverhalten durch Wissensvermittlung und praktische Übungen gestärkt werden. Eine besondere Rolle darf der Bewältigung von Stress und dessen Abbau zukommen, um dem hohen psychischen Belastungspegel einer Überschuldungssituation gerecht zu werden. Mit Modulen zu gesunder und gleichsam kostengünstiger Ernährung sowie zum alltäglichen Bewegungsverhalten soll das Angebot vervollständigt sein.

II. Sozialrechtliche Anspruchsnorm

Ein solches ausschließlich für die Gruppe der Schuldner vorgesehenes Programm der Gesundheitsvorsorge verfolgt das Ziel, diese besonders belastete Gruppe unserer Bevölkerung mit einem auf deren gesundheitliche Situation konzentrierten Beratungsangebot und einem gesundheitlichen Präventionskurs zu erreichen. Sozialrechtlich fällt die Handlungsempfehlung daher in den Bereich der Gesundheitsvorsorge.[2] Dieses Handlungsfeld der Krankheitsverhütung und Gesundheits-

---

1   *Letzel/Münster*, Auswirkungen von Überschuldung auf die Gesundheit, in: Bundesverband der Wohlfahrtsverbände (Hrsg.), Schuldenreport 2009, S. 62, 68 ff.

2   Umfassend zum Entwicklungsbedarf der gesundheitlichen Präventionspolitik *Kliche*, Bundesgesundheitsblatt 2011, 194 ff.

förderung wurde unter der Überschrift Prävention in § 20 SGB V mit Wirkung vom 1.1.2000 durch das GKV-Gesundheitsreformgesetz 2000 vom 22.12.1999 neu gefasst und dessen Handlungsrahmen für die gesetzlichen Krankenkassen erweitert. § 20 Absatz 1 SGB V kommt als rechtliche Anspruchsgrundlage eines gesundheitsfördernden Präventionskurses für eine überschuldete Privatperson in Betracht und wird nachfolgend einer Prüfung unterzogen. Der Wortlaut des in Frage kommenden Gesetzestextes lautet in der seit dem 1. Juli 2008 in Kraft getretenen Neufassung[3] wie nachfolgend beschrieben:

§ 20 SBG V Prävention und Selbsthilfe
(1) Die Krankenkasse soll in der Satzung Leistungen zur primären Prävention vorsehen, die die in den Sätzen 2 und 3 genannten Anforderungen erfüllen. Leistungen zur Primärprävention sollen den allgemeinen Gesundheitszustand verbessern und insbesondere einen Beitrag zur Verminderung sozial bedingter Ungleichheit von Gesundheitschancen erbringen. Der Spitzenverband Bund der Krankenkassen beschließt gemeinsam und einheitlich unter Einbeziehung unabhängigen Sachverstandes prioritäre Handlungsfelder und Kriterien für Leistungen nach Satz 1, insbesondere hinsichtlich Bedarf, Zielgruppen, Zugangswegen, Inhalten und Methodik.
(2) Die Ausgaben der Krankenkassen für die Wahrnehmung ihrer Aufgaben nach Absatz 1 und nach den §§ 20a und 20b sollen insgesamt im Jahr 2006 für jeden ihrer Versicherten einen Beitrag von 2, 74 Euro umfassen; sie sind in den Folgejahren entsprechend der prozentualen Veränderung der monatlichen Bezugsgröße nach § 18 Abs. 1 des Vierten Buches anzupassen.

§ 20 Absatz 1 Satz 3 SGB V formuliert einen Auftrag an den Spitzenverband Bund der Krankenkassen,[4] vorrangige Handlungsfelder und Leistungskriterien der Primärprävention zu beschließen. Bis zum 30.06.2008 lag die Zuständigkeit hierfür bei den Spitzenverbänden der Krankenkassen, die am 21.06.2000 erste gemeinsame Rahmenbedingungen für die Primärprävention beschlossen haben. Seit dieser Zeit wurden diese Rahmenbedingungen mehrfach modifiziert und fortgeschrieben und gelten gemäß § 217f Absatz 5 SGB V weiter, bis der Spitzenverband Bund der Krankenkassen neue Regelungen getroffen haben wird. Gegenwärtig rechtsverbindlich ist die als „Leitfaden Prävention" bezeichnete

---

3   Die maßgeblichen Gesetzesmaterialien zu § 20 SGB V finden sich in den BT-Drucks. 11/2237, 11/3320, 11/3480, 12/3608, 13/4615, 13/5099, 14/1245, 14/1977 sowie 16/3100.
4   Die Errichtung des Spitzenverbandes Bund, seine Organisation und seine Aufgaben sind in §§ 217a ff. SGB V geregelt.

Fassung des Beschlusses vom 27. August 2010.[5] Als untergesetzliche Rechtsnorm in der Form der Allgemeinverfügung zielt dieser Beschluss seiner Rechtswirkung nach auf Verbindlichkeit gegenüber den Krankenkassen und Versicherten.[6] Die einzelne Krankenkasse selbst besitzt folglich keinerlei Regelungsbefugnis zur Konkretisierung des Präventionsauftrags aus § 20 SGB V.[7] Sie muss sich bei der Gestaltung ihrer Leistungen an den im „Leitfaden Prävention" vorgegebenen Rahmen halten, innerhalb dessen sie ihr Leistungsangebot jedoch frei gestalten darf.

III. Normzweck

Die Gesetzesnorm setzt den rechtlichen Rahmen für Leistungen der Krankenkassen im Bereich der Primärprävention. Sie beherbergt einen gesetzlichen an die Krankenkassen adressierten Auftrag, gemeinsame Konzepte und Qualitätsanforderungen für derartige Maßnahmen zu entwickeln und Prioritätskriterien für deren Vergabe festzulegen. Im Rahmen eines begrenzten Budgets sollen die Krankenkassen ihren Beitrag zur Chancengleichheit bei der Gesundheit erbringen und gerade denjenigen Versicherten Leistungen zur Entwicklung oder dem Ausbau gesundheitsförderlicher Maßnahmen zur Verfügung stellen, die unter Dringlichkeitsgesichtspunkten besonders bedürftig sind. Der Hintergrund dieses gesetzlichen Auftrags gründet in der Einschätzung, dass einerseits zahlreiche Krankheiten verhaltensabhängig sind und andererseits die Vorteile von gesundheitsförderlichen Verhaltensweisen gerade von solchen Versicherten nicht oder in geringerem Maße genutzt werden (können), die hierauf besonders angewiesen wären. Die Regelung ermöglicht den Krankenkassen, auf diejenigen Umstände in der persönlichen Lebensführung ihrer Versicherten positiven Einfluss zu nehmen, die für die Entstehung von Krankheiten erhebliche Bedeutung haben kön-

---

5   „Leitfaden Prävention" – Handlungsfelder und Kriterien des GKV-Spitzenverbandes zur Umsetzung von §§ 20 und 20a SGB V vom 21. Juni 2000 in der Fassung vom 27. August 2010, im Internet zu finden unter: http://www.gkv-spitzenverband.de/upload/ GKV_Leitfaden_Prävention_RZ_web4_2011_15702.pdf; vgl. auch die vorherige Fassung „Leitfaden Prävention" – Gemeinsame und einheitliche Handlungsfelder und Kriterien der Spitzenverbände der Krankenkassen zur Umsetzung der §§ 20 und 20a SGB V vom 21. Juni 2000 in der Fassung vom 2. Juni 2008; abrufbar im Internet unter http://www.gkv-spitzenverband.de/Praevention.gkvnet.

6   Kritisch hierzu *Schütze*, in: Schlegel, Rainer/Voelzke, Thomas (Hrsg.), Sozialgesetzbuch Fünftes Buch, JurisPraxisKommentar, Saarbrücken 2008, § 20 RdNr. 39.

7   Das Ziel dieser Aufteilung liegt in dem Bestreben, Leistungen zur primären gesundheitlichen Prävention zu vereinheitlichen.

nen, jedoch grundsätzlich außerhalb des Verantwortungsbereichs der gesetzlichen Krankenversicherung liegen würden.[8]

IV. Leistungen zur primären gesundheitlichen Prävention

1. Definition der Primärprävention

Der Begriff Prävention ist im fünften Sozialgesetzbuch nicht definiert, seine Auslegung und Abgrenzung sind umstritten.[9] Im gesundheitswissenschaftlichen Sprachgebrauch steht die gesundheitliche Prävention für die Gesamtheit aller Maßnahmen und Aktivitäten, die eine gesundheitliche Schädigung verhindern, weniger wahrscheinlich machen oder verzögern sollen. Der ungenauen Begriffsbestimmung begegnet das wissenschaftliche Schrifttum[10] mit einer Dreiteilung nach Interventionszeitpunkten in Primär-, Sekundär- und Tertiärprävention.[11] In der jüngeren Vergangenheit hat der Sachverständigenrat für die Konzertierte Aktion im Gesundheitswesen in seinem Gutachten aus 2000/2001 eine umfassende präventive Neuorientierung der Gesundheitspolitik vorgeschlagen und in diesem Zusammenhang die Begrifflichkeiten definiert.[12]

---

8   Zur prinzipiellen Trennung zwischen Eigenverantwortung vor dem Versicherungsfall und Einstandspflicht der Solidargemeinschaft nach dem Eintritt des Versicherungsfalls vgl. *Schütze*, in: Schlegel, Rainer/Voelzke, Thomas (Hrsg.), Sozialgesetzbuch Fünftes Buch, JurisPraxisKommentar, Saarbrücken 2008, § 20 RdNr. 9 ff.

9   Insgesamt liegt ein Nebeneinander verschiedener Begriffe zur Prävention in den einzelnen Sozialgesetzbüchern vor, eine durchgängige und einheitliche Bezeichnung fehlt. Ausführlich hierzu *Seewald*, Prävention im Sozialrecht, in: 50 Jahre Bundessozialgericht, 2004, S. 289 ff.; *Walter*, Babylon im SGB? – Eine Analyse der Begriffsvielfalt zur Prävention in den Sozialgesetzbüchern, in: Sozialer Fortschritt 10/2003, 253 ff.

10   Vgl. etwa *Adelt*, in: Kruse, Jürgen/Hänlein, Andreas (Hrsg.), Sozialgesetzbuch V – Gesetzliche Krankenversicherung, Lehr- und Praxiskommentar, 3. Auflage Baden-Baden 2009, § 20 RdNr. 8; *Kaltenborn*, in: Rolfs/Giesen/Kreikebohm/Udsching (Hrsg.), Beck'scher Online Kommentar zum SGB V, Edition 17/2010, § 20 RdNr. 4; *Schütze*, in: Schlegel, Rainer/Voelzke, Thomas (Hrsg.), Sozialgesetzbuch Fünftes Buch, JurisPraxisKommentar, Saarbrücken 2008, § 20 RdNr. 14.

11   Ausführliche Definitionen bei *Adelt*, in: Kruse, Jürgen/Hänlein, Andreas (Hrsg.), Sozialgesetzbuch V – Gesetzliche Krankenversicherung, Lehr- und Praxiskommentar, 3. Auflage Baden-Baden 2009, § 20 RdNr. 9 ff. und *Schütze*, in: Schlegel, Rainer/Voelzke, Thomas (Hrsg.), Sozialgesetzbuch Fünftes Buch, JurisPraxisKommentar, Saarbrücken 2008, § 20 RdNr. 14 sowie bei *Seewald*, Prävention im Sozialrecht, in: 50 Jahre Bundessozialgericht, 2004, S. 289 ff.

12   Diskussion bei *Walter*, Babylon im SGB? – Eine Analyse der Begriffsvielfalt zur Prävention in den Sozialgesetzbüchern, in: Sozialer Fortschritt 10/2003, 253 ff.

Primärprävention ist danach

„die generelle Vermeidung auslösender oder vorhandener Teilursachen (darunter Risikofaktoren) bestimmter Erkrankungen oder ihre individuelle Erkennung und Beeinflussung. Sie setzt vor Eintritt einer fassbaren biologischen Schädigung ein. Gesundheitspolitisches Ziel der Primärprävention ist die Senkung der Inzidenzrate oder der Eintrittswahrscheinlichkeit bei einem Individuum oder einer (Teil-)Population.“[13]

Das Bundessozialgericht schließt sich der in der Literatur entwickelten Dreiteilung grundsätzlich nicht an.[14] Es orientiert sich daran, dass bei der primären Prävention in der Abgrenzung zur Früherkennung von Krankheiten die Krankheit, deren Eintritt verhütet werden soll, noch nicht vorliegen darf, da Präventionsleistungen den noch nicht kranken Menschen betreffen.[15] Maßnahmen zur Früherkennung von Krankheiten hingegen seien in Abgrenzung zu Maßnahmen zur Verhütung von Krankheiten rein diagnostischer Natur und als solche nicht auf die Änderung des festgestellten Zustandes des Versicherten gerichtet.[16]

Der vom Institut für Arbeits-, Sozial- und Umweltmedizin der Johannes Gutenberg-Universität Mainz befürwortete Präventionskurs mit seinen Modulen Stressabbau, gesunde Ernährung und Bewegung im Alltag kann sowohl nach den in der Literatur vertretenen Dreiteilung präventiver Leistungen als auch nach der Abgrenzung im Sinne des Bundessozialgerichts unproblematisch unter den Begriff der primären Prävention subsumiert werden, da die einzelnen Elemente im Stadium vor einer Erkrankung ansetzen und auf die Vermeidung des Eintritts einer Krankheit gerichtet sind.

2. Primäre Prävention als Satzungsleistung

Der breitgefächerte Ansatz der primären gesundheitlichen Prävention überschreitet die Zuständigkeit und Einflussmöglichkeit der gesetzlichen Krankenkassen. Ihnen kann im Rahmen ihrer gesetzlichen Stellung nur ein krankenversicherungsrechtlicher Anteil an den Aufgaben der primären gesundheitlichen Prävention zukommen. Das kommt im Wortlaut des Gesetzes in § 20 Absatz 1 Satz 1 SGB V zum Ausdruck, wenn davon die Rede ist, dass die Krankenkasse in der

---

13 *Sachverständigenrat für die Konzentierte Aktion im Gesundheitswesen* (2002), in: Bedarfsgerechtigkeit und Wirtschaftlichkeit, Band I: Zielbildung, Prävention, Nutzerorientierung und Partizipation, Gutachten 2000/2001, Baden-Baden 2002, S. 134.
14 BSGE 51, 115, 118.
15 BSGE 50, 44.
16 BSGE 51, 115, 117.

Satzung Leistungen *zur* primären Prävention vorsehen soll. Der spezifische krankenversicherungsrechtlich bedeutsame Anteil ist in der Norm des § 20 SGB V nicht präzisiert. Zu dessen Bestimmung muss auf systematische Grundsätze und auf die Allgemeinverfügung „Leitfaden Prävention" der Spitzenverbände der Krankenkassen vom 27. August 2010[17] zurückgegriffen werden, in der die Krankenkassen durch ihre zentrale Interessenvertretung das ihnen gemäß § 20 Absatz 1 Satz 3 SGB V zugewiesene Umsetzungsermessen ausgeübt haben.

Aus dem zwischen den Krankenkassen und ihren Versicherten bestehenden Versicherungsverhältnis ergibt sich, dass Gegenstand von Krankenkassenleistungen zur primären Prävention nur Maßnahmen zur Unterstützung von Versicherten bei der Entwicklung oder dem Ausbau von gesundheitsförderlichen Verhaltensweisen sein können. Der Bereich der primären Prävention berührt hierbei ein den Krankenkassen grundsätzlich nicht zugewiesenes Feld vor dem Eintritt eines Versicherungsfalles. Die Vermeidung von Krankheitsrisiken und die Stärkung von Gesundheitsressourcen gehören grundsätzlich der Sphäre der Versicherten an und fallen in deren Eigenverantwortung. Der Solidargemeinschaft ist jedoch ein Unterstützungsauftrag zugewiesen, der in § 1 Satz 3 SBG V dahingehend formuliert ist, dass die Krankenkassen den Versicherten durch Aufklärung, Beratung und Leistungen zu helfen und auf gesunde Lebensverhältnisse hinzuwirken haben. Mithin ist der Unterstützungsauftrag der Krankenkasse von der gesundheitsförderlichen Lebensführung eines jeden Versicherten abzugrenzen. Das Bundessozialgericht formuliert Kriterien für die Abgrenzung einer gesundheitsförderlichen Lebensführung und einer Krankenbehandlung, die vorliegend als Maßstab dienen können. Nach der Auffassung des höchsten deutschen Sozialgerichts ist eine Leistung nur dann als Krankenbehandlung zu qualifizieren, wenn sie sich durch objektiv im Vordergrund stehende gesundheitliche oder pflegerische Belange und besondere Qualitätsanforderungen bei der Leistungserbringung deutlich von der allgemeinen Lebensführung abhebt.[18] Übertragen auf den Bereich der primären Prävention sind Krankenkassen nur für diejenigen Leistungen zuständig, die durch besondere Leistungsziele und besondere Leistungsqualität von einem der allgemeinen Lebensführung zuzurechnenden gesundheitsförderlichen Verhalten unterschieden werden können. Eine der Pri-

---

17   „Leitfaden Prävention" – Handlungsfelder und Kriterien des GKV-Spitzenverbandes zur Umsetzung von §§ 20 und 20a SGB V vom 21. Juni 2000 in der Fassung vom 27. August 2010, im Internet zu finden unter: http://www.gkv-spitzenverband.de/upload/ GKV_Leitfaden_Prävention_RZ_web4_2011_15702.pdf; vgl. auch die vorherige Fassung „Leitfaden Prävention" – Gemeinsame und einheitliche Handlungsfelder und Kriterien der Spitzenverbände der Krankenkassen zur Umsetzung der §§ 20 und 20a SGB V vom 21. Juni 2000 in der Fassung vom 2. Juni 2008; abrufbar im Internet unter http://www.gkv-spitzenverband.de/Praevention.gkvnet.

18   BSGE 85, 132 mit weiteren Nachweisen.

märprävention im Sinne des § 20 Absatz 1 Satz 1 SGB V unterfallende Maßnahme hebt sich hiernach dann von der eigenen selbstverantwortlichen Lebensführung ab, wenn sie zum einen kognitive, motivatorische oder andere bei dem Versicherten selbst bestehende Hindernisse für eine gesundheitsförderliche Lebensweise ausräumen soll und zum anderen befähigen oder motivieren soll, zukünftig eine gesundheitsförderliche Verhaltensweise an den Tag zu legen.[19] Hinsichtlich der Qualität erfüllt eine unterstützende Maßnahme dann die notwendigen Anforderungen, wenn sie – auf das Leistungsziel bezogen – auf evidenzbasierten Konzepten[20] beruht und von besonders qualifizierten Kräften angeboten wird. Herauszustellen ist insoweit, ob eine vorgesehene Maßnahme gemäß den Kriterien der Evidenz generell geeignet ist, das erstrebte Leistungsziel für gesundheitsförderliche Lebensweisen nachhaltig erreichen zu können.

Das zur Rede stehende vorgeschlagene Kurskonzept eröffnet Hilfestellungen zu einem verbesserten Umgang mit der Stressbelastung einer Überschuldungssituation und deckt zudem die Gesundheitsfelder „gesunde und doch kostengünstige Ernährung" und „Bewegung im Alltag" ab; ein solches Gesundheitsprogramm ist als ein Leistungsangebot anzusehen, das gemäß dem Unterstützungsauftrag der Krankenkassen aus § 1 Satz 3 SBG V und entsprechend der Auffassung des Bundessozialgerichts ein besonderes Leistungsangebot mit einem spezifischen Leistungsziel darstellt und sich von einer selbstverantwortlichen Lebensführung abhebt sowie insbesondere wichtige motivierende Elemente in Bezug auf eine zukünftige physisch und psychisch gesunde Lebensweise in sich birgt. Das Leistungsangebot ist auf die spezifische Situation überschuldeter Personen zugeschnitten. Erkenntnissen des sozialmedizinischen Projekts „Armut, Schulden und Gesundheit" (ASG-Studie) zufolge leiden überschuldete Personen nicht nur häufiger an Krankheiten, sondern weisen ein bis zu dreifach erhöhtes Risiko auf zu erkranken. Durch die Situation der Finanzknappheit sind sie einer besonderen psychischen Belastung ausgesetzt, die eine erhöhte Prävalenz psychischer Erkrankungen von Schuldnern im Vergleich zur Allgemeinbevölkerung bewirkt. Der besondere Stressfaktor bestätigt sich in dem Umstand, dass jeder fünfte Schuldner vermehrt Beruhigungsmittel einnimmt. Insgesamt wirkt demnach nicht nur der Mechanismus „Krankheit führt zur Überschuldung", sondern es besteht auch in umgekehrter Form eine erhöhte Gefahr, dass Überschuldung in die Krankheit führt. Fehlende finanzielle Mittel können ein schlechteres Ernährungsverhalten nach sich ziehen und einen Rückzug aus der Teilnahme an sportlichen Aktivitäten verursachen. Ein auf Stressabbau, gesundes Ernährungs- und Bewegungsverhalten hin konzipiertes Programm visiert

---

19   Nähere Überlegungen hierzu bei *Metzinger*, Sport auf Kassenrezept?, in: KrV 2006, 167 ff.
20   Vgl. BT-Drucks. 14/1245, S. 62.

mithin problembehaftete Elemente einer Überschuldungslage an, die in die Krankheit führen können. Es zeigt Wege zu einer Eingliederung dieser Gesundheitsfelder in den Alltag eines Schuldners auf und enthält insbesondere durch die breit angelegte auf Selbsthilfe gerichtete psychische Unterstützungsplattform wichtige motivierende Bestandteile für eine zukünftig gesündere Lebensweise.

In Bezug auf die Frage der Evidenz des Leistungsangebots sei auf die Erfolge des Projektes „JobFit Regional"[21] verwiesen, das sich auf dieselben Wirkungsfelder bezieht. Die Beschäftigungsfähigkeit arbeitsloser Menschen konnte nachweislich verbessert werden. Durch die individuellen Gesundheitsberatungen und die gruppenbezogenen Maßnahmen der Gesundheitsförderung wurde eine Reduzierung des Krankenstandes, eine Verringerung unentschuldigter Fehlzeiten sowie ein insgesamt deutlich höheres Gesundheitsbewusstsein erreicht.[22] Basierend auf dieser Evaluation kann sicher angenommen werden, dass auch das beabsichtigte Programm für Überschuldete das erstrebte Leistungsziel einer gesundheitsförderlichen Lebensweise nachhaltig erreichen kann und somit auf einem evidenzbasierten Konzept beruht.

V. Leistungsziele

§ 20 Absatz 1 Satz 2 1. Alternative SGB V setzt als Ziel einer Präventionsmaßnahme die Verbesserung des allgemeinen Gesundheitszustands fest. Diese Zielvorgabe spricht dafür, dass die Leistungen zur primären gesundheitlichen Prävention mehr auf die Senkung von allgemeinen Gesundheitsrisiken und weniger auf die Vermeidung speziell herausgehobener Erkrankungen ausgerichtet sein sollen. Dagegen spricht jedoch, dass der Spitzenverband Bund der Krankenkassen gemäß § 20 Absatz 1 Satz 3 SGB V auch Kriterien für die Bestimmung des Bedarfs für Präventionsleistungen zu beschließen hat. Diese Zuweisung verweist eher auf ein krankheitsbezogenes Konzept, weil sich ein Bedarf eher bei spezifischen Krankheitsrisiken als unter dem Gesichtspunkt des allgemeinen Gesundheitszustands ermitteln lassen dürfte. Dem widerspricht wiederum die Zuweisung an die Interessenvertretung der Krankenkassen, ebenfalls prioritäre Handlungsfelder für primärpräventive Leistungen festzulegen. Handlungsfelder können durch Gegenstand, Anlass oder Ziel umschriebene Aufgaben auf sehr unterschiedlichen Abstraktions- oder Konkretisierungsebenen sein. Für sich betrachtet

---

21   Ausführlich zu den Ergebnissen *Bellwinkel* (Hrsg.), JobFit Regional – Ein Modellprojekt zur Verbesserung der Beschäftigungsmöglichkeit von Arbeitslosen durch Gesundheitsförderung, in: Gesundheitsförderung und Selbsthilfe, Band Nr. 20, Essen 2007.

22   So sank der Anteil der sportlich nicht aktiven Teilnehmer beispielsweise von 23 auf 12 Prozent. Der Anteil der sich häufig gesund ernährenden Personen stieg von 10 auf 23 Prozent.

können Handlungsfelder demnach sowohl Ansätze zur Bewältigung spezieller Krankheitsrisiken als auch zur Minderung allgemeiner Gesundheitsrisiken als Folge von gesundheitsschädlichem Verhalten sein wie z.b. der Bewegungsmangel ein Risikofaktor für mehrere chronischen Erkrankungen sein kann. Mithin kann davon ausgegangen werden, dass die gesetzliche Regelung in § 20 SGB V die Krankheits- oder Verhaltensbezogenheit der Leistungen zur primären Prävention und deren Konkretisierungsgrad in weitem Umfang der Präzisierung durch den Spitzenverband Bund der Krankenkassen überlassen hat.

Im „Leitfaden Prävention" haben sich die Spitzenverbände der Krankenkassen bei den prioritären Handlungsfeldern für die Bereiche „Bewegungsgewohnheiten", „Ernährung", „Stressbewältigung/Entspannung" und „Suchtmittelkonsum" entschieden und somit einen eher allgemeinen Verhaltensansatz gewählt. Der in § 20 SGB V gesetzte gesetzliche Rahmen ist mit dieser Auswahl eingehalten worden. Der vorgeschlagene Präventionskurs für die spezielle Gruppe der Überschuldeten berührt die ersten drei gewählten Handlungsfelder und lässt sich unproblematisch in den untergesetzlich festgelegten Rahmen einordnen.

VI. Leistungsgruppe

Gemäß § 20 Absatz 1 Satz 2 2. Alternative SGB V sollen Leistungen zur primären Prävention insbesondere einen Beitrag zur Verminderung sozial bedingter Ungleichheit von Gesundheitschancen erbringen.[23] Mit dieser Regelung soll gemäß den Gesetzesmaterialien[24] zu § 20 SGB V dem Umstand Rechnung getragen werden, dass Angebote der gesundheitlichen primären Prävention von sozial benachteiligten Bevölkerungsgruppen nur in geringem Maße in Anspruch genommen werden. Die Krankenkassen sind verpflichtet, bei ihrer Auswahl der Zielgruppe diejenigen Versicherten besonders im Auge zu haben, die für die Einübung von gesundheitsförderlichen Verhaltensweisen aus eigenem Bestreben keine oder nur geringe Initiativen entwickeln und die nach gesundheitswissenschaftlichen Untersuchungen höhere Krankheitsrisiken als andere Gruppen von Versicherten aufweisen.

Das sozialmedizinische Projekt „Armut, Schulden und Gesundheit" belegt, dass überschuldete Personen im Vergleich zur Allgemeinbevölkerung ein erhöhtes Krankheitsrisiko aufweisen. Die finanzielle Belastungssituation und die

---

23 Umfassend *Rosenstock/Kümpers*, Primärprävention als Beitrag zur Verminderung sozial bedingter Ungleichheit von Gesundheitschancen, in: Matthias Richter/Klaus Hurrelmann (Hrsg.), Gesundheitliche Ungleichheit. Grundlage, Probleme, Perspektiven, 2. Auflage 2009, S. 385 ff.
24 Vgl. BT-Drucks. 14/1977, S. 160.

Angst vor einer Stigmatisierung vermindert für die Mehrheit der Betroffenen den Zugang zu einer sinnvollen und vergleichbar gleichwertigen Teilhabe an Leistungen des Gesundheits- und Vorsorgesystems. Es besteht zudem eine hohe Gefahr, den Umgang mit der eigenen Gesundheit in Bezug auf Ernährungs- und Bewegungsgewohnheiten zu verschlechtern. All diese Fakten belegen, dass Schuldner einem Personenkreis angehören, der im Sinne des § 20 Absatz 1 Satz 2 2. Alternative SGB V als sozial benachteiligt gilt und somit als förderungswürdig anzusehen ist.

In diesem Zusammenhang stellt sich die Frage, anhand welcher Kriterien zu beurteilen sein wird, ob eine Person zu der benachteiligten überschuldeten Bevölkerungsschicht zu rechnen ist. Verschuldung und Überschuldung werden ganz generell aus sechs verschiedenen Perspektiven betrachtet, die sich in die semantisch-ethymologische, religiös-philosophische, psychologische, soziologische, juristische sowie makro- und mikroökonomische einteilen lassen.[25] Betrachtet man den rein juristischen Begriff, der einer zahlungsunfähigen Person die Eröffnung eines Verbraucherinsolvenzverfahrens ermöglicht, finden sich in § 17 Absatz 2 InsO folgende Kriterien:

§ 17 Zahlungsunfähigkeit
(1) Allgemeiner Eröffnungsgrund ist die Zahlungsunfähigkeit.
(2) Der Schuldner ist zahlungsunfähig, wenn er nicht in der Lage ist, die fälligen Zahlungspflichten zu erfüllen. Zahlungsunfähigkeit ist in der Regel anzunehmen, wenn der Schuldner seine Zahlungen eingestellt hat.

Im Ersten Armuts- und Reichtumsbericht der Bundesregierung wurde auf einen Überschuldungsbegriff zurückgegriffen, der neben der ökonomischen Zwangslage auch die mit dem Prozess der Überschuldung einhergehende psycho-soziale Destabilisierung berücksichtigt:

„Überschuldung ist die Nichterfüllung von Zahlungsverpflichtungen, die zu einer ökonomischen und psychosozialen Destabilisierung von Schuldnern führt. Überschuldung bedeutet daher nicht allein, dass nach Abzug der fixen Lebenshaltungskosten der verbleibende Rest des monatlichen Einkommens für zu zahlende Raten nicht mehr ausreicht, sondern birgt massive soziale und psychische Konsequenzen in sich. "

---

25 Einen ausführlichen Überblick bietet *Korczak*, Definitionen der Verschuldung und Überschuldung im europäischen Raum – Literaturrecherche im Auftrag des Bundesministeriums für Familie, Senioren, Frauen und Jugend – 2003.

All diese Komponenten werden aktuell auf der gemeinsamen Ratgeberseite[26] der Bundesarbeitsgemeinschaft Schuldnerberatung und des Bundesministeriums für Familie, Senioren, Frauen und Jugend (Deutschland) berücksichtigt, auf der es heißt:

> *„Wenn Ihr monatliches Einkommen über einen längeren Zeitraum trotz Reduzierung Ihres Lebensstandards nicht ausreicht, die Lebenshaltungskosten sowie fällige Raten und Rechnungen zu bezahlen, sind Sie überschuldet. Überschuldung löst Existenzängste aus – Angst vor Gläubigern, Angst vor dem Verlust der Wohnung, Angst vor Stigmatisierung als Versager. Angst macht viele Menschen handlungsunfähig und einige sogar krank."*

Bei einem Vergleich der aufgeführten Definitionen fällt auf, dass diese sich in drei Komponenten aufteilen lassen. Neben die administrativ-juristische Tatsache der Zahlungsunfähigkeit und der objektiv-quantitativen Lebenshaltungs-Einkommens-Relation, die die wirtschaftliche Destabilisierung in den Vordergrund rücken, tritt der subjektiv-qualitative psycho-soziale Prozess, in dem sich in Zahlungsnöte geratene Personen befinden. Im Sinne des Gesamtkonzeptes des vorgeschlagenen Gesundheitsförderungs- und Präventionsprogramms ist es sinnvoll, aus dem multifaktoriellen Charakter der Zahlungsunfähigkeit auf den psycho-sozialen Belastungsgrad einer von Überschuldung betroffenen Person besonderes Augenmerk zu legen. Bereits derjenige, der sich seiner inneren Wahrnehmung nach momentan und in der nahen Zukunft nicht in der Lage sieht, finanzielle Verbindlichkeiten zu begleichen, befindet sich in der inneren Zwangslage, deren Stressfaktor Auswirkungen auf sein Gesundheitsverhalten haben kann und mit Blick auf die Ergebnisse der ASG-Studie mit großer Wahrscheinlichkeit auch haben wird. Die sozialmedizinische Betreuung sollte demnach mit Blick auf den Prozess der Überschuldung so früh wie möglich ansetzen und die durch die Schuldnerberatung eingeleitete positive Hilfestellung und Aufbruchsstimmung für den Gesundheitsaspekt nutzen.

VII. Kriterien für Präventionsleistungen

1. Zugangswege

Im Leitfaden „Prävention" haben sich die Spitzenverbände der gesetzlichen Krankenkassen für zwei verschiedene Zugangswege zu sozial benachteiligten

---

26 Im Internet abrufbar unter:
    http://www.meine-schulden.de/ueberschuldung/was_ist_ueberschuldung.

Bevölkerungsgruppen entschieden, die auch miteinander verbunden werden können. Um die faktisch schwierigere Erreichbarkeit sozial Benachteiligter zu überwinden, wird als erster Zugangsweg der von der WHO propagierte so genannte Setting-Ansatz empfohlen.[27] In diesem Sinne wird als Setting bei unterschiedlichem wissenschaftlichem Sprachgebrauch im Einzelnen jede koordinierte soziale Einheit mit abgrenzbaren Zugehörigkeiten verstanden, für die im Setting-Ansatz Einheiten mit einem lebensstilprägenden Einfluss bedeutsam sind.[28] Ein Setting kann somit in einem umfassenden Sinne als eine durch formale Organisation, eine regionale Situation oder durch gleiche Erfahrung, Lebenslage oder Werte definierter, relativ dauerhafter und zumindest ansatzhaft verbindlicher Sozialzusammenhang (Lebenswelt) verstanden werden, von dem aus wichtige Impulse auf die Wahrnehmung von Gesundheitsfaktoren sowie die Bewältigung von Gesundheitsrisiken ausgehen können.[29] Beispielhaft seien etwa Städte bzw. Stadtteile, Schulen, Krankenhäuser, Arztpraxen, Senioreneinrichtungen oder auch Migrantentreffpunkte benannt. Die Vorteile einer Strukturbildung innerhalb eines Settings ergeben sich für sozial Benachteiligte insbesondere dadurch, dass keine einseitige Ausrichtung auf Mittelschichtsangehörige stattfindet und zudem eine Stigmatisierung benachteiligter Zielgruppen vermieden wird. Interventionen im Setting zielen darauf ab, Lebenskompetenzen zu vermitteln und die Betroffenen in der Wahrnehmung ihrer eigenen gesundheitsbezogenen Interessen zu stärken und zu motivieren. Der Setting-Ansatz erhält in der Gesundheitsförderung von sozial Benachteiligten seine besondere Bedeutung durch den Umstand, dass er einen gleichermaßen verhaltensorientierten[30] wie verhältnisorientierten[31] Ansatz der Gesundheitsförderung darstellt.

---

27 „Leitfaden Prävention" – Handlungsfelder und Kriterien des GKV-Spitzenverbandes zur Umsetzung von §§ 20 und 20a SGB V vom 21. Juni 2000 in der Fassung vom 27. August 2010, S. 11 ff.; im Internet zu finden unter: http://www.gkv-spitzenverband.de/upload/ GKV_Leitfaden_Prävention_RZ_web4_2011_15702.pdf.

28 Vgl. das Gutachten 2003 *des Sachverständigenrates für die Konzentierte Aktion im Gesundheitswesen*, Finanzierung, Nutzerorientierung und Qualität, Band II: Qualität und Versorgungsstrukturen, BT-Drucks. 15/530, S. 181.

29 Vgl. die Definition im Glossar der Bundeszentrale für gesundheitliche Aufklärung, Kriterien guter Praxis in der Gesundheitsförderung bei sozial Benachteiligten, Ansatz – Beispiele – Weiterführende Informationen, 3. Auflage 2007, S. 358 f.

30 Verhaltensprävention ist darauf gerichtet, schädliche Verhaltensweisen zu verhindern oder abzulegen (z.B. Rauchen oder risikoreiches Verhalten im Verkehr) oder gesundheitsfördernde Verhaltensweisen zu stärken. Die Verhaltensprävention ist in ihrer Ausrichtung personenbezogen.

31 Die Verhältnisprävention kümmert sich auf übergeordneten Ebenen darum, die Voraussetzungen für gesundes Verhalten zu schaffen. Verhältnisprävention bedeutet somit die gesundheitsgerechte Gestaltung des Lebensumfeldes der Menschen, von der Luftreinhaltung über die Unfallverhütung im Betrieb und auf der Straße bis hin zu gesunden Wohnformen. Die Verhältnisprävention ist umweltbezogen.

Schuldner- und Insolvenzberatungsstellen eignen sich in besonderem Maße, die an ein erfolgreiches Setting angelegten Anforderungen zu erfüllen. Diese bereits eingerichteten Anlaufpunkte für die überschuldete Bevölkerungsgruppe fördern die Vernetzung innerhalb gesellschaftlicher unterstützender Organisationen, so dass personelle Ressourcen zusammenlaufen, wobei sowohl die Schuldnerberater als auch die Krankenkassen kooperativ in das Projekt eingebunden sein können. Das umfassende Erfahrungswissen der Schuldner- und Insolvenzexperten in Schuldnerberatungsstellen kann zu einer individuellen Gesundheitskompetenzberatung für die betroffen Personen genutzt werden. Als geschulten und verantwortlichen Settingträgern kann den Schuldnerberatern die Informationsweitergabe über das Gesundheitsangebot anvertraut werden.

Das ausgewählte Setting eignet sich zudem in besonderem Maße für gruppenorientierte Maßnahmen zur Primärprävention, weil hier überschuldeten Personen das Angebot unterbreitet wird, durch die ausschließliche Teilnahme von ebenfalls in einer finanziell prekären Situation Befindlichen einen Schutzraum zur Verfügung zu haben und sich dieser Umstand motivierend darauf auswirken darf, die finanzielle Stresssituation ohne Scham unter gesundheitlichen Aspekten anzugehen. Die Nutzung von Schuldnerberatungsstellen zur Implementierung von Gesundheitsmodulen gewährleistet die Erreichbarkeit dieser sozial benachteiligten Personengruppe. Gemäß den Untersuchungen der ASG-Studie nehmen von einer finanziellen Zwangslage Betroffene einige grundlegende Leistungen des Gesundheitssystems nur eingeschränkt in Anspruch und ziehen sich aufgrund ihrer persönlichen finanziell prekären Situation vom Leistungsangebot zurück. Letztendlich würde durch den Präventionskurs eine Angebotslücke geschlossen, da für Überschuldete insbesondere in Bezug auf den Gesichtspunkt der besonderen Stressbelastung einer Überschuldungssituation bisher keinerlei spezialisiertes Gesundheitsangebot existiert. Individuumsbezogen würde es darum gehen, den Einzelnen zu befähigen und zu motivieren, Möglichkeiten einer gesunden, Störungen und Erkrankungen vorbeugenden Lebensführung individuell auszuschöpfen.[32]

2. Leistungsbedarf

Maßnahmen zur primären gesundheitlichen Prävention sind von den gesetzlichen Krankenkassen nur zu erbringen, wenn für sie ein Bedarf besteht. Dieser Umstand ergibt sich zum einen aus § 20 Absatz 1 Satz 3 SGB V, der dem Spitzen-

---

32 *Sachverständigenrat für die Konzentierte Aktion im Gesundheitswesen* (2002), in: Bedarfsgerechtigkeit und Wirtschaftlichkeit, Band I: Zielbildung, Prävention, Nutzerorientierung und Partizipation, Gutachten 2000/2001, Baden-Baden 2002, BT-Drucks. 14/5660, S. 74.

verband Bund der Krankenkassen auch den Beschluss über Kriterien bezüglich des Bedarfs für Leistungen zur gesundheitlichen Prävention zuweist. Zum anderen unterliegen auch Präventions- bzw. Gesundheitsförderungsangebote wie alle Leistungen der gesetzlichen Krankenkassen gemäß § 12 Absatz 1 SGB V dem Wirtschaftlichkeitsgebot. Der leistungsrechtliche Anspruchsrahmen definiert sich wie folgt:

§ 12 SGB V Wirtschaftlichkeitsgebot
(1) Die Leistungen müssen ausreichend, zweckmäßig und wirtschaftlich sein; sie dürfen das Maß des Notwendigen nicht überschreiten. Leistungen, die nicht notwendig oder unwirtschaftlich sind, können Versicherte nicht beanspruchen, dürfen die Leistungsträger nicht bewirken und die Krankenkassen nicht bewilligen.

Verfassungsrechtlich ist es nicht zu beanstanden, dass die gesetzliche Krankenkasse den versicherten Leistungen nach Maßgabe eines allgemeinen Leistungskatalogs nur unter der Beachtung eines allgemeinen Wirtschaftlichkeitsgebots zur Verfügung stellt.[33] Ungeachtet dessen sind die grundrechtlich geschützten Interessen der Leistungsbegehrenden mit den an die Aufrechterhaltung des Systems gekoppelten Erfordernissen in Ausgleich zu bringen. Diesem Erfordernis will die Interessenvertretung der Krankenkassen entsprechen, wenn im Leitfaden Prävention in der Präambel darauf hingewiesen wird, dass der Leitfaden unter Beteiligung unabhängigen Sachverstands kontinuierlich an neue Erkenntnisse sowie an die in der Praxis gewonnenen Erfahrungen angepasst werden wird.

Das vorgeschlagene Präventionsprogramm für überschuldete Personen muss mithin dem allgemeinen Leistungsgrundsatz der Notwendigkeit entsprechen. Kriterien des Bedarfs hat der Gesetzgeber für Leistungen der primären Prävention nicht vorgegeben. Eine Krankenbehandlung ist notwendig, wenn der regelwidrige Körper- oder Geisteszustand die körperlichen oder geistigen Funktionen in so erheblichem Maße beeinträchtigen würde, dass ihre vollständige oder teilweise Wiederherstellung der ärztlichen Behandlung bedürfte.[34] Auf die primäre Prävention lässt sich diese Abgrenzung nicht unmittelbar übertragen. Im Vorfeld von Erkrankungen sind die Übergänge zwischen Gesundheit und Krankheit fließend. Infolgedessen ist in der Gesundheitswissenschaft umstritten, ob primäre Prävention eher auf Personen mit einem hohen Erkrankungsrisiko oder auf die

---

33 *BVerfG* vom 06.12.2005 – 1 BvR 347/98 - = BVerfGE 115, 25 = SozR 4-2500 § 27 Nr. 5.
34 Umfassend hierzu *Engelhard*, in: Schlegel, Rainer/Voelzke, Thomas (Hrsg.), Sozialgesetzbuch Fünftes Buch, JurisPraxisKommentar, Saarbrücken 2008, § 12 RdNr. 79 ff.

allgemeine Bevölkerung ausgerichtet sein sollte.[35] Im rechtlichen Sinne dürfte hieraus zu folgern sein, dass die Krankenkassen im Wesentlichen auf Umstände der Dringlichkeit zu achten haben, so dass besonders bedürftige Bevölkerungsgruppen ins Visier zu nehmen sind. Das besondere Bedürfnis überschuldeter Personen nach präventiver Betreuung wurde bereits beschrieben. Für diese Personengruppe besteht ein besonderer Leistungsbedarf.

Im Leitfaden Prävention stellt die Interessenvertretung der gesetzlichen Krankenkassen für den Bereich der Präventionsangebote bei der Bedarfsermittlung auf die Häufigkeit, medizinische Relevanz und volkswirtschaftliche Bedeutung bestimmter Erkrankungen ab und stellt Krankheitsbilder von epidemiologischer Bedeutung vor.[36] Es werden Herz-Kreislauferkrankungen, Diabetes mellitus, bösartige Neubildungen, Krankheiten des Skeletts, der Muskeln und des Bindegewebes, Krankheiten des Nervensystems und der Sinnesorgane sowie psychische und psychosomatische Krankheiten benannt. Als Zielvorgabe wird die Reduktion der Auftretenswahrscheinlichkeit dieser Erkrankungen durch präventive Leistungen der Krankenkassen anvisiert. Gemäß den Erkenntnissen der ASG-Studie leidet das Kollektiv überschuldeter Personen beispielsweise besonders häufig an psychischen Erkrankungen wie Angstzuständen, Depressionen oder Psychosen sowie an Gelenk und Wirbelsäulenerkrankungen. Überschuldete Privatpersonen weisen im Vergleich zur Allgemeinbevölkerung ein zwei bis dreifaches Erkrankungsrisiko auf. Ein Präventionskurs würde in diesem Bereich auf die Vermeidung bestimmter Ursachen der im Leitfaden Prävention aufgeführten Krankheitsbilder reagieren, da die Kombination Stressabbau, gesundes Ernährungs- und Bewegungsverhalten die Faktoren Übergewicht, Bewegungsmangel, unausgewogene Ernährung, schwache Muskulatur sowie schlechte Belastungsverarbeitung im positiven Sinne zu beeinflussen vermag.

Die Bundeszentrale für gesundheitliche Aufklärung beschreibt in ihren Kriterien für eine gute Praxis in der Gesundheitsförderung bei sozial Benachteiligten[37] im Glossar zu der Kosten-Nutzen-Relation die Problematik, die bei der Aufstellung einer Wirtschaftlichkeitsuntersuchung im Präventionsbereich auftritt. Ob der nachgewiesene Nutzen die entstandenen Kosten aufwiegt bzw. über-

---

35 Vgl. hierzu den *Sachverständigenrat* zur Begutachtung der Entwicklung im Gesundheitswesen, Gutachten 2005: Koordination und Qualität im Gesundheitswesen, in: BT-Drs. 15/5670, S. 105.

36 „Leitfaden Prävention" – Handlungsfelder und Kriterien des GKV-Spitzenverbandes zur Umsetzung von §§ 20 und 20a SGB V vom 21. Juni 2000 in der Fassung vom 27. August 2010, S. 14 ff.; im Internet zu finden unter: http://www.gkv-spitzenverband.de/upload/ GKV_Leitfaden_Prävention_RZ_web4_2011_15702.pdf.

37 Bundeszentrale für gesundheitliche Aufklärung, Kriterien guter Praxis in der Gesundheitsförderung bei sozial Benachteiligten, Ansatz – Beispiele – Weiterführende Informationen, 3. Auflage 2007.

trifft, lässt sich im Bereich der Gesundheitsförderung kaum feststellen, da sowohl Kosten als auch Nutzen unterschiedlich quantifiziert und nur zu unterschiedlichen Zeitpunkten wie etwa mit einer Steigerung der Lebenserwartung gemessen werden können. Für die Evaluierung von Angeboten der primären Prävention wird daher sinnvollerweise auf eine Kosten-Wirksamkeits-Analyse zurückgegriffen, die auch nichtmonetäre Effekte einbezieht, indem die Erreichung von gesteckten Zielen gemessen und den Kosten gegenüber gestellt wird.[38] Auch der Leitfaden Prävention macht einen Anspruch auf die Gewährung von Leistungen für eine primäre Prävention von der Wirksamkeit der Intervention abhängig, die sich in Expertisen, Studien oder Metaanalysen (Evidenzbasierung) erwiesen hat.[39] Als gesicherte Präventionsprinzipien sieht die Interessenvertretung der Krankenkassen die Reduktion von Bewegungsmangel durch gesundheitssportliche Aktivität, die Vermeidung von Mangel- und Fehlernährung, die Vermeidung und Reduktion von Übergewicht, die Förderung individueller Kompetenzen der Belastungsverarbeitung zur Vermeidung stressbedingter Gesundheitsrisiken, die Förderung des Nichtrauchens und den gesundheitsgerechter Umgang mit Alkohol an.[40] Der vorgeschlagene Präventionskurs deckt einen Großteil dieser bereits erprobten Anwendungsfelder ab und verknüpft überdies die verschiedenen Handlungsbereiche, so dass von einem sinnvollen ganzheitlichen Ansatz ausgegangen werden kann, der den allgemeinen Gesundheitszustand der überschuldeten Person anvisiert. Das Angebot vernachlässigt hierbei insbesondere nicht, die gesundheitsrelevanten Verhaltensweisen in den Zusammenhang mit dem für die Gruppe der Schuldner vorherrschenden Lebenskontext zu integrieren.

---

38 Bundeszentrale für gesundheitliche Aufklärung, Kriterien guter Praxis in der Gesundheitsförderung bei sozial Benachteiligten, Ansatz – Beispiele – Weiterführende Informationen, 3. Auflage 2007, S. 354 f.

39 „Leitfaden Prävention" – Handlungsfelder und Kriterien des GKV-Spitzenverbandes zur Umsetzung von §§ 20 und 20a SGB V vom 21. Juni 2000 in der Fassung vom 27. August 2010, S. 14 ff.; im Internet zu finden unter: http://www.gkv-spitzenverband.de/upload/ GKV_Leitfaden_Prävention_RZ_web4_2011_15702.pdf.

40 „Leitfaden Prävention" – Handlungsfelder und Kriterien des GKV-Spitzenverbandes zur Umsetzung von §§ 20 und 20a SGB V vom 21. Juni 2000 in der Fassung vom 27. August 2010, S. 35 ff.; im Internet zu finden unter: http://www.gkv-spitzenverband.de/upload/ GKV_Leitfaden_Prävention_RZ_web4_2011_15702.pdf.

VIII.   Anspruchsposition des überschuldeten Versicherten

§ 20 Absatz 1 Satz 1 SGB V vermittelt einem Versicherten keinen unmittelbaren subjektiven Rechtsanspruch[41] auf eine primäre gesundheitliche Prävention. Dies liegt zunächst an dem Umstand, dass Leistungen zur primären gesundheitlichen Prävention nach der gegenwärtigen Rechtslage Satzungsleistungen der Krankenkassen darstellen und ein Leistungsanspruch von einer Verankerung in der Satzung einer Krankenkasse abhängig ist. Das Vorliegen eines Leistungsanspruchs verdichtet sich daher zu der Frage, unter welchen Voraussetzungen eine Krankenkasse verpflichtet ist, eine Leistung zur primären Prävention in ihre Satzung aufzunehmen. Der Wortlaut der Norm „Die Krankenkasse **soll** in der Satzung Leistungen zur primären Prävention vorsehen" gibt Auskunft über den rechtlichen Charakter der Vorschrift. § 20 Absatz 1 Satz 1 SGB V ermächtigt eine Krankenkasse, bei der Entscheidung über die Aufnahme eines Leistungsanspruchs in ihre Satzung nach ihrem Ermessen zu handeln. Dieses Ermessen darf die Krankenkasse jedoch nicht nach eigenem Belieben ausschöpfen; auch bei Ermessensnormen existiert kein rechtsfreier Raum. Ist die Gewährung einer Sozialleistung in das Ermessen eines Leistungsträgers gestellt, hat dieser sein Ermessen pflichtgemäß auszuüben.[42] Der Gesetzgeber hat die ungeschriebenen Grundsätze des Verwaltungsrechts über die rechtmäßige Betätigung des Verwaltungsermessens, die von der Rechtsprechung der Verwaltungsgerichtsbarkeiten und der Verwaltungsrechtswissenschaft entwickelt wurden und nur im Prozessrecht positiviert waren, in § 39 Absatz 1 Satz 2 SGB I in das gesetzte Recht der Sozialgesetzbücher eingebaut. Die Anforderungen, die an das Handeln der Sozialverwaltung gestellt werden, sind wie folgt gesetzlich formuliert:

§ 39 SGB I Ermessensleistungen
(1) Sind die Leistungsträger ermächtigt, bei der Entscheidung über Sozialleistungen nach ihrem Ermessen zu handeln, haben sie ihr Ermessen entsprechend dem Zweck der Ermächtigung auszuüben und die gesetzlichen Grenzen des Ermessens einzuhalten. Auf pflichtgemäße Ausübung des Ermessens besteht ein Anspruch.

---

41   Unter einem Anspruch ist das subjektive öffentliche Recht dessen zu verstehen, der die Tatbestandsvoraussetzungen für die Gewährung einer Sozialleistung erfüllt (des Sozialleistungsberechtigten), von einem anderen (dem zuständigen Leistungsträger) zu verlangen, dass dieser die Sozialleistung (nach näherer Maßgabe eventuell weiterer gesetzlicher Vorschriften) erbringt. Vgl. etwa *Lilge* in: Berliner Kommentar zum Sozialrecht – Sozialgesetzbuch Band I, 2. Auflage 2006, § 38 SGB I RdNr. 9.

42   In diesem Sinne bedeutet „pflichtgemäß" fehlerfrei. Ausführlich zur Ermessensfehlerlehre *Alexy*, Ermessensfehler, in: JZ 1986, 701 ff.

(2) Für Ermessensleistungen gelten die Vorschriften über Sozialleistungen, auf die ein Anspruch besteht, entsprechend, soweit sich aus den Vorschriften dieses Gesetzbuchs nichts Abweichendes ergibt.

Ermessen meint mithin die Pflicht des Leistungsträgers, eine vom Gesetz offengelassene Rechtsfolge[43] gemäß dem Zweck der Ermächtigung und aufgrund pflichtgemäßer Abwägung aller sachlich und fachlich maßgebenden Gesichtspunkte und unter Beachtung der rechtlichen Grenzen im Einzelfall zu bestimmen.[44] Das Bundessozialgericht versteht unter Ermessen das rechtlich begründete Vermögen, bei Ausübung hoheitlicher Befugnisse zwischen mehreren Verhaltensweisen nach eigenem Abwägen zu wählen.[45] Der Leistungsträger unterliegt mithin bei der Ausübung seines Ermessens zahlreichen Bindungen. Zunächst hat er dieses dem Zweck der jeweiligen Ermächtigungsgrundlage entsprechend auszuüben. Der Zweck der Ermächtigung ist durch die Interpretation des Sinnes der ermächtigenden Vorschrift nach Wortlaut, Entstehungsgeschichte, systematischer Stellung und gesetzgeberischer Absicht zu ermitteln. Die möglichst effektive Verwirklichung des Normzieles muss erstrebt werden.[46] Insoweit ist zu ermitteln, in welchem Maße der Gesetzgeber in § 20 Absatz 1 Satz 1 SGB V einer Krankenkasse die verbindliche Feststellung der Gesetzesfolge übertragen wollte. Durch das Ausformulieren einer *„Soll-Vorschrift"* bringt der Gesetzgeber zum Ausdruck, dass der Leistungsträger nach der gesetzlichen Anweisung zu verfahren hat, wenn nicht besondere näher darzulegende Gründe des Einzelfalles ein Abweichen rechtfertigen. Die Gesetzesmaterialien zu § 20 SGB V betonen diese stark verpflichtende Wirkung der Norm.[47] Soll-Vorschriften werden heute allgemein dahingehend verstanden, dass die Leistung im Regelfall zu gewähren

---

43 Das Ermessen ist mit der Rechtsfolgenseite einer gesetzlichen Vorschrift verknüpft. Es liegt vor, wenn sich aus dem Gesetzestext erschließen lässt, dass der Leistungsträger bei der Verwirklichung eines gesetzlichen Tatbestandes zwischen verschiedenen Verhaltensweisen wählen kann. Das Gesetz knüpft an den Tatbestand nicht eine bestimmte Rechtsfolge (wie bei der gesetzlich gebundenen Verwaltung), sondern ermächtigt den Leistungsträger, die Rechtsfolge selbst zu bestimmen, wobei entweder zwei oder mehrere Möglichkeiten angeboten werden oder ein gewisser Handlungsbereich zugewiesen ist. Ein Ermessen kann sich darauf beziehen, *„ob"* der Leistungsträger überhaupt tätig werden soll (Entschließungsermessen), oder darauf, *„welche"* der möglichen und zulässigen Maßnahmen im konkreten Fall getroffen werden sollen (Auswahlermessen). Ausführlich zur rechtstheoretischen Seite des Ermessens *Maurer,* Allgemeines Verwaltungsrecht, 16. Auflage 2006, § 7 RdNr. 7 ff.; lehrreich ebenso *Just,* in: Hauck/Noftz (Hrsg.), Sozialgesetzbuch – Gesamtkommentar, SGB I Allgemeiner Teil, § 39 RdNr. 4 ff.

44 Näheres hierzu bei *Krahmer,* in: Sozialgesetzbuch, Allgemeiner Teil, Lehr- und Praxiskommentar, Baden-Baden 2003, § 39 RdNr. 5.

45 BSGE 26, 146, 153; BSGE 47, 3, 6; BSGE 54, 14, 18.

46 Vgl. auch BVerfGE 18, 353, 363.

47 BT-Drucks. 14/1977, S. 160.

ist, der Rechtsträger aber ermächtigt ist, unter besonderen, gesetzlich nicht näher konkretisierten Umständen (sog. atypischer Fall) im Einzelfall von dieser Regel abzuweichen.[48] Ein atypischer Fall liegt mithin vor, wenn dieser formal vom abstrakten Rahmen des Gesetzes, nicht aber von der Zweckbestimmung der Norm erfasst wird. Die Abweichung muss so bedeutsam sein, dass die für die Regelentscheidung maßgeblichen Gründe im konkreten Einzelfall nicht mehr tragend sind.[49]

Der überschuldete Personenkreis stellt als Leistungsgruppe keinen atypischen Einzelfall dar, der von der Zweckbestimmung des § 20 SGB V, gerade besonders Benachteiligten Zugang zu einer speziell an ihre Umstände angepassten Gesundheitsprävention zu eröffnen, nicht erfasst wäre. In diesem Zusammenhang hat auch der Richtwert in § 20 Absatz 2 SGB V – mehr noch als die Vorgabe, Leistungen zur primären Prävention vorzusehen – einen erheblich verpflichtenden Charakter. Die Mittelverwendung ist natürlich in das Ermessen der einzelnen Krankenkasse gestellt und die Leistungserbringung steht naturgemäß in einem Abhängigkeitsverhältnis zum Bedarf der Versicherten und zum Zugang zu ausreichend qualifizierten Kursangeboten. Jedoch lässt sich aus der Tatsache, dass eine qualifizierte Vorgabe in dieser Form selten anzutreffen ist, folgern, dass die Krankenkassen die entsprechenden Finanzierungsbeträge für primäre gesundheitliche Prävention zumindest in ihren Haushalten festzusetzen und vorzusehen haben. Der Wortlaut der Gesetzesnorm bestätigt diese Auffassung. Zwar deutet die Umschreibung „sollen … umfassen" auf ein Ermessen der Leistungsträger hin, aber die weitere Formulierung, nach der die Beträge in den Folgejahren entsprechend anzupassen „sind", spricht für eine erhebliche rechtliche Bindung der Krankenkassen an ein Leistungsangebot, von dem nur im Ausnahmefall mit einem niedrigeren Betrag abzuweichen sein dürfte.[50]

---

48 Herrschende Meinung in der Rechtsprechung und wissenschaftlichen Literatur, vgl. etwa BSGE 35, 267, 270 f.; BSGE 54, 14, 18; BSGE 74, 287, 293; BSGE 86, 10, 16; BSGE 87, 31, 39; *Just*, in: Hauck/Noftz (Hrsg.), Sozialgesetzbuch – Gesamtkommentar, SGB I Allgemeiner Teil, § 39 RdNr. 8; *Krahmer*, in: Sozialgesetzbuch, Allgemeiner Teil, Lehr- und Praxiskommentar, Baden-Baden 2003, § 39 RdNr. 6; *Lilge*, in: Berliner Kommentar zum Sozialrecht – Sozialgesetzbuch Band I, 2. Auflage 2006; § 39 RdNr. 15; *Mrozynski*, in: Sozialgesetzbuch Allgemeiner Teil – (SGB I), 3. Auflage 2003, § 38 RdNr. 4 und § 39 RdNr. 7.

49 Ausführlich hierzu *Mrozynski*, in: Sozialgesetzbuch Allgemeiner Teil – (SGB I), 3. Auflage 2003, § 39 RdNr. 7 f.

50 Der Hintergrund der qualifizierten Vorgabe eines Leistungsbetrags mag auf der Tatsache beruhen, dass Leistungen zur primären Prävention in der Regel erst mit einer gewissen zeitlichen Verzögerung ihre volle Wirkungskraft entfalten und daher wenig Anreiz besteht, diese anzubieten. Für diese Annahme spricht auch, dass § 20 Absatz 2 SGB V keine Regelungen in Bezug auf eine Überschreitung des festgesetzten Betrags vorsieht und eine solche Überschreitung nur an den allgemeinen Regeln des Haushalts zu messen ist. Vgl. etwa *Schütze*, in: Schle-

Insgesamt folgt aus Obigem, dass die gesetzliche Krankenkasse im Regelfall verpflichtet ist, Leistungen zur primären Prävention in ihre Satzung aufzunehmen und den aktuell angepassten Ausgabenbetrag im Haushalt vorzusehen
hat und nur ausnahmsweise Gründe gegeben sein dürften, hiervon abzusehen.
Klarzustellen ist jedoch, dass die Leistungserbringung nach wie vor in ihr Ermessen gestellt ist und die Aufnahme von Leistungen zur primären Prävention in
die Satzung lediglich bewirkt, dass die Krankenkasse diese Leistungen dem
Grunde nach zu erbringen hat. Die Schwerpunkte und die Auswahl bezüglich der
Leistungsgruppe und den Formen der Leistungserbringung darf jede einzelne
Krankenkasse unter Zuziehung der Vorgaben der Spitzenverbände der Kranken-
kassen im Leitfaden Prävention selbständig ausformen.[51] Versicherte haben
jedoch bei der Ausfüllung des Ermessens der Krankenkasse einen Anspruch auf
Teilhabe an den Leistungen der primären gesundheitlichen Prävention nach der
Maßgabe des Grundsatzes der Gleichbehandlung und der Selbstbindung der
Verwaltung. Gemäß dem Institut der Selbstbindung der Verwaltung[52] muss eine
Krankenkasse demnach auch in dem Bereich, in dem sie sich außerhalb der
strengen Gesetzesbindung bewegt, nach gewissen Grundsätzen verfahren sowie
Prinzipientreue und Konsequenz beweisen; sie darf als Leistungsträgerin nicht
willkürlich handeln und muss gleiche Sachverhalte gleich beurteilen.

Die Anforderungen an den Leistungsauftrag der Krankenkassen gemäß den
Vorgaben aus dem Leitfaden der Spitzenverbände der Krankenkassen wurden in
Bezug auf den von den Wissenschaftlern und Wissenschaftlerinnen des Instituts
für Arbeits-, Sozial- und Umweltmedizin der Johannes Gutenberg-Universität
Mainz befürworteten Präventionskurs ausführlich erörtert und in Bezug auf die
gesetzten Bedingungen für positiv befunden. Unter dem Gesichtspunkt der
Gleichbehandlung ist außerdem anzunehmen, dass keine vernünftigen Argumen-
te ersichtlich sind, die überschuldete Personengruppe beispielsweise im Vergleich zu Arbeitslosen als eine weniger förderungswürdige Gruppe sozial Benachteiligter einzuordnen.

---

gel, Rainer/Voelzke, Thomas (Hrsg.), Sozialgesetzbuch Fünftes Buch, JurisPraxisKommentar,
Saarbrücken 2008, § 20 RdNr. 42.

51   Vgl. etwa *Becker*, in: Kasseler Kommentar zum Sozialversicherungsrecht, 64. Auflage 2010, §
20 SGB V RdNr. 5; *Schütze*, in: Schlegel, Rainer/Voelzke, Thomas (Hrsg.), Sozialgesetzbuch
Fünftes Buch, JurisPraxisKommentar, Saarbrücken 2008, § 20 RdNr. 44 f.

52   Ausführlich hierzu etwa *Ossenbühl*, Selbstbindungen der Verwaltung, in: DVBl. 1981, 857 ff.

IX. Ergebnis

Unmittelbare Leistungsansprüche eines überschuldeten Versicherten werden durch § 20 SGB V nicht geschaffen. Die gesetzliche Krankenkasse ist im Regelfall jedoch verpflichtet, Leistungen zur primären Prävention in ihre Satzung aufzunehmen und den aktuell angepassten Ausgabenbetrag im Haushalt vorzusehen, solange nicht ausnahmsweise Gründe für das Vorliegen eines atypischen Einzelfalles gegeben sein dürften, die – im vorliegenden Gutachten für die Leistungsgruppe der überschuldeten Personen überprüft – nicht ersichtlich sind. Einem von Überschuldung bedrohten oder betroffenen Versicherten, der als Mitglied einer sozial benachteiligten Bevölkerungsgruppe eine spezielle Bedürftigkeit aufweist, steht aufgrund des Gleichbehandlungsgrundsatzes und der Selbstbindung der Verwaltung ein Teilhabeanspruch nach Maßgabe der von den Spitzenverbänden der Krankenkassen ermittelten Kriterien des Leitfadens Prävention zu. Nach einer ausführlichen Prüfung dieser Kriterien in Bezug auf das vorgeschlagene Gesundheitsförderungs- und Präventionsprogramms stehen einer positiven Evaluation des Präventionskurses keine rechtlichen Hindernisse entgegen.

Schuldenbewältigung trotz Knast?[1] Exemplarische Zeitreihendaten aus dem Wiesbadener Verlaufsprojekt zur Schuldensituation von ehemaligen Strafgefangenen

Matthias Rau

1 Schulden bei (ehemaligen) Strafgefangenen[2]

Für die Entwicklung einer straffreien Lebensperspektive nach einer Entlassung sind aus der kriminologischen Forschung wichtige Schlüsselthemen bekannt. So gilt es etwa, sich wieder in den Leistungsbereich zu integrieren, sozial tragfähige Kontakte aufzubauen oder auch innere Haltungen, wie das eigene Selbstbild, Kosten-Nutzen-Überlegungen und das moralische Bewusstsein positiv zu entwickeln (Stelly/Thomas 2007: 440 u. 443 sowie 2004: 115f.; Mischkowitz 1993: 300f. u. 377f.). Da die meisten Strafgefangenen darüber hinaus Schulden haben, sind die Entfaltung eines an den eigenen finanziellen Möglichkeiten orientierten Gebarens und die Bewältigung der Schuldensituation höchst relevant, um die neue Freiheit nicht zu gefährden (Seebode 1983: 176; Stelly/Thomas 2004: 248ff.; Kleinöder 2007: 69).

Die angesprochenen Schulden sollen nun zunächst im Bezugsrahmen der entwicklungskriminologischen Theorie von Sampson und Laub (1993; 1995) verortet werden. Kriminalität kommt und geht nach dieser Theorie in Korrespondenz mit Bindungen, in die soziales Kapital investiert ist. Für das Vorliegen dieser Art von Bindungen gibt es typische Phasen in der Entwicklung junger Menschen. Sie bestehen in der Regel unproblematisch in der Kindheit und frühen Jugend. Man orientiert sich auf eine selbstverständliche Weise an den Verhältnissen der Elternfamilie und erfährt hier auch ebenso selbstverständlich emotionale und soziale Unterstützung. Das ändert sich in der Adoleszenz, in der das große Vergleichen mit den Peers beginnt, der Kampf um Anerkennung und Sta-

---

1   Der Aufsatz ist eine erweiterte Schriftfassung des gemeinsam mit Professor Dr. Dr. Michael Bock zum Symposium „Gesellschaftliche Teilhabe trotz Schulden? Perspektiven interdisziplinären Wissenstransfers" gehaltenen Vortrags vom 10. Juni 2011. Der Verfasser bedankt sich bei Professor Bock für wertvolle inhaltliche Anmerkungen zum Manuskript.
2   Zur besseren Lesbarkeit wird im weiteren Verlauf des Beitrags auf die grammatikalische Differenzierung der Geschlechter verzichtet.

tus in der Gruppe und beim anderen Geschlecht, die Faszination von anderen Lebensstilen, Idolen, Rauschdrogen, Autos usw.. Die Bindungen an die Herkunftsfamilie verblassen, werden aber (noch) nicht durch stabile neue Bindungen ersetzt, denn die Kontakte mit der Peergroup sind flüchtig, man bewegt sich in wechselnden Cliquen und Moden. Stile oder Ansprüche wechseln und wachsen, während soziales Kapital in diesen Bindungen gerade nicht investiert wird bzw. anzutreffen ist. Das ändert sich erst wieder mit dem Eintritt in eine stabile berufliche Karriere und dem Eingehen längerfristig angelegter Partnerschaften. Die Adoleszenz ist demnach das kriminalitätsgeneigte Lebensalter schlechthin.

Allerdings darf die letztlich positive Perspektive dieser Theorie nicht darüber hinwegtäuschen, dass der Weg aus der Kriminalität oft nicht so einfach ist. Es geht nicht um einen Schalter, der einmal in die eine und dann in die andere Richtung umgelegt wird. Denn die Kriminalität in der Adoleszenz hinterlässt, je nachdem, wie lange und intensiv sie war, mehr oder weniger bleibende Spuren. Sie entfaltet eine Eigendynamik von Chancenverschlechterung und Belastungen für ein straffreies Leben, eine, wie Sampson und Laub (1997: 145) sagen, „cumulative continuity of disadvantages". Dabei kann es sich eher um sozialpsychologische Mechanismen handeln wie den, dass man sich die beständige Wahrnehmung der gesamten Person über das kriminelle Verhalten zu eigen macht, also den so genannten „Masterstatus" als Krimineller in das eigene Selbstbild übernimmt und sich dann selbst nichts anderes mehr zutraut als das, was die anderen von einem sozial verbindlich gemacht haben. Es geht aber auch um ganz handfeste Spuren wie Narben und Tätowierungen, ausgefallene oder ausgeschlagene Zähne, eine Erkrankung mit HIV oder Hepatitis C oder bleibende Schäden durch exzessiven Rauschmittelkonsum. Und zu diesen handfesten Fakten gehören eben auch Schulden, die es spätestens zum Ende der kriminellen Aktivität zu bearbeiten gilt. Allerdings werden die empirischen Fakten zur Verschuldung an keiner Stelle systematisch dokumentiert und so einer Analyse zugänglich gemacht. Die Schuldensituation insbesondere von Inhaftierten oder auch Entlassenen ist weitgehend unbekannt. Die verfügbaren Studien sind mehrheitlich in den 70er und 80er Jahren entstanden (Brei 2005: 151), neuere Studien – gerade zu jungen Menschen aus dem Anwendungsbereich des Jugendgerichtsgesetzes – gibt es kaum. Ein wesentlicher Aspekt, der zu diesem Desiderat beiträgt, lautet, dass selbst vielen Betroffenen die Anzahl und Höhe möglicher Forderungen unbekannt ist (so auch Kemter 2000: 152). Im Vorfeld der Inhaftierung wird sich vielfach um andere Dinge als um die Schuldenregulierung gekümmert und unmittelbar zu Beginn der Inhaftierung muss der Übergang in den Haftalltag bewältigt werden. Schließlich lässt sich nachträglich aus der Haftsituation heraus ohne die nötigen Handlungs- und Kommunikationsmöglichkeiten kaum ein Überblick gewinnen. Der ein oder andere ist auch erfreut, aus der Inhaftierung wenigstens den Vorteil zu gewinnen, einem Zugriff der Gläubiger (vermeintlich) entzogen zu sein. Innerhalb der Anstalt stehen aufgrund eines zu geringen Personalschlüssels und in Abwesenheit speziell qualifizierter Schuldnerberater, die sich mit den besonderen Belangen verschuldeter Inhaftierter auskennen, kaum Helfer zum Thema Schulden bereit. Insoweit differieren Anspruch und Wirklichkeit in Bezug auf die, in allen (Jugendstraf-)Vollzugsgesetzen der Länder und im Strafvollzugsgesetz festgeschriebene Hilfe zur Regelung der wirtschaftlichen Angelegenheiten beziehungsweise der Schuldensituation.[3] Die Schuldnerberatungsstellen außerhalb der Anstalt können ebenfalls aus verschiedenen Gründen kaum weiterhelfen. Manche Beratungsstellen betreuen etwa ausschließlich Personen, die im jeweiligen Gebiet ihren Hauptwohnsitz angemeldet haben (Scheer 2006: 85), viele Stellen sind selbst völlig überlastet oder sind nicht auf den spezielleren Bedarf der Gefangenenklientel vorbereitet. Somit ist auch die Eröffnung eines Verbraucherinsolvenzverfahrens während der Inhaftierung mangels geeigneter Personen oder Stellen (§ 305 Abs. 1 Nr. 1 Insolvenzordnung) schwer zu realisieren. Die Schuldenprobleme werden noch immer regelmäßig frühestens zur Entlassungsvorbereitung oder aber nach der Entlassung angegangen. Auf den Zeitpunkt der Entlassung warten indes auch die Gläubiger, um ihre offenen Posten beizutreiben. Die mit diesen Bemühungen drohenden Lohnpfändungen gefährden schließlich nicht allein die Motivation zur Integration in den Leistungsbereich, sondern nach dem Einstieg auch ganz praktisch den Arbeitsplatz durch mögliche Kündigungen. Auch in weiteren alltäglichen Dingen haben die Schulden negative Auswirkungen, beispielsweise, wenn es darum geht ein Girokonto (selbst auf Guthabenbasis) zu eröffnen oder bei eingehenden Pfändungen eine Schließung zu verhindern (Arbeitsgemeinschaft Schuldnerberatung der Verbände 2007; VzES 2009: 6). Die Beispiele unterstreichen die Bedeutung der Integration in den Leistungsbereich in Kombination mit einer aktiven Bewältigung der Schulden. Auf diesem Wege lässt sich eine Perspektive gewinnen, die es mit den Handlungsanreizen von (neuen) Straftaten oder der Alternative eines lethargischen Rückzugs ins Prekariat aufnehmen kann.

2 Das „Wiesbadener Verlaufsprojekt"

Die Initiative, das „Wiesbadener Verlaufsprojekt" durchzuführen, ist dem ehemaligen Leiter der JVA Wiesbaden Gernot Kirchner zu verdanken. Als Verantwortlicher war er an den Ergebnissen der Vollzugsarbeit interessiert und beauftragte den Mainzer Lehrstuhl für Kriminologie mit der wissenschaftlichen

---

3   Stellvertretend für alle sei genannt § 74 S. 1 Strafvollzugsgesetz.

Durchführung der Untersuchung. Das qualitativ ausgerichtete Forschungsprojekt begleitet seit dem Jahr 2005 eine Gruppe von Jugendstrafgefangenen während und nach der Zeit ihrer Inhaftierung. Die Leitfrage lautet hierbei: Wie kam es zur Inhaftierung und was kann getan werden, um weiterer Kriminalität vorzubeugen? Mit Hilfe der Methodik der Angewandten Kriminologie[4] (Bock 2007: 103-239) wird diese Frage anhand mehrerer Interviews pro Teilnehmer und eines fortgeschriebenen Gutachtens bearbeitet (vgl. Abbildung 1). Die Erhebungen erstrecken sich folglich über mehrere Zeitpunkte. Zu Beginn der Inhaftierung wird eine Zugangsdiagnose/-prognose (t1) erstellt und in die Förderplanung der Anstalt eingebracht. Kurz vor Ende der Haftzeit folgt eine Entlassungsdiagnose/-prognose (t2), die ein halbes Jahr nach der Entlassung wiederum durch eine Übergangsdiagnose/-prognose (t3) aktualisiert wird. Schließlich endet die Begleitung drei Jahre nach der Entlassung mit einer Integrationsdiagnose/-prognose (t4), anhand derer der mögliche Erfolg nachhaltig bemessen werden kann.[5] Im Folgenden werden die vier Untersuchungszeitpunkte als t1 bis t4 abgekürzt.

t1 kurz nach Inhaftierung in der JVA Wiesbaden	t2 kurz vor der Entlassung	t3[6] ½ Jahr nach der Entlassung	t4 3 Jahre nach der Entlassung
Zugangsdiagnose/ -prognose	Entlassungsdiagnose/ -prognose	Übergangsdiagnose/ -prognose	Integrationsdiagnose/ -prognose

Abbildung 1:   Übersicht zu den vier Untersuchungszeitpunkten des „Wiesbadener Verlaufsprojekts"

Die Erhebungen zum Projektbeginn wurden in der Reihenfolge durchgeführt, wie die Teilnehmer in den Vollzug hereinkamen, bis die Zahl 40 erreicht war. Es mussten lediglich diejenigen ausgeschlossen werden, die gar kein Deutsch konnten und Personen, die weniger als ein Jahr Haftzeit vor sich hatten. Die Bereit-

---

4   Die Angewandte Kriminologie bietet mit ihrer Methode der idealtypisch vergleichenden Einzelfallanalyse (MIVEA) eine erfahrungswissenschaftlich abgesicherte und in der Praxis erprobte Möglichkeit, die kriminologisch relevanten Stärken und Schwächen eines Menschen zu erkennen und ermöglicht es so, passende Angebote zur Unterstützung auszuwählen.

5   Nicht wenige Teilnehmer fragen das Forschungsteam darüber hinaus, ob nicht die Fortführung des Projekts und die Finanzierung eines Zeitpunkts t5 in Aussicht stünde. Dies hätte auch einen kriminalpolitischen sowie kriminologischen Erkenntniswert und wäre mit überschaubaren finanziellen Mitteln zu leisten. Gleichwohl sind die benötigten Gelder derzeit nicht vorhanden.

6   Zu t3 waren lediglich 6 Teilnehmer erneut in Haft, mehrheitlich solche mit massiven Drogenkarrieren.

schaft zur Mitwirkung am Projekt war, von drei Teilnahmeverweigerungen abgesehen, durchweg positiv und gegeben. Gegenwärtig werden die offenen t4-Interviews durchgeführt, in ganz wenigen Fällen sind infolge längerer Haftzeiten noch die t3-Erhebungen zu vervollständigen.

3 Zur Schuldensituation der Teilnehmer

3.1 Die Untersuchungspopulation

Zunächst wird in einem ersten Schritt die Population der einbezogenen Teilnehmer charakterisiert. Von 40 Projektteilnehmern konnten 29 in der Zwischenauswertung berücksichtigt werden. Die Reduktion ist wesentlich der Sorgfalt geschuldet, möglichst nur Fälle mit einer hohen Informationsdichte einzubeziehen. Wenn zu einem Zeitpunkt größere Datenlücken vorlagen, wurde der Fall nicht einbezogen. Die Teilnehmer sind zu Beginn der Inhaftierung durchschnittlich 20 Jahre und 7 Monate alt. Für den Zeitpunkt t4, also 3 Jahre nach der Entlassung, liegen bereits für 16 der 29 Teilnehmer Angaben vor. Wenn im Nachfolgenden bei einzelnen Aspekten unterschiedliche Fallzahlen (n<29) auftauchen, ist dies dem Umstand geschuldet, dass es bei einigen Teilnehmern nicht möglich war, die benötigten Informationen aus den Forschungsunterlagen zu erschließen.[7]

In Tabelle 1 wird anhand der vier Erhebungszeitpunkte dargestellt, inwieweit das Thema Schulden für die Projektteilnehmer relevant ist. Es wird unterschieden, ob Schulden vorliegen oder nicht und zum Vergleich mit anderen Studien die relative Häufigkeit angeben.

---

7   Zu den Gründen vgl. die Ausführungen in Abschnitt 1: Schulden bei (ehemaligen) Strafgefangenen. Hinzu kommen Auskunftsverweigerungen.

Tabelle 1:   Anteile der Projektteilnehmer mit und ohne Schulden zu den vier
Erhebungszeitpunkten

	t1		t2		t3		t4[8]	
Liegen Schulden vor?	Häu-fig-keit	%	Häu-fig-keit	%	Häu fig-keit	%	Häu-fig-keit	%
Nein	6	20,7	7	24,1	4	13,8	2	6,9
Ja	20	69,0	22	<u>75,9</u>	24	<u>82,8</u>	15	51,7
Unklar/ Missing	3	10,3	0	0,0	1	3,4	12	41,4

Besonders aufschlussreich sind die Werte zum Zeitpunkt t2 und t3, da hier kein
Datenausfall bzw. lediglich ein Ausfall zu verzeichnen ist. Während des Haftver-
laufs kann sich die Schuldenlage des Einzelnen durchaus aufklären, wenngleich
nicht unbedingt zu Gunsten des Schuldners. Während die Gläubiger ihre Forderungen stellen, bemühen sich Sozialarbeiter und Gefangene um eine Übersicht
bezüglich der finanziellen Verhältnisse. Zum Zeitpunkt t2 haben 75,9% und zum
Zeitpunkt t3, ein halbes Jahr nach der Entlassung, 82,8% der Teilnehmer Schulden. Auch der Vergleich mit den wenigen aktuellen Zahlen aus anderen verfügbaren Studien (vgl. Tabelle 2) zeigt, dass es sich bei den hohen Werten nicht um
ein Artefakt des Wiesbadener Verlaufsprojekts handelt, sondern dass Schulden
für Menschen in oder nach der Haft gängig und präsent sind.

---

8   Der Zeitpunkt t4 wurde der Vollständigkeit halber mit aufgenommen. Er gewinnt an Aussage-
     kraft, sobald die ausstehenden Erhebungen abgeschlossen werden konnten.

Tabelle 2: Verfügbare Vergleichswerte zur Schuldenbelastung
(teils entlassener) Strafgefangener aus anderen Studien

Studie	%
Meyer 2007	62,9
Kemter 2000	73,8
Institute für Kriminologie der Universitäten Heidelberg und Tübingen 2010	75,6
Kerner et al. 2011	70,8

Bei 16 Teilnehmern ist es bereits möglich, den Schuldenstatus von der Entlassung bis zu drei Jahren nach der Entlassung zu verfolgen (vgl. Abbildung 2). Hierbei haben 11 der 16 Teilnehmer durchweg Schulden und lediglich 1 Teilnehmer bleibt dauerhaft schuldenfrei. Veränderungen finden in 4 Fällen statt, während alle anderen ihren Ausgangsstatus von t2 beibehalten. Einer der drei Teilnehmer, die sich zwischen t2 und t3 verschulden, schafft es, seine Verbindlichkeiten später wieder abzutragen. Die Teilnehmer, die nach der Entlassung zur Gruppe der Verschuldeten hinzutreten, erinnern an die Aussage, dass die Schulden vor den Gefängnistoren auf die Strafgefangenen warten. Entsprechende Verpflichtungen sind in aller Regel nicht vergessen, auch wenn sich Gläubiger während der Haftzeit nicht melden.

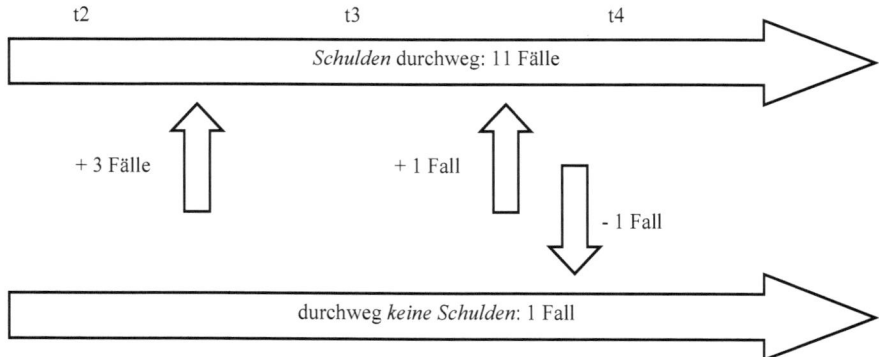

Abbildung 2: Veränderungen des Schuldenstatus von t2 bis t4, einbezogene Fälle n=16

Die Informationen zum Schuldenstatus werden nun im nächsten Abschnitt durch Angaben zur Höhe der abzuzahlenden Beträge ergänzt.

3.2 Schuldenhöhe und Veränderungen im Zeitverlauf

In Tabelle 3 wird der Umfang der Verschuldung[9] zusammengefasst. Belastbare Aussagen können den ersten drei Zeitpunkten entnommen werden, während t4 unter dem Vorbehalt der verbleibenden Interviews zu betrachten ist. Zwar muss ein direkter Vergleich aufgrund der unterschiedlichen Fallzahlen pro Zeitpunkt dahinstehen, dennoch lassen sich wichtige Aspekte festhalten. Sofern Schulden vorlagen, bewegten sich diese in den Grenzen zwischen einigen hundert bis zu mehreren zehntausend Euro.

Tabelle 3:   Umfang der Verschuldung

Zeitpunkt (einbezogene Fälle)	t1 (n=18)	t2 (n=20)	t3 (n=21)	t4 (n=14)
Minimum	400 €	600 €	400 €	200 €
Maximum	40.000 €	35.000 €	35.000 €	20.000 €
Median	3.550 €	4.900 €	4.000 €	2.500 €
schuldenfrei	6	7	4	2
fehlend	5	2	4	13

Da die einzelnen Summen weit streuen, wird der statistische Durchschnittswert anhand des Medians ausgewiesen. So muss etwa zum Zeitpunkt t1 die Hälfte der Teilnehmer mit Schulden, einen Betrag zwischen 400 und 3.550 Euro zurückzahlen. Die andere Hälfte hat 3.551 Euro oder mehr abzutragen. Der vermeint-

---

9   Begrifflich wird in den Sozialwissenschaften zwischen der Ver- und Überschuldung unterschieden. Von Überschuldung wird gesprochen, wenn das vorhandene Einkommen und der eigene Besitz (längerfristig) nicht mehr ausreichen, um die notwendigen Kosten zur Lebensführung und die vorhandenen Zahlungsverpflichtungen zu decken. Dagegen ist die Verschuldung ein gängiger Bestandteil des Wirtschaftslebens, die rollenkonformes Verhalten erwarten lässt (vgl. zu den Definitionen Korczak 2001: 7, 23 und 40).

lich überschaubare Durchschnittsbetrag kann jedoch nicht darüber hinwegtäuschen, dass er ohne vorhandenes Einkommen oder Vermögen nicht kleiner sondern eher größer wird und so selbst eine geringe Verschuldung in die Überschuldung führen kann. Hinter sehr hohen Forderungen stehen regelmäßig Gläubiger, die entsprechende Kompensationen für entstandene Schäden oder erlittene Gesundheitsbeeinträchtigungen verlangen.

Wie sich die Situation hinsichtlich der Schulden zwischen Haftantritt und Haftende entwickelt, zeigt Abbildung 3. Hinter jedem Balken des Diagramms steht ein Fall, die freie Mittelposition wird von Teilnehmern ohne Veränderungen besetzt. Die beiden äußeren Balken werden zugunsten der Abbildung verkürzt dargestellt und ihre Werte daneben notiert. So gibt es einen Teilnehmer, der aufgrund von Schadensersatz- oder Schmerzensgeldforderungen einen Schuldenzuwachs um 34.000 Euro hinnehmen muss. Unterdessen gelingt es einem anderen Teilnehmer seine Schulden um 15.000 Euro zu reduzieren, indem er während der Haftzeit zunächst nichts unternimmt.

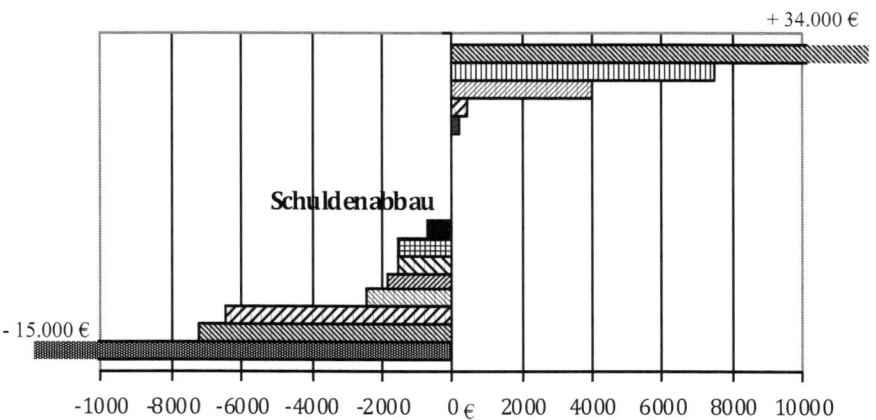

Abbildung 3: Entwicklung der Schuldenhöhe in Euro während der Haftzeit (von t1 zu t2), einbezogene Fälle n=18

Insgesamt weist die Mehrheit entweder keine Veränderungen im Schuldenniveau auf (leere Mittelpositionen) oder kann sogar eine Reduktion der Verbindlichkeiten erzielen. Die Reaktionen auf die abzutragenden Schulden reichen während der Inhaftierung von vorsätzlicher Passivität bis zu aktiven Schritten der Bewältigung, etwa dem Ansparen von Teilen des Überbrückungsgeldes zur Tilgung nach der Entlassung (s. u. Bewältigungsstrategien).

In ähnlicher Weise wie oben wird das Schaubild für den Zeitraum zwischen t2 und t3 repliziert (vgl. Abbildung 4). Beim Gesamtschuldenniveau zeigt sich hier ein positiver Trend, denn eine ganze Reihe von Teilnehmern kann offenbar deutlich reduzieren. Fünf Teilnehmer haben zusätzliche Schulden zu verzeichnen. Ergänzend zu den Informationen der Abbildung ist zu berichten, dass es einem Teilnehmer während der sechs Monate gelang, ausgehend von 1.000 Euro Schulden, die gesamte Summe abzuzahlen.

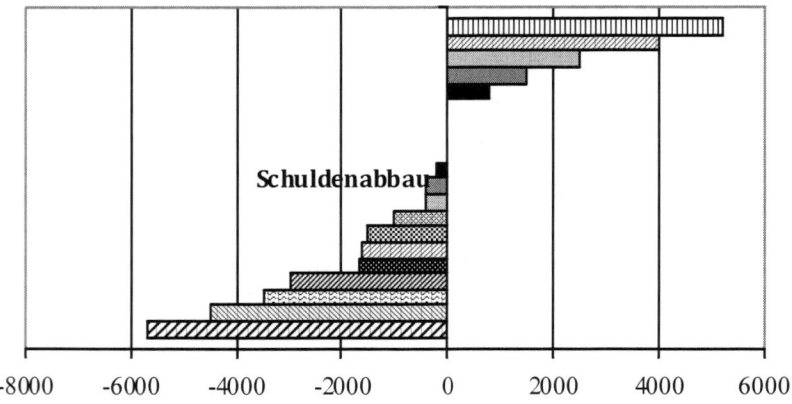

Abbildung 4:   Entwicklung der Schuldenhöhe in Euro nach der Entlassung
(von t2 zu t3, sechs Monate), einbezogene Fälle n=20

3.3 Schuldenursachen und Gläubiger

Zur Analyse der Schuldenherkunft werden die Ursachen schematisch differenziert. Es wird zwischen selbst zu verantwortenden Ursachen und strukturellen oder schicksalhaften Ursachen unterschieden. Während letztere vom Einzelnen nicht selbst zu verantworten bzw. wenig zu beeinflussen sind, können die selbst zu verantwortenden Ursachen potenziell durch das eigene Verhalten gesteuert werden. Als weitere Ausdifferenzierung wird bei den beeinflussbaren Ursachen zwischen kurzzeitigem Verbrauch, längerfristigen Investitionen, etwa in langlebige Konsumgüter, sowie den Folgen von Straftaten unterschieden. Tabelle 4 stellt nun die Ursachengruppen als Häufigkeiten gegenüber. Bei der Zählung sind Mehrfachausprägungen pro Fall möglich, was der Tatsache Rechnung trägt, dass Schulden häufig mehrere Ursachen haben und verschiedene Faktoren ihren Teil zum Verschuldungsprozess beitragen (ausf. hierzu Rau 2011: 342-346).

Tabelle 4: Häufigkeiten – Schuldenursachen der Teilnehmer

Zeitpunkt (einbezogene Fälle)	t1 (n=17)	t2 (n=15)	t3 (n=20)	t4 (n=12)
nicht selbst verursacht	1	1	1	3
selbst verursacht – Investition	5	2	5	4
selbst verursacht – kurzzeitiger Verbrauch	11	10	10	6
Folge von Straftaten	13	10	17	11
∅ Ursachen pro Fall	1,8	1,5	1,7	2,0
schuldenfrei	6	7	4	2
fehlend	6	7	5	15

Die Auszählung ergibt zwei zentrale Schuldenursachen. Neben den Folgen von Straftaten spielt der kurzzeitige Verbrauch eine wesentliche Rolle, was angesichts bestimmter Verhaltensweisen und Einstellungen, die sowohl für Schulden als auch für die Begehung von Straftaten anfällig machen, plausibel ist (ausf. hierzu Bock/Brettel 2009). Um beispielsweise begehrte Statussymbole zu erlangen, bedarf es entsprechender finanzieller Mittel. Sowohl Schulden als auch Straftaten versprechen diese Mittel und die zeitnahe Befriedigung der vorhandenen Wünsche. Die Angewandte Kriminologie hält hierzu spezifische Verhaltensbeschreibungen, sogenannte K-Kriterien, wie ein fehlendes Verhältnis zu Geld und Eigentum, ein inadäquat hohes Anspruchsniveau, die Vernachlässigung des Arbeits- und Leistungsbereichs oder ein unstrukturiertes Freizeitverhalten vor (Bock 2007: 163ff.). Mit ihnen lassen sich „Defizite in der Bewältigung der Anforderungen des sozialen Lebens" beschreiben (Bock/Brettel 2009: 5).[10] Auf gesellschaftlicher Ebene sind die Hürden für riskantes finanzielles Gebaren ab-

---

10   Im Gegenzug gibt es entsprechende D-Kriterien zu Beschreibung der Stärken eines Menschen (Bock 2007: 168ff.).

gesenkt worden. Es gibt zahlreiche Möglichkeiten der Ratenfinanzierung, Ware wird (trotz fehlender Bonität) versendet, lange bevor die Bezahlung ansteht und aggressive Werbung suggeriert die unmittelbare Wunscherfüllung ohne Konsequenzen.

Die identifizierten Ursachen spiegeln sich dementsprechend in der Analyse zu den Gläubigergruppen wider. Abbildung 5 zeigt die Verteilung zu t3 in Form eines Säulendiagramms stellvertretend für die anderen Zeitpunkte. Als häufigste Gläubiger treten Unternehmen zumeist infolge des kurzzeitigen Konsums auf. Es schließen sich Versicherungen und Geschädigte an, die versuchen Schadensersatzforderungen durchzusetzen sowie an dritter Stelle die Justizkassen, mit ihren Bemühungen Gerichtskosten beizutreiben. Die drei Gruppen sind gleichzeitig die häufigste Gläubigerkombination der Teilnehmer. Durchschnittlich lassen sich zu allen vier Erhebungszeitpunkten ca. zwei Gläubigergruppen pro Teilnehmer identifizieren, hinter denen dann jeweils deutlich mehr Gläubiger stehen.

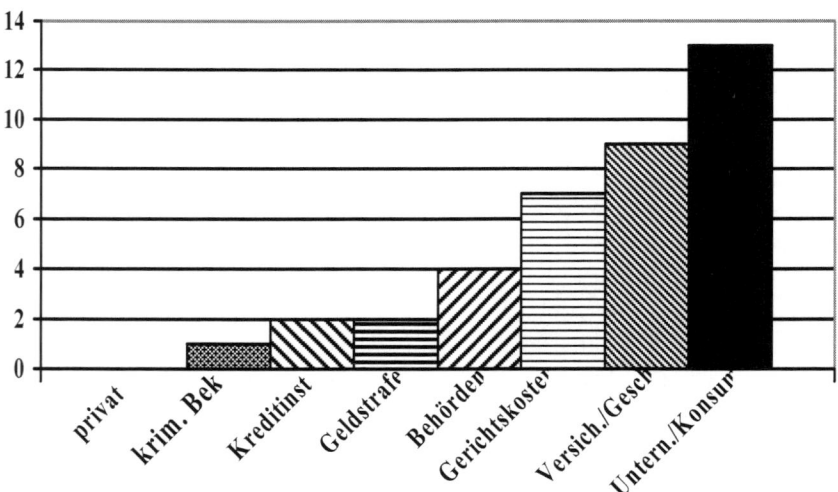

Abbildung 5:   Häufigkeiten – Gläubigergruppen der Teilnehmer zu t3, einbezogene Fälle n=18

Am wenigsten sind die beiden Gläubigergruppen Freunde und Familie sowie kriminelle Bekannte vertreten, deren Forderungen sich zumeist außerhalb der offiziellen Schuldenverzeichnisse wiederfinden. Allerdings ist auch deren Dokumentation ungleich schwieriger und kollidiert unter Umständen im Bereich krimineller Bekanntschaften mit den Strafverfolgungsinteressen des Staates.

Um passende Angebote der Schuldenregulierung unterbreiten zu können, ist es hilfreich, Informationen zur Gewichtung der jeweiligen Ursachen und Gläubiger zu erhalten. Konkret interessiert der Anteil der verschiedenen Forderungen an der Schuldensumme. Hierzu müssen die Einzelforderungen der Gläubiger und die daraus resultierende Gesamtsumme bekannt sein. Zum Zeitpunkt t3, der für diese Angabe über die höchste Informationsdichte verfügt (n=17), entfielen durchschnittlich 61% (Median) der Schuldensumme auf die Folgen von Straftaten. Liegen die Informationen für einen Klienten vor, kann bestimmt werden, welche Maßnahmen erfolgversprechend sind. So kann es beispielsweise sein, dass ein angedachtes Privatinsolvenzverfahren wenig sinnvoll ist, wenn später ein Großteil der Forderungen bestehen bleibt, da die Restschuldbefreiung für Schulden aus vorsätzlich begangenen unerlaubten Handlungen[11] und Geldstrafen versagt wird (§302 Nr. 1 und Nr. 2 Insolvenzordnung). In diesen Fällen mag es sinnvoller sein, über eine Umschuldung nachzudenken, wie sie von verschiedenen Stiftungen zur Resozialisierung angeboten wird.

3.4 Bewältigungsstrategien

Die Bewältigung der Schuldensituation fordert den Betroffenen je nach Ausmaß durchaus erhebliche Anstrengungen ab. Zur Unterstützung dieses Prozesses gibt es professionelle Hilfe, die, zumindest dem Anspruch nach, auch in den Justizvollzugsanstalten ermöglicht werden soll. Während der Inhaftierung nutzten lediglich 3 Teilnehmer die Schuldnerberatung, wobei sich für die anderen Fälle nicht erschließen ließ, warum diese Form der Unterstützung keine Umsetzung fand. Insgesamt haben 13 Teilnehmer jemals eine Schuldnerberatung in Anspruch genommen, wobei in 4 Fällen zusätzlich weitere Unterstützung von Anwälten, Bewährungshelfern oder Sozialarbeitern eingeholt wurde. Daneben gibt es 5 Teilnehmer, die ausschließlich die alternativen Möglichkeiten zur Schuldnerberatung nutzten und 6 Teilnehmer, die trotz Bedarf durchweg auf geschulte Hilfe verzichteten.

Hinsichtlich der Frage, ob die Schulden abgetragen werden können, nimmt die Integration in den Leistungsbereich eine Schlüsselrolle ein. Aus dem Erwerbseinkommen resultiert schließlich das potenzielle Budget zur Schuldentilgung. Zum Zeitpunkt t3 haben 2/3 der verschuldeten Teilnehmer eine Beschäftigung aufgenommen, die Hälfte arbeitet sogar Vollzeit oder absolviert eine Ausbildung. Diese Tendenz setzt sich ebenfalls zum Zeitpunkt t4 fort. Die vermeint-

---

11 Weitere Beispiele sind Schadensersatzforderungen, Bußgelder, Zwangsgelder, Ordnungsgelder und die Nebenfolgen einer Straftat oder auch Ordnungswidrigkeit, die mit einer Geldzahlung verbunden sind.

lichen Stigmata von Hafterfahrung und Schulden hemmen den Einstieg in den Arbeitsmarkt somit offenbar weniger, als es theoretisch zu erwarten gewesen wäre.

Schließlich stellt sich die Frage, wie die Teilnehmer vor dem Hintergrund, dass ihr finanzielles Gebaren und der kurzzeitige Konsum neben den Straftatenfolgen wichtige Schuldenursachen sind, mit dem verfügbaren Geld umgehen. Die Analyse zeigt, dass diejenigen, bei denen das Budget nie oder regelmäßig nicht reicht, folgerichtig die höchsten Schuldenbeträge zu begleichen haben. Auf der anderen Seite haben diejenigen, die mit dem Budget ausgekommen sind, keine oder überschaubare Schulden. Es gibt also ein Missverhältnis von Ausgaben und Einnahmen, welches dem finanziellen Gebaren zugerechnet werden kann.[12] In diesen Fällen führt die erfolgreiche Schuldentilgung über die Entwicklung eines Ausgabe- und Konsumverhaltens, welches sich an den vorhandenen finanziellen Möglichkeiten orientiert (so auch Stelly/Thomas 2004: 248). Gleichzeitig gilt, dass manche Teilnehmer infolge mangelnder Qualifikation auf prekäre Beschäftigungsverhältnisse angewiesen sind und von den Firmen rigoros ausgebeutet werden. In diesen Fällen reicht das erarbeitete, aber dauerhaft niedrige Einkommen nicht zur Deckung der anfallenden Lebenskosten aus, geschweige denn zur Tilgung von Schulden. Das entstehende Missverhältnis resultiert hier nicht unmittelbar aus dem Verhalten.

Übergeordnet zu den drei bisher besprochenen Aspekten der Bewältigung verdeutlicht sich einmal mehr, wie viel von der eigenen Stellungnahme in Bezug auf die Situation abhängt. Entscheidend ist, wie sich die betroffene Person zu der Herausforderung, hier ihren Schulden, positioniert (so auch bzgl. Schulden Kerner et al. 2011: 257f.). Dies lässt sich besonders gut anhand der sogenannten idealtypischen Verlaufsformen nachvollziehen. Diese wurden aus einem großen kriminologischen Forschungsprojekt, der Tübinger Jungtäter-Vergleichsuntersuchung, entwickelt und in der Methodik der Angewandten Kriminologie für die kriminologische Einzelfallanalyse fruchtbar gemacht (Göppinger 1983; zur Angewandten Kriminologie ausf. Bock 2007: 88-239). Teil dieses Analyseinstruments sind nun die idealtypischen Verlaufsformen[13], zu denen die Annäherung einer biografischen Entwicklung relational bestimmt und zugeordnet werden kann. Aus dieser Zuordnung ergeben sich für die Einzelfallanalyse Erkenntnisse

---

12   Ausführlich zum kriminologischen Zusammenhang von finanziellen Verhältnissen und finanziellem Gebaren vgl. Bock/Rau 2010.

13   Präzise zu bezeichnen als Idealtypen der Stellung der Tat im Lebenslängsschnitt. „Bei der Tübinger Jungtäter–Vergleichsuntersuchung ... wurde versucht, die Unterschiede im Sozialverhalten und im Lebenszuschnitt, die zwischen den H (= Häftlings)- und den V (= Vergleichs)-Probanden festgestellt worden waren, zu systematisieren und in einer Synopse extremer, zugespitzter Verhaltensweisen dazustellen" (Bock 2007: 35). Aus diesen Verhaltensweisen wurden schließlich die Idealtypen extrahiert.

hinsichtlich der kriminellen Gefährdung, die in weiteren Verfahrensschritten zu konkretisieren sind. Innerhalb des Wiesbadener Verlaufsprojekts sind zwei Verlaufsformen empirisch bedeutend und zwar zum einen „die kontinuierliche Hinentwicklung zur Kriminalität"[14] sowie zum anderen „die Kriminalität im Rahmen der Persönlichkeitsreifung". Während erstere mit einer eher ungünstigen Prognose hinsichtlich neuer Straftaten einhergeht, fällt die Prognose bei letzterer eher günstig aus.[15] Für die idealtypische Verlaufsform einer „kontinuierlichen Hinentwicklung zur Kriminalität" sind komplementäre Entwicklungen im Leistungs- und Freizeitbereich charakterisierend (ebd. 191ff.). Die Auffälligkeiten beschränken sich nicht, sondern finden sich in beiden Bereichen und spiegeln sich auch in den anderen Bereichen (Aufenthaltsbereich, Kontaktbereich, Delinquenzbereich) wider (ebd.). Hingegen sind die Auffälligkeiten bei einer Annäherung an die Verlaufsform einer „Kriminalität im Rahmen der Persönlichkeitsreifung" temporal und sektoral begrenzt (ebd. 194ff.). Für die Zeit während der Inhaftierung fällt nun auf, dass sich die Teilnehmer, die eine biografische Annäherung an die Verlaufsform einer „kontinuierlichen Hinentwicklung zur Kriminalität" aufweisen, wesentlich häufiger (teils ganz bewusst) passiv verhalten. Sie versuchen die Schulden auszusitzen oder ihre Bemühungen laufen ins Leere. Irgendwie funktionieren die Vorhaben nicht oder der Antrag geht verloren usw.. Eine aktive Schuldenbewältigungsstrategie ist selten anzutreffen. Auch übernimmt die Herkunftsfamilie in keinem einzigen Fall Teile der Schulden, um diese zu begleichen. Im Gegensatz dazu positionieren sich die Teilnehmer mit einer biografischen Annäherung an die Verlaufsform einer „Kriminalität im Rahmen der Persönlichkeitsreifung" deutlich aktiver. Sie bemühen sich etwa um Ratenzahlungsvereinbarungen oder Vergleiche, mehrfach übernimmt die Herkunftsfamilie Teile der Schulden.

Sechs Monate nach der Haftentlassung stellt sich das Bild für die Teilnehmer mit einer Annäherung an die Verlaufsform einer „kontinuierlichen Hinentwicklung zur Kriminalität" etwas positiver dar. Mehrere haben die Schuldenregulierung per Ratenzahlung eingeleitet und professionelle Hilfe angenommen. Die Herkunftsfamilien tragen allerdings weiterhin keine Schulden für die Teilnehmer ab. Im Gegensatz dazu erfahren die Teilnehmer mit einer Annäherung an die Verlaufsform einer „Kriminalität im Rahmen der Persönlichkeitsrei-

---

14 Bei der Verlaufsform der „kontinuierlichen Hinentwicklung zur Kriminalität" wird innerhalb der Angewandten Kriminologie nochmal zwischen den Ausprägungen mit frühem und spätem Beginn differenziert.

15 Diese grundsätzliche Prognose wird, wie bereits erwähnt, in weiteren Schritten für den Einzelfall konkretisiert und kann sich abschließend dementsprechend günstiger oder ungünstiger darstellen (vgl. Bock 2007: 203-211).

fung" weiterhin Hilfe durch die Familie, in einem Fall wird ein Resozialisie-
rungsfonds zur Entschuldung in Anspruch genommen.

4   Erkenntnisse und Ausblick

Das Thema Schulden und die Fragen ihrer Bewältigung sind für Strafgefangene
und Entlassene höchst relevant. Spätestens nach Ende der Haftzeit werden die
vorhandenen Verbindlichkeiten zu Handlungsrestriktionen, die eine persönliche
Positionierung erfordern. Lassen die Betroffenen das notwendige Engagement
vermissen, können Schulden die Motivation zur Integration in den Leistungsbereich sowie die Legalbewährung nachhaltig gefährden. Dabei sind die vorhandenen Schulden der Zielgruppe mehrheitlich durch das Verhalten steuerbar, zeitlich
gesehen entweder über kriminal- und verhaltenspräventive Maßnahmen vor der
Inhaftierung (Sekundärprävention) oder im Nachgang auf der Ebene der
Tertiärprävention. Als ein Ergebnis aus dem Bereich der Kompetenzforschung
muss hinterfragt werden, ob alleiniges Faktenwissen ausreicht, um kompetente
finanzielle Handlungsfähigkeiten zu entwickeln (Rau/Bender 2010: 500f.). Weitere Dimensionen, so etwa Einstellungen oder das Vertrauen in die Fähigkeiten,
den Alltag selbst beeinflussen und bewältigen zu können (Selbstwirksamkeit),
sollten nach Möglichkeit einbezogen und berücksichtigt werden (ebd.). Diese
breitere Aufstellung ermöglicht es schließlich, über ein angemessenes finanzielles Gebaren hinaus, weitere Kompetenzen zu stärken, um auch mit den Ereignissen der strukturellen oder schicksalhaften Ursachen umgehen zu können. Für
diesen Bereich gilt ferner wie bisher, die jungen Menschen bei Bedarf zu qualifizieren, so dass sie nicht ausschließlich auf prekäre Beschäftigungsverhältnisse
angewiesen sind und im Bereich der Suchtgefährdung erfolgreiche Angebote zu
etablieren.[16]

Bei den betrachteten Teilnehmern haben Schulden die Integration in den
Leistungsbereich weniger gehemmt als theoretisch zu erwarten war. Auch die
Bereitschaft, professionelle Hilfe in Anspruch zu nehmen ist durchaus gegeben,
ebenso wie das Anliegen, die offenen Summen nach und nach zu reduzieren. In
diesem Zusammenhang dürfte es interessant sein, den vorläufigen Befund hinsichtlich der idealtypischen Verlaufsformen der Angewandten Kriminologie
weiter zu verfolgen. Während die Tatsache vorhandener Schulden die Verlaufsformen nicht unterscheidet, gibt es deutliche Differenzen bei der persönlichen
Positionierung. Insoweit sind die Desiderata der Forschung in diesem Bereich

---

16   Es sind auch auf der Ebene der Verhältnisprävention Verbesserungen zu fordern – exempla-
      risch kann hier nochmals der Bereich der prekären Beschäftigung genannt werden – gleichwohl
      werden sich diese Dinge bestenfalls langsam ändern.

offensichtlich. Hinzu kommt der Bedarf, zuverlässige empirische Daten zur Verschuldung von Strafgefangenen und Entlassenen zu erheben und die Überlegungen zur Bewältigung der Herausforderung Schulden zu intensivieren. Im Wiesbadener Verlaufsprojekt werden die verbleibenden t4-Interviews zu absolvieren sein. Anschließend können die Daten eingehend ausgewertet und in einer Monographie veröffentlicht werden. Dem Thema Schulden wird dann ebenfalls ein Platz einzuräumen sein.

Literatur

Arbeitsgemeinschaft Schuldnerberatung der Verbände (2007): Auszug aus aktuellen Rückmeldungen einzelner Schuldnerberatungsstellen zur Einschätzung der Situation rund um das Girokonto für jedermann. Abgerufen am 18.03.2011 unter: http://www.bag-sb.de/uploads/tx_inhalt/AG_SBV_R_ckmeldungen_ Schuldnerberatung_im_Oktober_2007.pdf.

Bock, Michael (2007): Kriminologie. Für Studium und Praxis. 3. Auflage, München: Vahlen.

Bock, Michael/Brettel, Hauke: Schulden und Kriminalität. In: Zeitschrift für Verbraucher- und Privat-Insolvenzrecht - Sonderheft, 8. Jahrgang, 2009. S. 4-6.

Bock, Michael/Rau, Matthias (2010): Finanzielle Verhältnisse als kriminologischer Indikator sozialer Einbindung. In: Hergenröder (2010): S. 83-103.

Brei, Kathrin (2005): Entschuldung Straffälliger durch Verbraucherinsolvenz und Restschuldbefreiung. Bielefeld: Gieseking Verlag.

Göppinger, Hans (1983): Der Täter in seinen sozialen Bezügen. Ergebnisse aus der Tübinger Jungtäter-Vergleichsuntersuchung. Berlin, Heidelberg, New York, Tokyo: Springer.

Hergenröder, Curt Wolfgang (Hrsg.) (2010): Gläubiger, Schuldner, Arme – Netzwerke und die Rolle des Vertrauens. Wiesbaden: VSVerlag für Sozialwissenschaften.

Institute für Kriminologie der Universitäten Heidelberg und Tübingen (2010): Abschlussbericht der wissenschaftlichen Begleitung des Nachsorgeprojekts Chance. Abgerufen am 20.04.2011 unter: http://www.ifk.jura.uni-tuebingen.de/projekte/beendet/ nachsorgeprojekt_chance/abschlussbericht2010.pdf.

Kemter, Eike Christian (2000): Schulden und Schuldenregulierung der Gefangenen in sächsischen Justizvollzugsanstalten. Leipzig: Leipziger Universitätsverlag.

Kerner, Hans-Jürgen/Stellmacher, Jost/Coester, Marc/Wagner, Ulrich (2011): Systematische Rückfalluntersuchung im Hessischen Jugendvollzug. Bericht über eine empirische Studie zur Legalbewährung bzw. zur Rückfälligkeit von jungen männlichen Gefangenen der Entlassungsjahrgänge 2003 und 2006. Abgerufen am 22.11.2011 unter: http://www.hbws.justiz.hessen.de/irj/HBWS_Internet?rid=HMdJ_15/HBWS_Internet/ sub/5d2/5d26d681-92d1-31f0-12f3-1e2389e48185,,22222222-2222-2222-2222- 222222222222.htm.

Kleinöder, Albrecht (2007): Weisungen zur Schuldenregulierung im Rahmen der §§ 56 c I, II Nr.1 und 56 d StGB in der strafrechtlichen Praxis. Abgerufen am 20.04.2011 unter: http://webdoc.sub.gwdg.de/diss/2007/kleinoeder/kleinoeder.pdf.

Korczak, Dieter (2001): Überschuldung in Deutschland zwischen 1988 und 1999. (Hrsg. Bundesministerium für Familie, Senioren, Frauen und Jugend) Stuttgart, Berlin, Köln: Kohlhammer.

Lösel, Friedrich/Bender, Doris/Jehle, Jörg-Martin (Hrsg.) (2007): Kriminologie und wissensbasierte Kriminalpolitik. Entwicklungs- und Evaluationsforschung. Mönchengladbach: Forum-Verlag.

Meyer, Susanne (2007): BAG-S-Sonderauswertung: Lebenslagen straffällig gewordener Menschen. Abgerufen am 20.04.2011 unter: http://www.bag-straffaelligenhilfe.de/ pdf/sonderauswert.pdf.

Mischkowitz, Robert (1993): Kriminelle Karrieren und ihr Abbruch. Empirische Ergebnisse einer kriminologischen Langzeituntersuchung als Beitrag zur „Age-Crime-Debate". Bonn: Forum-Verlag.

Rau, Matthias: Die Verschuldung junger Menschen: Theoretische und Empirische Betrachtungen zu einer anhaltenden Diskussion. In: Gesellschaft. Wirtschaft. Politik 60. Jahrgang, Heft 3. 2011. S. 337-348.

Rau, Matthias/Bender, Nina: Weg zur biographischen Autonomie oder Risiko? Plädoyer für eine differenzierte Sichtweise der Schulden junger Menschen. In: Unsere Jugend 11+12. 2010. S. 493-502.

Laub, John H./Sampson, Robert J.: Turning Points in the Life Course: Why Change Matters to the Study of Crime. In: Criminology 31. 1993. S. 301-325.

Sampson, Robert J./Laub, John H. (1997): A Life-Course Theory of Cumulative Disadvantage and the Stability of Delinquency. In: Thornberry (1997): S. 133-163.

Sampson, Robert J./Laub, John H. (1995): Crime in the making: Pathways and turning points through life. Cambridge und London: Harvard University Press.

Scheer, Ralph Horst: Sträflich vernachlässigt. Schuldenregulierung im Strafvollzug. In: Forum Recht (3). 2006. S. 84-85.

Seebode, Manfred: Verbrechensverhütung durch staatliche Hilfe bei der Schuldenregulierung Straffälliger. In: Zeitschrift für Rechtspolitik (7). 1983. S. 174-181.

Stelly, Wolfgang/Thomas, Jürgen (2007): Das Ende der kriminellen Karriere bei jugendlichen Mehrfachtätern. In: Lösel/Bender/Jehle (2007): S. 433-446.

Stelly, Wolfgang/Thomas, Jürgen (2004): Wege aus schwerer Jugendkriminalität. Abgerufen am 20.04.2011 unter: http://tobias-lib.uni-tuebingen.de/volltexte/2004/1125/ pdf/Wegegesamt.pdf.

Thornberry, Terence P. (Hrsg.) (1997): Developmental Theories of Crime and Delinquency. (Advances in Criminological Theory) Bd. 7. New Brunswick u.a.: Transaction Publishers.

VzES – Gemeinnütziger Verein zur Entschuldung Straffälliger e. V. (2009): Organisation, Aufgaben und Tätigkeitsbereiche. Abgerufen am 20.04.2011 unter: http:// entschuldung-straffaelliger.de/fileadmin/brochure.pdf.

Die Bedeutung der sozialen Schuldner- und Insolvenzberatung für die Bewältigung prekärer Lebenslagen

Werner Sanio

1 Einleitung

Die Schuldner- und Insolvenzberatung[1] in Deutschland hat sich nach über dreißigjähriger Praxis als anerkanntes Instrument zur sozialen und wirtschaftlichen Reintegration überschuldeter Privathaushalte etabliert. Sowohl in der öffentlichen Wahrnehmung als auch im Fachdiskurs wird dabei jedoch vorrangig die juristisch-ökonomisch fundierte Rolle des Beratungsangebots wahrgenommen. Dies wird der eigentlichen Bedeutung der sozialen Schuldner- und Insolvenzberatung[2] nicht gerecht. Mit dem vorliegenden Beitrag möchte ich dem entgegenwirken und die nach meiner Überzeugung eigentliche zentrale Funktion dieses Beratungsangebots herausarbeiten: Die Schuldner- und Insolvenzberatung trägt nachhaltig zur Überwindung einer von tiefgreifender Verunsicherung, Ressourcenmangel auf unterschiedlichen Ebenen und gesellschaftlicher Ausschließung geprägten Notlage bei.

Die Überschuldungsnotlage lässt nicht nur die finanzielle Struktur des privaten Haushalts brüchig werden, auch die biografischen Handlungsmuster der betroffenen Personen erfahren eine tiefgreifende Irritation.[3] Diese kann sich auf den unterschiedlichsten Ebenen zeigen, in der Regel sind verschiedene Lebensbereiche, gleichzeitig oder zu unterschiedlichen Zeitpunkten im Überschuldungsverlaufsprozess, betroffen. Es droht eine Erosion der Fundamente, auf denen das Alltagshandeln fußt, wenn beispielsweise nicht mehr ausreichende Ressourcen zur Finanzierung der Lebenshaltungskosten einschließlich von Miete und

---

1   In meinem Beitrag verwende ich den Begriff *Schuldner- und Insolvenzberatung* in Abgrenzung zu Konzepten, die auf eine Aufspaltung der Beratungsangebote für die allgemeine Schuldnerberatung und die spezialisierte Insolvenzberatung im Rahmen des Verbraucherinsolvenzverfahrens abzielen.

2   Der Begriff *soziale Schuldner- und Insolvenzberatung* dient der Abgrenzung zu gewerblich orientierten Regulierungsangeboten, s.a.: (Bundesarbeitsgemeinschaft Schuldnerberatung e.V. 2011). Die Frage der Seriosität solcher Angebote kann an dieser Stelle nicht vertieft werden.

3   Siehe hierzu im Detail: Schlabs (2007)

Energie für den Wohnraum verfügbar sind. In der Beratung der Schuldner- und Insolvenzberatung gilt es diesen existenzbedrohenden Lebenslagen angemessen zu begegnen, um eine nachhaltige Bewältigung der Überschuldungsprobleme zu ermöglichen.[4] Was dies im Einzelnen bedeutet, soll der vorliegende Aufsatz verdeutlichen. Dazu werde ich zunächst den Forschungsstand in Sachen privater Überschuldung in Deutschland referieren (Kap. 2: *Verlaufsprozesse der privaten Überschuldung*) und grundlegende Aspekte des Beratungsangebots (Kap. 3: *Soziale Schuldner- und Insolvenzberatung*) sowie Anforderungen an die konzeptionelle Ausrichtung der Beratungstätigkeit erläutern (Kap. 4: *Voraussetzung für den Beratungserfolg: Fallorientierung in der Beratung*). Anschließend gehe ich in einem kurzen Abriss auf den aktuellen Entwicklungsstand des Überschuldungsproblems privater Haushalte in Deutschland ein (Kap. 5: *Aktuelle Daten zum Problem der Überschuldung privater Haushalte in Deutschland*). Bei den Bemühungen um die Verbesserung der Zugangsmöglichkeiten zur Schuldner- und Insolvenzberatung wird die Frage der Gruppenangebote kontrovers diskutiert. An diesem Thema möchte ich exemplarisch die Grenzen einer Ablaufoptimierung im Beratungsprozess aufzeigen (Kap. 6: *Gruppenangebote im Rahmen der Schuldner- und Insolvenzberatung*). Mit dem Versuch einer Einschätzung der kurz- und mittelfristigen Perspektiven für das Beratungsangebot der Schuldner- und Insolvenzberatung (Kap. 7: *Resümee und Ausblick*) schließe ich meinen Beitrag ab.

2 Verlaufsprozesse der privaten Überschuldung

Seit Anfang der 1990er Jahre wurden zahlreiche Untersuchungen zum Problem der privaten Überschuldung in Deutschland sowie zur Beratungspraxis der Schuldner- und Insolvenzberatung initiiert. Dabei wurden die unterschiedlichsten Aspekte des Überschuldungsproblems (ökonomische, juristische, biografie-analytische) untersucht. Gefördert durch das BMFSFJ wurden in den Erhebungen von Korczak u.a. (1992,1997 und 2001) Daten zum Stand und zur Entwicklung der Zahl überschuldeter Haushalte in Deutschland und zur Praxis der Schuldner- und Insolvenzberatung publiziert. Weitere Studien bestätigten die Wirksamkeit der konzeptionellen Ansätze der Schuldner- und Insolvenzberatung zur Bewälti-

---

4 Dabei sollen die Begrenzungen der Möglichkeiten der Schuldner- und Insolvenzberatung nicht verschwiegen werden. Die Überschuldungsnotlage kann vielfach erfolgreich bearbeitet werden, eine beispielsweise einkommensbedingte Armutslebenslage ist damit jedoch noch lange nicht überwunden. Angesichts der allgemeinen gesellschaftlichen Tendenzen zur Einkommensspreizung und Ausgrenzung ganzer Bevölkerungsgruppen, scheint ein gewisser Pessimismus (May 2012) hinsichtlich der zukünftigen Entwicklung angeraten.

gung des Überschuldungsproblems der Ratsuchenden (Kuhlemann und Walbrühl 2006 und 2007, Ansen und Samari 2012). In den Arbeiten von Münster u.a. (Münster u.a. 2008 und 2009) wurden schließlich die gesundheitlichen Folgen von Überschuldung für die Betroffenen empirisch nachgewiesen sowie mögliche Ansätze zur Gesundheitsentwicklung und zur Stärkung des persönlichen Netzwerks der Ratsuchenden entwickelt.

Trotz der vielfältigen und umfangreichen Studien, die mittlerweile für das Arbeitsfeld der Schuldner- und Insolvenzberatung vorliegen, sind wichtige Fragestellungen noch nicht ausreichend beantwortet. Arbeitslosigkeit, Trennung und Scheidung sind seit langem als zentrale Überschuldungsursachen ausgemacht. Es fehlt jedoch an empirischen Erkenntnissen darüber, welche Faktoren bspw. dazu beitragen, dass die wirtschaftlichen Einschnitte durch den Verlust des Arbeitsplatzes in die persönliche Überschuldung führen. Die Überschuldungsforschung in Deutschland hat bis heute kein theoretisches Erklärungsmodell privater Überschuldung entwickelt (s. hierzu etwa Korczak 2001, Reifner 2008, Schwarze 2011). Eine umfassende Erklärung der Zusammenhänge und Wechselwirkungen von individuellen und strukturellen Überschuldungsursachen und –auslösern steht noch immer aus. Damit ist es auch nur bedingt möglich, wirksame Präventionsansätze zur Vermeidung zukünftiger Überschuldungsfälle privater Haushalte zu entwickeln.

Durch verschiedene Studien eindrucksvoll belegt wurde dagegen die mit der sich verschärfenden Schuldennotlage einhergehende soziale und wirtschaftliche Ausschließung der Betroffenen (beispielhaft: Hirseland 1999, Schlabs 2007, Münster u.a. 2008, Sanio 2009). Überschuldung als Unfähigkeit, den laufenden Zahlungsverpflichtungen mit den verfügbaren wirtschaftlichen Ressourcen nachzukommen, führt demnach nicht alleine zu wirtschaftlichen und juristisch-bürokratischen Schwierigkeiten. Die entwickelte Überschuldung ist vielmehr in den allermeisten Fällen auch mit gravierenden psychischen Belastungen verbunden. Auch die Kinder und (Ehe-)Partnerinnen und -partner der überschuldeten Personen leiden unter den Auswirkungen dieser Notlage, in der die Betroffenen die Schuldner- und Insolvenzberatung häufig als letzten Ausweg sehen.

Die Lebenslage überschuldeter Menschen kann im doppelten Wortsinn als „prekär" bezeichnet werden. Sie befinden sich einerseits in einer von großer Unsicherheit und Ungewissheit geprägten Situation und können andererseits aus eigener Kraft ihre Lage nicht verbessern oder gar die vielfältigen Probleme lösen. Hierzu sind sie vielmehr auf die Kooperationsbereitschaft der Gläubiger angewiesen, ohne dass sie einen Anspruch auf ein solches Entgegenkommen geltend machen könnten. Sofern sie über ein Erwerbseinkommen jenseits des Existenzminimums verfügen, ist dieses in der Regel durch Pfändungen und Zahlungsverpflichtungen drastisch reduziert und kein finanzieller Spielraum mehr vorhanden.[5]

Ein zentrales Problem privater Überschuldung, und für alle Überschuldeten gleich welchen Einkommenshintergrundes extrem belastend, ist die alltägliche Infragestellung einer durch eigene Initiative gestaltbaren Zukunft. So unterschiedlich ihre Strategien zur Bewältigung ihrer Schuldenprobleme gewesen sind, sie alle konnten den wirtschaftlichen Abstieg nicht aufhalten, geschweige denn umkehren. Der Verlust von persönlichen Kontakten und kulturellen Teilhabemöglichkeiten aufgrund der fehlenden materiellen Spielräume kommt als zusätzliche Belastung hinzu. Dabei sind es nicht die Überschuldeten, die sich zurückziehen, sondern nach ihrem Empfinden werden sie von ihrem Freundeskreis ausgegrenzt, da sie finanziell nicht mehr mithalten können und dann bei gemeinsamen Aktivitäten fehlen. Im Ergebnis führt dies bei den Betroffenen zu psychischen und physischen Beschwerden: Überschuldung macht krank (Münster u.a. 2008).

3   Soziale Schuldner- und Insolvenzberatung

Der Begriff der Schuldner- und Insolvenzberatung kennzeichnet ein Beratungsangebot, das Überschuldung nicht nur als wirtschaftliches Problem begreift und dementsprechend nicht allein auf die Bewältigung ökonomischer Krisensituationen, sondern außerdem auf eine umfassende Stabilisierung der Lebenslage der Ratsuchenden ausgerichtet ist. Der Beratungsverlauf kann in drei Abschnitte gegliedert werden: Anamnese und Problemdefinition, Stabilisierung und Strategieentwicklung und schließlich der langwierige Prozess der Schuldenregulierung. Allerdings kann dieser idealtypische Verlauf in einer Vielzahl von Fällen nicht vollständig bzw. nur über Umwege und in mehreren Anläufen realisiert werden.

Die Erfahrungen des Scheiterns, die die Ratsuchenden bei ihren erfolglosen Versuchen zur eigenständigen Bewältigung des Schuldenproblems vor der Kontaktaufnahme mit der Schuldner- und Insolvenzberatung machen mussten, schränken in der Anfangsphase der Beratung ihre Handlungsfähigkeit sehr stark ein. Ohne Unterstützung durch die Schuldner- und Insolvenzberatung hat die Mehrheit von ihnen keine Aussicht auf eine Regulierung ihrer Schulden. Zudem sehen sich mit dem Instrument des Verbraucherinsolvenzverfahrens einem komplizierten und für Laien in seinen Einzelheiten nur begrenzt verständlichen Verfahren gegenüber, das sie ohne fachkompetente Unterstützung nicht nutzen kön-

---

5   Siehe hierzu: Statistisches Bundesamt (2011) und zur Bedeutung der Schuldnerberatung in der betrieblichen Sozialen Arbeit: Amjad (2010).

nen. Gerade zu Beginn der Beratung gilt es deshalb, Beratungsgespräche in entspannter Atmosphäre und ohne Blick auf die Uhr zu führen, um die zahlreichen offenen Fragen zur Sprache zu bringen und beantworten zu können. Die hier investierte zusätzliche Zeit macht sich im späteren Verlauf der Beratung mehr als bezahlt.[6]

Menschen, die die Schuldner- und Insolvenzberatung aufsuchen, haben zu Beginn der Beratung häufig keine genaue Vorstellung davon, was sie erwartet, welche Anforderungen an sie gestellt werden und welche Unterstützung ihnen die Beratungsstelle bieten kann. Sie sind zutiefst verunsichert und, nachdem ihre früheren Versuche gescheitert sind, nur selten in der Lage, eigene Strategien zur Problemlösung zu entwickeln.[7]

Für einen erfolgreichen Verlauf des Beratungsprozesses kommt es deshalb darauf an, dass die Beratungskräfte im jeweiligen Einzelfall mit den Ratsuchenden zunächst die individuellen und strukturellen Faktoren herausarbeiten können, die zur Entstehung des Überschuldungsproblems beigetragen haben. Das Ergebnis dieser Analyse bildet die unverzichtbare Grundlage einer auf eine nachhaltige Lösung des Überschuldungsproblems ausgerichteten Beratungsstrategie. Darauf aufbauend kann die Schuldenregulierung, auch wenn sie in vielen Fällen nur über das Verbraucherinsolvenzverfahren möglich ist, nachhaltig und langfristig gelingen. Schuldner- und Insolvenzberatung trägt so zur wirtschaftlichen und sozialen Reintegration überschuldeter Personen bei, sie stärkt gesellschaftliche Teilhabemöglichkeiten und erfüllt eine unverzichtbare sozialpolitische Funktion. Die Fördermittel, die die öffentliche Hand für das Beratungsangebot bereitstellt, machen sich mehr als bezahlt. Die durch die Beratung direkt und indirekt bewirkten Einsparungen und zusätzlichen Einnahmen in den sozialen Sicherungssystemen und im Bereich der Steuern und Abgaben überwiegen bei weitem die staatlichen Fördergelder für die Beratungsstellen.[8]

---

6   Zur Bedeutung der ersten Phase im Beratungsverlauf der Schuldner- und Insolvenzberatung siehe auch: Saur (2003).

7   In den letzten Jahren berichtet die Beratungspraxis zunehmend von Ratsuchenden, die einerseits eine geringe Bereitschaft zur aktiven Mitarbeit und auf der anderen Seite eine deutliche Anspruchshaltung gegenüber den Beratungskräften zeigen. Dieses Phänomen kann hier nicht genauer untersucht werden. Ebenso wenig kann an dieser Stelle die Frage beantwortet werden, worauf diese Entwicklung zurückzuführen ist. Es kann jedoch vermutet werden, dass ein Zusammenhang mit der seit Einführung des SGB II im Jahr 2005 veränderten Finanzierungsbedingungen vieler Beratungsstellen besteht. Im Rahmen der Kooperation mit den Jobcentern kommen viele „Kundinnen und Kunden" auf Anweisung des Fallmanagements in die Beratungsstellen. Diese Ratsuchenden sind vorrangig daran interessiert, Leistungskürzungen wegen eines Abbruchs der Beratung zu vermeiden und haben dementsprechend nur eine geringe Motivation im Verlauf der Beratung selbst aktiv zu werden.

8   Siehe hierzu: Meinhold (2003) sowie zum internationalen Vergleich: Hollerweger und Leuthner (2006).

4 Voraussetzung für den Beratungserfolg: Fallorientierung in der Beratung

Die Beratungskräfte in der Schuldner- und Insolvenzberatung entscheiden im Einzelfall über gesellschaftliche Teilhabemöglichkeiten (Ebli und Herzog 2012), zugleich sieht sich das Beratungsangebot selbst mit der steten Aufgabe konfrontiert, eine ausreichende Finanzierung der Beratungsstellen sicherzustellen. Die im Rahmen der Kooperation mit den Jobcentern vereinbarten Fallpauschalen für Beratungsleistungen der Schuldner- und Insolvenzberatung, die in einigen Bundesländern auch im Rahmen der Finanzierung der Verbraucherinsolvenzberatung eingesetzt werden, erhöhen den Fallzahldruck und erschweren einen ergebnisoffenen Beratungsverlauf.

Die Art und Weise, in der die Beratung in der Schuldner- und Insolvenzberatung erfolgt, ist aber auch noch von weiteren Faktoren abhängig. Hierzu zählen die finanzielle und strukturelle Ausstattung der Beratungsstelle, die professionellen Kompetenzen der Beratungskräfte, die Frage wie hoch die Unterdeckung des Bedarfs ausfällt und einiges andere mehr. Ob sich die Beratungskräfte im Widerstreit von qualitativen Ansprüchen und Finanzierungsnotwendigkeiten für die fachlichen Beratungsgrundsätze entscheiden und ihre Tätigkeit auf den Bedarf ausrichten können, der sich aus dem jeweiligen Beratungsfall ergibt, hängt auch vom Leitbild des Trägers der Beratungsstelle ab sowie von der Einstellung der Beratungskräfte zu den Menschen, die ihren Rat und ihre Unterstützung suchen.

Die Schuldner- und Insolvenzberatung stellt einen Interaktionsprozess zwischen Personen dar, dessen Ablauf nicht nur durch die Sachebene bestimmt wird, sondern auch durch das Bild beeinflusst ist, dass sich diese Personen voneinander machen. Erst der Austausch über diese subjektiven Aspekte der Beratungsbeziehung lässt diese lebendig und tragfähig werden. Beratung mit dem Ziel der Förderung von Handlungskompetenz kann, so wissen wir es aus allen Untersuchungen, zudem dauerhaft nur erfolgreich sein, wenn sie nicht in einer Unterweisung der Ratsuchenden über eine bessere Lebenspraxis verkümmert. Es gilt in einem von gegenseitigem Verständnis und gegenseitiger Achtung geprägten Dialog nachhaltige Lösungen und Wege zur Problembewältigung zu entwickeln.

Dazu sind im Sinne der Empowerment-Konzepte u.a. erforderlich:

- die Abwendung von der Defizitorientierung bei Menschen mit häufig vielfältigen persönlichen Problemlagen,
- die bewusste Wahrnehmung und Förderung individueller Ressourcen der Ratsuchenden,
- der Respekt vor der Autonomie und Eigenständigkeit der Ratsuchenden,

- die Eigenorientierung der Beratungskraft auf die Begleitung in einem grundsätzlich offenen Prozess.

Im Umkehrschluss bedeutet dies allerdings nicht, dass die Wünsche und Anliegen der Ratsuchenden alleine den Verlauf der Beratung bestimmen. Die professionelle Kompetenz in der Schuldner- und Insolvenzberatung zeigt sich nach meiner Überzeugung vielmehr auch darin, Wünsche und Bedarf der Ratsuchenden mit den Möglichkeiten und notwendigen Grenzen der Beratungsstelle bestmöglich in Einklang zu bringen. Hierzu muss die Beratungskraft den jeweiligen individuell unterschiedlichen Lebenslagen der Ratsuchenden gerecht werden. Sie sollte dabei im Sinne der stellvertretenden Deutung und diskursiven Aushandlung (Oevermann 1996) agieren und den Ratsuchenden Orientierung geben, in welcher Art und Weise ihre Vorstellungen über eine Schuldenregulierung auf Dauer realisierbar sein können. Die Entscheidung über das Vorgehen muss dann jedoch den Ratsuchenden überlassen bleiben.

Unter Beachtung dieser Grundsätze kann die Zielbestimmung in der Beratung und die Aufgabenverteilung im Beratungsprozess möglicherweise erst nach einem längeren Prozess geklärt werden, der nur selten geradlinig verlaufen kann. Häufig dürfte er von Umwegen, Sackgassen und irritierenden Wiederholungen geprägt sein. Die Wirksamkeit der Beratungsarbeit und die Nachhaltigkeit ihrer Ergebnisse werden auf diese Weise jedoch dauerhaft gestärkt.

5 Aktuelle Daten zum Problem der Überschuldung privater Haushalte in Deutschland

Der gegenwärtige Entwicklungsstand des Überschuldungsproblems lässt sich mit folgenden Stichpunkten skizzieren:

- Schätzungsweise 3,5 Mio. Haushalte gelten in Deutschland als überschuldet (ca. 9% aller privaten Haushalte). Die Überschuldungsquote ist in den östlichen Bundesländern tendenziell erhöht, ebenso bestehen erhebliche regionale und lokale Unterschiede.[9]
- Die durchschnittliche Überschuldungshöhe liegt bei ca. 30-50 T€ (Statistisches Bundesamt 2011).
- Der Verlaufsprozess der Überschuldung (vom Problembeginn bis zur Restschuldbefreiung) dauert im Mittelwert ca. 14 Jahre (Knobloch u.a. 2011).

---

9   Zu diesen und weiterführenden Daten siehe u.a.: Bundesministerium für Arbeit und Soziales (2008) und Bovelet (2011).

- In den Jahren von 1989 - 2005 hat sich die Zahl der Überschuldeten in Deutschland mehr als verdoppelt (Korczak u.a. 2001 und Korczak 2007). Für die letzten Jahre kann aufgrund erheblicher Datenungewissheit eine Stabilisierung auf hohem Niveau lediglich vermutet werden.
- Überschuldung betrifft nicht nur arme Bevölkerungsgruppen, sondern reicht weit in die Mittelschicht hinein.
- Die Auswirkungen privater Überschuldung sind seit langem unverändert:
  - Überschuldung macht krank,
  - Überschuldung macht einsam,
  - Überschuldung versperrt den Zugang zum Arbeitsmarkt,
  - Überschuldung gefährdet die Altersvorsorge,
  - Überschuldung belastet die Angehörigen und Familien,
  - Kinder in überschuldeten Haushalten haben weniger Zugang zu Bildung,
  - Die gesellschaftliche Tabuisierung von Schulden schädigt das Selbstbewusstsein der Betroffenen und führt zu Schuldgefühlen und Versagensempfindungen (Arbeiterwohlfahrt u.a. 2009) und (Knobloch u.a. 2011).
- Zudem gilt inzwischen für den überwiegenden Teil der Ratsuchenden der Schuldner- und Insolvenzberatung in Deutschland, dass mangels gangbarer Alternativen das Verbraucherinsolvenzverfahren den einzigen Lösungsweg darstellt.
- Dabei ist der erfolgreich abgeschlossene außergerichtliche Einigungsversuch (AEV) noch immer nicht – wie vom Gesetzgeber (1992-1994) gedacht – die Regel, sondern eher die Ausnahme.10
- 9 von 10 AntragstellerInnen bewerten ihre Entscheidung zur Beantragung der Restschuldbefreiung im Rahmen des Verbraucherinsolvenzverfahrens im Rückblick positiv (Backert 2008).
- Bildung schützt nicht vor Überschuldungsrisiken, sie kann aber den Umgang mit Überschuldungsnotlagen und deren Bewältigung positiv beeinflussen. (Knobloch u.a. 2011).
- Der Zugang zum Arbeitsmarkt und ein existenzsicherndes Erwerbseinkommen tragen maßgeblich zur Vermeidung von Überschuldung bei und erleichtern die Bewältigung von Schuldenproblemen (Knobloch u.a. 2011).

---

10 Die Einigungsquote im AEV ist nicht nur von der Verhandlungskompetenz der Beratungskraft oder der Einigungsbereitschaft der Gläubiger abhängig. Am erfolgreichsten arbeiten bekanntermaßen Institutionen, die auf einen Fonds zur Finanzierung von Einmalvergleichen zurückgreifen können.

6   Gruppenangebote im Rahmen der Schuldner- und Insolvenzberatung

Seit der Einrichtung der ersten Schuldnerberatungsstellen Ende der 1970er Jahre bis heute liegt eine zentrale Herausforderung für die Beratungsstellen in der Frage, wie die übergroße Zahl an Ratsuchenden halbwegs angemessen beraten werden kann, ohne die Qualität des Angebots auszuhöhlen oder durch unzumutbare Wartezeiten und abschreckende Beratungsbedingungen die Ratsuchenden generell von der Inanspruchnahme der Beratungsdienste abzuhalten. Ohne den Fachdiskurs um die Frage der seit den SGBII Neuregelungen des Jahres 2005 durchlöcherten Freiwilligkeit in der Beratung oder die Tauglichkeit der Regelungen des Insolvenzverfahrens für einen wirklichen Neustart der Überschuldeten gering bewerten zu wollen, liegt meines Erachtens das drängendere Problem der Schuldner- und Insolvenzberatung darin, möglichst vielen Menschen in existenzbedrohenden Überschuldungsnotlagen ein persönlich und fachlich angemessenes Angebot zu unterbreiten. Eine Reihe von Beratungsstellen greift in dieser Situation auf Gruppenangebote zurück.

Die konzeptionelle Gestaltung von Gruppenangeboten wird durch die allgemeine Situation der Schuldner- und Insolvenzberatung stark beeinflusst. Monatelange Wartezeiten und lange Wartelisten für ein Beratungsgespräch prägen seit vielen Jahren die Rahmenbedingungen der Beratung. Vor diesem Hintergrund schätzt Beicht auf Grund seiner Erfahrungen beim Einsatz von Gruppenangeboten in der von ihm geleiteten Beratungsstelle in Leverkusen diese Arbeitsform als besonders wirksame Maßnahme der Qualitätsentwicklung. Er sieht darin ein herausragendes, von der Praxis der gemeinnützigen Schuldner- und Insolvenzberatung allerdings sträflich vernachlässigtes Mittel zum Abbau der Wartelisten in den Beratungsstellen (Beicht 2009). In der Beratungspraxis der anerkannten Insolvenzberatungsstellen in Rheinland-Pfalz und im Fachdiskurs auf Bundesebene (Bundesarbeitsgemeinschaft Schuldnerberatung e.V. und Arbeitsgemeinschaft Schuldnerberatung der Verbände) konnte diese Erfahrung bisher allerdings nicht bestätigt werden, da die Ratsuchenden mit der Erstellung von Regulierungsplänen und der Durchführung außergerichtlicher Vergleichsverhandlungen eher überfordert erscheinen.[11]

Angesichts dieser Ungewissheiten stellt sich die Frage, welche Ziele mit einer sozialpädagogischen Konzeption von Gruppenarbeit im Bereich der Schuldner- und Insolvenzberatung verbunden werden können und welcher Art die

---

11   Auch die Frage, ob wie von manchen Beratungsstellen praktiziert, von den Ratsuchenden verlangt werden kann, zu Experten beispielsweise in Bezug auf die Abwicklung des Insolvenzverfahrens zu werden – nur um die Beratungsangebote in vollem Umfang nutzen zu können – ist einer kritischen Betrachtung wert. Sie kann im Rahmen dieses Beitrags jedoch nicht geleistet werden.

Struktur der Angebote sein sollte. Ich will mich bei der Untersuchung dieser Frage auf die Gruppenangebote im Rahmen der Verbraucherinsolvenzberatung konzentrieren, denn hier treten die Möglichkeiten, aber auch die Schwächen und Grenzen der Arbeit mit Gruppen besonders deutlich zutage.

Die Arbeit mit Gruppen stellt als eine der drei klassischen Arbeitsansätze der Sozialen Arbeit – Einzelfallhilfe, Gruppenarbeit und Gemeinwesenarbeit – seit vielen Jahren eine Ergänzung der individuellen Beziehungsebene sozialarbeiterischen Handelns dar. Die theoretischen Fundamente der Arbeit mit Gruppen gründen auf den Erkenntnissen der Tiefenpsychologie, Verhaltens- und Kleingruppenforschung (siehe Schmidt-Grunert 2009), in ihrer Praxis befasst sie sich jedoch weniger mit der Innensicht der Akteure auf die Interaktion und Kommunikation in der Gruppe. Es geht ihr vielmehr um die Stärkung und Förderung der individuellen Ressourcen der Gruppenmitglieder durch das gemeinsame Handeln der Gruppe. Lernen als Aneignungsprozess von Kompetenzen und Reflexionsdimensionen geschieht somit im Rahmen von Prozessen, die die Einzelnen in der Interaktion und Kommunikation mit den anderen Gruppenmitgliedern durchlaufen.

Auf die Gruppenangebote der Schuldner- und Insolvenzberatung lassen sich diese Prinzipien nur begrenzt übertragen. Strukturell vorgegebene Verfahrensschritte (Aufbereitung der Schuldengenese, außergerichtlicher Einigungsversuch und Insolvenzantrag) definieren weitgehend die Zielsetzung der Gruppenarbeit. Individuelle Interessen und Strategien der Gruppenmitglieder und die Interaktion und Kommunikation innerhalb der Gruppe spielen demgegenüber eine untergeordnete Rolle.

Erst in jüngster Zeit wird im Fachdiskurs der Schuldner- und Insolvenzberatung eine intensivere Diskussion über die didaktischen und methodischen Grundannahmen der Arbeit mit Gruppen geführt (Lambrich 2004). Der Begriff „Gruppenangebote" wurde über viele Jahre unterschiedslos für inhaltlich stark voneinander abweichende Angebote verwendet. Ich will daher zunächst den Begriff der Gruppenarbeit für die Schuldner- und Insolvenzberatung genauer bestimmen. Dieser umfasst im Einzelnen:

Im Bereich der allgemeinen Schuldnerberatung:

- Gruppeninformationsveranstaltungen für Erstanfragende (SPAZ gGmbH 2011),
- Gruppenberatungsangebote als konzeptionelle Bestandteile des freiwilligen Beratungsangebots.

Im Bereich der Verbraucherinsolvenzberatung:

• Informationsgruppen für InsolvenzantragstellerInnen und
• Gruppenangebote für Ratsuchende zur Vorbereitung und Durchführung des Verbraucherinsolvenzverfahrens (s. hierzu Beicht 2009).

In den Angeboten der Schuldner- und Insolvenzberatung liegt die Gruppengröße je nach Art der Maßnahme bei 5 – 25 Personen.

Und schließlich gibt es im Bereich der Präventionsangebote in Kooperation mit Trägern der Jugendhilfe, Bildungsträgern, Schulen u.a. Einrichtungen:

• Lerngruppen zur Förderung der Finanziellen Bildung (Jaquemoth 2003, IFF-Hamburg 2008) und
• MultiplikatorInnenschulungen für ehrenamtliche PräventionsarbeiterInnen (Landeshauptstadt München 2002).

Die Zahl der TeilnehmerInnen kann hier je nach Art der Maßnahme, in der das Angebot durchgeführt wird, bei 10-30 Personen liegen.

Die unterschiedlichen Gruppenkonstellationen im Angebotsspektrum der Schuldner- und Insolvenzberatung weisen im Vergleich zu soziologischen Definitionen der Gruppe erhebliche Besonderheiten auf. In Anlehnung an Hillmann und Hartfiel (Hillmann und Hartfiel 2007) handelt es sich bei Teilnehmenden von Verbraucherinsolvenzberatungsgruppen um eine

> „1) Mehrzahl von Personen, die eine für die Gruppenmitglieder und für Außenstehende überschaubare, von anderen sozialen Gebilden abhebbare soziale Einheit ergeben;
> […]
> [Sie zeigen]
> 3) gemeinsame Wertorientierungen, Ziele, Interessen und Auffassungen;
> […]
> [Und es lassen sich]
> 6) dauerhafte soziale Beziehungen und Interaktionen zwischen den Gruppenmitgliedern sowie ein räumlich, zeitlich und kooperativ gemeinsames Handeln zur Erreichung der Gruppenziele und zur Bewältigung von Aufgaben und Problemen; [nachweisen]".

Andere Aspekte, etwa gemeinsame soziale Normen, unterschiedliche Positionen und Rollen in der Gruppe oder eine gemeinsame Verbundenheit oder ein gemeinsames Wertesystem, lassen sich, abgesehen von den MultiplikatorInnenschulungen, allerdings nicht belegen. Zur Förderung der Gruppenstabilität sollte die Gruppenleitung der Verbraucherinsolvenzberatungsgruppe diese Besonderheiten berücksichtigen und genügend Zeit für den informellen Austausch der Gruppenmitglieder untereinander einplanen.

6.1 Konzeptionelle Grundlagen der Gruppenangebote in der Verbraucherinsolvenzberatung

Zielgruppen des Gruppenangebots in der Verbraucherinsolvenzberatung sind:

a) Ratsuchende, die zum ersten Mal um Beratung nachfragen und angesichts der unzureichenden Beratungsressourcen zunächst im Rahmen einer Gruppenveranstaltung beraten und informiert werden und

b) Ratsuchende, die das Verbraucherinsolvenzverfahren in Anspruch nehmen wollen und für den dazu nötigen außergerichtlichen Einigungsversuch die Unterstützung durch eine Beratungsstelle suchen.

Die letztgenannten Angebote verfolgen je nach konzeptioneller Ausrichtung durch die Beratungsstelle das Ziel, den Ratsuchenden über die Fachberatung in ihren individuellen Überschuldungsnotlagen hinaus Gelegenheit zum Erfahrungsaustausch mit anderen Überschuldeten zu geben und ihnen so Lern- und Entwicklungsprozesse zu ermöglichen. Sie können aber auch darauf ausgerichtet sein, im Rahmen der Gruppe sowohl den außergerichtlichen Einigungsversuch als auch den Antrag auf Eröffnung des gerichtlichen Verbraucherinsolvenzverfahrens zu erarbeiten.

Diese Gruppen sind für 5-10 TeilnehmerInnen konzipiert und werden mit einem Abstand von 4 - 6 Wochen zwischen den einzelnen Treffen geplant.

Die Konzeption der letztgenannten Gruppenangebote in der Verbraucherinsolvenzberatung möchte ich nun detaillierter betrachten. Eine Besonderheit der Verbraucherinsolvenzberatungsgruppe stellt die Tatsache dar, dass die Entwicklung der Gruppenziele nicht im Gruppenprozess erfolgt, sondern bereits im Vorfeld weitgehend festgelegt ist und durch die Gruppenpraxis bestätigt oder verändert wird.

Das erste Ziel im Rahmen der Gruppenangebote ist die persönliche, wirtschaftliche, familiäre und soziale Stabilisierung der Ratsuchenden. Sie kommen häufig in einem Zustand emotionaler Erschöpfung in die Beratung und weisen erhebliche gesundheitliche Beeinträchtigungen auf bis hin zu Suizidgedanken (Ahlström 1998 und Münster u.a. 2008). Das Nahziel eines Gruppenangebots in der Verbraucherinsolvenzberatung ist daher die Hervorbringung und Abklärung der nicht immer offen zu Tage liegenden und auch nicht immer deutlich konturierten Einschätzungen, Bewertungen und Erwartungen der Ratsuchenden zu ihrer persönlichen Situation und Perspektive und zu dem Angebot der Beratungsstelle. Dabei sind die Perspektiven für eine Schuldenregulierung als Leitmotiv des Gruppenangebots zwar stets im Hintergrund präsent, zunächst stehen jedoch andere Aufgaben im Vordergrund der Interaktions- und Kommunikationsangebote der Gruppenleitung. Denn die Frage, wie die einzelnen Ratsuchenden die für sie jeweils angemessenen und notwendigen Schritte zur Schuldenregulierung im Rahmen des Verbraucherinsolvenzverfahrens in Angriff nehmen, hängt ganz entscheidend davon ab, welche Erfahrungen sie im Verlauf der Entwicklung ihrer Überschuldung gemacht haben, wodurch ihre heutige Lebenslage geprägt ist und welche Perspektiven sie für ihre persönliche Zukunft sehen.

Ein schematisches Vorgehen, das den individuellen Beratungsfall nur nach formalen Kriterien (Gläubigerzahl, pfändbares Einkommen, rechtliche Besonderheiten, siehe beispielhaft Beicht 2009) betrachtet, und ansonsten allen von Überschuldung Betroffenen ein gleichförmiges Unterstützungsangebot offeriert, wird der komplexen Problematik einer existenziellen privaten Überschuldung nicht gerecht. Erst in den letzten Jahren erfährt jedoch im Fachdiskurs der Schuldner- und Insolvenzberatung eine biografisch orientierte Betrachtung individueller Überschuldungsverläufe größere Beachtung. Dieses sozialpädagogische Beratungsverständnis, das sich an dem biografieanalytischen qualitativen Forschungsansatz und der Methode des narrativen Interviews orientiert (s. hierzu u.a.: Schütze 1983 und Schlabs 2007) ermöglicht es in besonderer Weise, die vielfältigen und sehr unterschiedlichen Erfahrungshintergründe von Menschen in Überschuldungsnotlagen aufzuschließen und für die Entwicklung nachhaltig wirksamer Lösungsansätze im Einzelfall zu nutzen.

Ein Fernziel in der Schuldner- und Insolvenzberatung und damit auch von Gruppenangeboten in der Verbraucherinsolvenzberatung wird durch die Ausrichtung des Beratungsangebots auf eine möglichst dauerhafte Schuldensanierung der Ratsuchenden vorgegeben. Dieses ökonomisch geprägte Beratungsziel kann jedoch, jedenfalls wenn es nachhaltig sein soll, nicht erreicht werden, ohne die jeweiligen persönlichen Lebensumstände in Betracht zu ziehen. Darüber hinaus strebt die Schuldner- und Insolvenzberatung aber auch danach, die Aneignungskompetenz der Ratsuchenden zu fördern. Sie zielt auf die Entwicklung sozialer Teilhabechancen, die nicht alleine durch ökonomische Rahmenbedingungen definiert werden. Um dieses Ziel zu erreichen, bedarf es einer entsprechenden Passung der Beratungsangebote mit der Lebenssituation der Ratsuchenden, ihren Sorgen und Nöten, aber auch ihren Zielen, Wünschen und Interessen. Nur so kann sichergestellt werden (Hanses 2001), dass die Ratsuchenden zu aktiven Nutzerinnen und Nutzern des Beratungsangebots werden (siehe Dolic und Schaarschuch 2005) und dieses damit über eine formaljuristische Abwicklung des Insolvenz-verfahrens hinaus nachhaltig wirksam werden kann.

6.2 Verlaufsphasen der Verbraucherinsolvenzberatungsgruppe

Der Gruppenleitung kommt in der Anfangsphase der Verbraucherinsolvenz-gruppe die Aufgabe zu, neben der Abklärung der Überschuldungsstruktur und der insolvenzrechtlichen Fragestellungen des jeweiligen Einzelfalls (gibt es so ge-nannte „ausgenommene Forderungen", für die ggf. keine Restschuldbefreiung erteilt wird, gibt es „Versagungsgründe", die möglicherweise eine Restschuldbe-freiung verhindern würden etc.) die unterschiedlichen Kompetenzen und Bedürf-nisse der Teilnehmenden in Erfahrung zu bringen und im Rahmen der zu initiie-renden Gruppenprozesse angemessen zu berücksichtigen. Untersuchungen, die in Anlehnung an Ansätze der NutzerInnenforschung durchgeführt wurden (Sanio 2009), haben gezeigt, dass von der Unterstützung durch die Schuldner- und In-solvenzberatung insbesondere die Ratsuchenden profitieren, die nur über be-grenzte Ressourcen zur Selbstorganisation und Selbstvertretung verfügen und die Beratung in Form personaler Nutzung (Oelerich und Schaarschuch 2005) in Anspruch nehmen. Sie verbinden mit dem Beratungsprozess nicht nur das Ziel der Regulierung ihrer Schulden, sondern nutzen diesen auch zur Reflexion ihrer individuellen Deutungs- und Handlungsmuster und profitieren im Verlauf der Beratung in besonderem Maße von der angebotenen Unterstützung.

Die Interaktion in der Gruppe kann dazu beitragen, dass in dieser Phase die kognitiven, formalen Themen nicht zu stark im Vordergrund stehen. Gerade Menschen, die ihre Überschuldung vor allem als persönliches Versagen und individuelle Schuld empfinden, kann der Kontakt zu anderen Personen in der gleichen ökonomischen Situation wertvolle psychische Unterstützung geben. Die Gruppenleitung wird daher zunächst insbesondere konstruktive Interaktionsan-sätze der Gruppenteilnehmenden fördern, strittige Themen und Diskussionen über Verantwortung und Schuld der einzelnen Gruppenmitglieder an ihrer Über-schuldungssituation wird sie dagegen auf ein angemessenes Maß begrenzen.

Neben den jeweiligen individuellen Lern- und Reflexionsprozessen in Bezug auf eine in manchen Fällen fehlende wirtschaftliche Planungskompetenz und teilweise nicht an die persönlichen finanziellen Möglichkeiten angepasste Kon-sumgewohnheiten ist stets auch die Frage unzureichender Kredit- und Bürg-schaftsberatung der Kreditinstitute abzuklären. Gerade angesichts der Erfahrun-gen aus der weltweiten Finanz- und Wirtschaftskrise kommt der Gruppenleitung einer Verbraucherinsolvenzberatungsgruppe auch eine verbraucheraufklärende

Funktion zu. Ziel ist dabei die Förderung eines kritischen Verbraucherbewusstseins, um die Kompetenzen und Ressourcen der Gruppenmitglieder als aktive Marktteilnehmer zu stärken. Im weiteren Verlauf der Verbraucherinsolvenzberatungsgruppe gewinnt die parallel zu führende persönliche Beratung erheblich an Bedeutung.

Die Klärung etwa der individuellen finanziellen Leistungsfähigkeit der Ratsuchenden oder die Beratung zu einer drohenden Versagung der Restschuldbefreiung können nicht im Rahmen der Gruppe erfolgen. Auch das Ausfertigen des Eröffnungsantrags zum Verbraucherinsolvenzverfahren erfolgt sinnvollerweise im Rahmen der persönlichen Einzelfallberatung. Nur in diesem Umfeld, das heißt in der direkten Kommunikation des Ratsuchenden mit seiner persönlichen Beratungskraft, kann ein Vertrauensverhältnis aufgebaut werden, das es der überschuldeten Person möglich macht, alle Tatsachen offenzulegen, die Probleme für die Erteilung der Restschuldbefreiung mit sich bringen könnten.

Im Rahmen der Gruppenangebote der Schuldnerberatung der AWO-Leverkusen wird dagegen auch der Antrag für das gerichtliche Insolvenzverfahren in den Gruppenveranstaltungen besprochen und fertig gestellt (s.u. Ablaufschema zum Gruppenangebot der AWO-Leverkusen und Beicht 2009). Die berichteten positiven Erfahrungen deuten darauf hin, dass ein solches Vorgehen unter bestimmten Umständen realisierbar ist. Allerdings sind Zweifel angebracht, ob die Qualität des Angebots, wie seitens der AWO-Leverkusen praktiziert, alleine durch eine evaluierende Befragung der Teilnehmenden hinreichend bewertet werden kann.

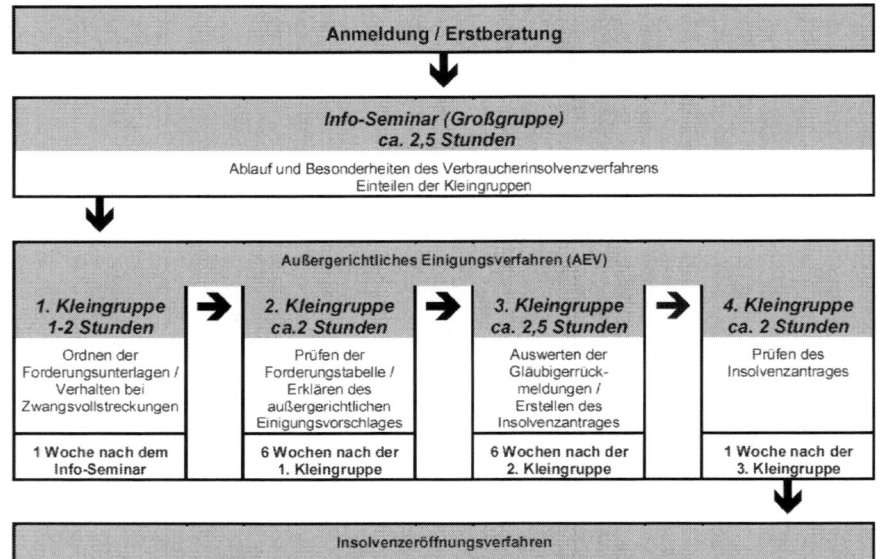

Napoli, I.: Unsere Hilfen im VIV, nach Beicht (2009)

Die im Rahmen von Qualitätsentwicklungsprozessen häufig vorgenommene Messung der Zufriedenheit Ratsuchender mit den Angeboten von Schuldner- und Insolvenzberatung (siehe Lechner 2010), wie sie auch in der Evaluation der AWO-Leverkusen praktiziert wird, unterliegt grundsätzlich der Beschränkung, dass Menschen befragt werden, die mit Hilfe der jeweiligen Beratungsstelle für sie explizit bedeutsame Ziele (erfolgreiche außergerichtliche Einigung bzw. Erstellung des Antrags auf Eröffnung des Insolvenzverfahrens) realisieren konnten und bei denen somit ein hohes Maß an Zufriedenheit angenommen werden kann. Mögliche Probleme, die durch eine ungenügende Unterstützung seitens der Beratungsstelle verursacht werden könnten, werden zum Teil erst im späteren Verlauf des Verbraucherinsolvenzverfahrens zu Tage treten (so Versagungsgründe und Obliegenheitsverletzungen gemäß § 290 bzw. 295 InsO).

6.3   Qualität statt Quantität – Plädoyer für sozialpädagogisch fundierte Gruppenarbeit in der Schuldner- und Insolvenzberatung

Mit dem Gruppenangebot im Rahmen der Verbraucherinsolvenzberatung kann eine angemessene methodische Erweiterung des Beratungsangebots der Schuldner- und Insolvenzberatung verbunden sein. Dies ist im Sinn der Konzeptqualität des Beratungsangebots sehr begrüßenswert. Fragwürdig erscheint allerdings, ob eine rein formaljuristisch ausgerichtete und mehr an der Bewältigung des Nachfragedrucks als an den Bedürfnissen und Wünschen der Ratsuchenden orientierte didaktische und methodische Ausrichtung von Gruppenangeboten dem Bedarf von Menschen in Überschuldungsnotlagen gerecht wird. Schwarze hat hierfür den Begriff der Insolvenzverfahrenshilfe geprägt (Schwarze 2008). Ratsuchende, die sich mit vielfältigen Belastungsfaktoren konfrontiert sehen [Arbeitslosigkeit, gering entwickelte finanzielle Bildungskompetenzen, Trennung, Scheidung u.a. soziale Belastungssituationen (Lechner 2010)], können durch solcherart ausgestaltete Angebote allerdings kaum erreicht werden – schon die im Vorfeld einer Beratung zu überwindenden Hürden dürften dies verhindern. So verlangen viele Beratungsstellen mehr oder weniger umfangreiche Vor- und Eigenleistungen bzgl. der Erstellung von Gläubigerlisten, dem Ausfüllen von Personalbögen u.ä.

Schuldner- und Insolvenzberatung muss aber auch die Wünsche und Interessen der Ratsuchenden ernst nehmen. Nur wenige Ratsuchende wollen eine Gruppenberatung in Anspruch nehmen. Ihr Anteil entspricht in etwa dem Anteil Überschuldeter, die sich der Dienste von TV-Formaten wie dem bekannten „Raus aus den Schulden" mit dem Berliner Schuldnerberater Peter Zwegat bedienen wollen (Bundesarbeitsgemeinschaft Schuldnerberatung e.V. 2010).

7   Resümee und Ausblick

Um die Bedeutung der Schuldner- und Insolvenzberatung nicht nur aus der Binnensicht der Beratungskräfte und Fachberatungsstellen zu beleuchten, ist eine professionelle externe Reflexion und Evaluation notwendig, wie sie durch verschiedene Wirksamkeitsstudien der vergangenen Jahre realisiert wurde. Die Ergebnisse dieser Untersuchungen verdeutlichen die besondere Qualität des Beratungsangebots: Als Arbeitsfeld der Sozialen Arbeit ist es nicht auf rechtlich-ökonomische Fragestellungen einer Insolvenzverfahrenshilfe (Schwarze 2011) beschränkt, sondern prinzipiell ergebnisoffen. Diese Offenheit gilt es auch bezüglich des Beratungsthemas zu bewahren. Die Probleme, mit denen sich die Ratsuchenden im Zusammenhang mit Ver- und Überschuldung konfrontiert sehen, sind wie gezeigt wurde vielfältig und häufig nicht auf die ökonomische Ebene beschränkt. Eine Ausrichtung der Beratungsinhalte allein auf die Schuldenregulierung bzw. die Abwicklung des Verbraucherinsolvenzverfahrens würde dieser Komplexität nicht gerecht.

Die enormen Wirkungspotenziale der Schuldner- und Insolvenzberatung dürfen den kritischen Blick nicht von den Einschränkungen und Grenzen ablenken, denen das Beratungsangebot unterworfen ist. Diese lassen sich einerseits in bekannte Paradoxien der Sozialen Arbeit einordnen (Schütze 2000), sie sind darüber hinaus aber auch auf die spezifischen Arbeitsbedingungen und Strukturelemente der Schuldner- und Insolvenzberatung zurückzuführen. Das Problem unzureichender Beratungsressourcen kann ohne zusätzliche Personalstellen dauerhaft nicht gelöst. werden. In der Zwischenzeit sind auch die Beratungsstellen gefordert, intensive Anstrengungen zu unternehmen, um mit den vorhandenen Ressourcen ein bestmögliches Angebot bereitzuhalten. In meinem Beitrag habe ich die Grenzen dieser Optimierungsbemühungen am Beispiel der Gruppenangebote in der Schuldner- und Insolvenzberatung verdeutlicht. Es bleibt zu hoffen, dass die in diesem Arbeitsbereich der Schuldner- und Insolvenzberatung gemachten Erfahrungen bei der weiteren Entwicklung des Beratungsangebots berücksichtigt werden.

Literatur

Ahlström, Richard: Overindebtedness Affects Health – what are the economic implications? In: The European Consumer Debt Network: Money Matters No 3/1998, S. 19-23. Cork 1998.

Amjad, Nadija: Wenn der Mahnbescheid mit der Gehaltsabrechnung kommt. In: Klein, Susanne und Appelt, Hans-Jürgen (Hrsg.): Praxishandbuch betriebliche Sozialarbeit: Prävention und Interventionen in modernen Unternehmen. Kröning 2010, S. 55-67.

Ansen, Harald; Samari, Faezeh: Untersuchung zentraler Effekte der Schuldnerberatung des Diakonischen Werkes Hamburg aus der Perspektive der Ratsuchenden. 2012; http://www.diakonie-hamburg.de/fix/files/doc/RZ_Schulden_Broschu%A8re_einzel_klein.2.pdf (Stand 17.04.2012).

Arbeiterwohlfahrt; Deutscher Caritasverband; Deutsches Rotes Kreuz; Deutscher Paritätische Wohlfahrtsverband; Diakonisches Werk; Verbraucherzentrale Bundesverband: Schuldenreport 2009. Berlin 2009.

Backert, Wolfram: Leben in den roten Zahlen. Tagungsmaterialien der Jahresfachtagung 2008 der Bundesarbeitsgemeinschaft Schuldnerberatung e.V. 2008; http://www.bag-sb.de/uploads/media/BAG-SB_FT2008-Materialien_Stand2008.05.13_01.pdf (Stand 26.02.2012).

Beicht, Gottfried: Gruppenberatung und Wirkungen im AEV. In: BAG-SB Informationen (2009), Heft 04, S. 40-44. Kassel 2009.

Bovelet, Rainer: SchuldnerAtlas Deutschland 2011. Neuss 2011.

Bundesarbeitsgemeinschaft Schuldnerberatung e.V.: Befragung der Ratsuchenden der BAG-SB-Onlineberatung zu ihrer individuellen Überschuldungsgeschichte. Kassel 2010 (nicht veröffentlicht).

Bundesarbeitsgemeinschaft Schuldnerberatung e.V.: Kurzbeschreibung Schuldnerberatung. 2011; http://www.bag-sb.de/fileadmin/dokumente/Kurzbeschreibung_SB__BAG-SB.pdf (Stand 26.02.2012).

Bundesministerium für Arbeit und Soziales: Lebenslagen in Deutschland: dritter Armuts- und Reichtumsbericht. Berlin 2008.

Dolic, Ramona; Schaarschuch, Andreas: Strategien der Nutzung sozialpädagogischer Angebote. In: Oelerich, Gertrud; Schaarschuch, Andreas (Hrsg.): Soziale Dienstleistungen aus Nutzersicht – Zum Gebrauchswert Sozialer Arbeit. München 2005, S. 99-116.

Ebli, Hans und Herzog, Kerstin: Soziale Ausschließung und Schuldnerberatung; in: Gillich, Stefan und Keicher, Rolf (Hrsg.); Bürger oder Bettler – Soziale Rechte von Menschen in Wohnungsnot im Europäischen Jahr gegen Armut und soziale Ausgrenzung, Wiesbaden 2012, S. 89-97.

Hanses, Andreas: Soziale Arbeit Dienstleistung oder Fallbezug. Vortrag im Rahmen der »Theorie AG« Soziale Arbeit. Bielefeld 30.11./01.12.2001; http://www. ibl.uni-bremen.de/publik/vortraege/200203hanses.pdf (Stand 26.02.2012).

Hillmann, Karl-Heinz und Hartfiel, Günter: Wörterbuch der Soziologie. Stuttgart 2007, S. 318f.

Hirseland, Andreas: Schulden in der Konsumgesellschaft: eine soziologische Analyse. Amsterdam 1999.

Hollerweger, Eva und Leuthner, Katharina: Ökonomische Evaluierung der Schuldnerberatung. 2006; http://www.schuldenberatung.at/downloads/infodatenbank/ staatl-schuldenberatung/asb_studie_oekonomeval_oA.pdf (Stand 26.02.2012).

IFF-Hamburg; E-CONS comenius 3 Basishandbuch: Verbraucherbildung in europäischen Klassenzimmern. Hamburg 2008.

Jaquemoth, Mirijam: Projekt Finanzielle Allgemeinbildung – unveröffentlichte Materialiensammlung. Hamburg 2003.

Knobloch, Michael, Reifner, Udo und Laatz, Wilfried: iff-Überschuldungsreport 2011. Hamburg 2011.

Korczak, Dieter: Überschuldungssituation und Schuldnerberatung in der Bundesrepublik Deutschland. Stuttgart [u.a.] 1992.

Korczak, Dieter: Marktverhalten, Verschuldung und Überschuldung privater Haushalte in den neuen Bundesländern. Köln 1997.

Korczak, Dieter und Roller, Karin: Überschuldung in Deutschland zwischen 1988 und 1999: Gutachten im Auftrag des Bundesministeriums für Familie, Senioren, Frauen und Jugend. Stuttgart [u.a.], 2001.

Korczak, Dieter: Bestandsaufnahme Überschuldung: Ursachen, Ausmaß und politische Verantwortung. 5. Fachgespräch – Friedrich-Ebert-Stiftung Überschuldete Haushalte in Deutschland, Ursachen und Ausmaß der Überschuldung, Berlin, 28.11.2007; http://www.fes.de/integration/pdf/071128_korczak.pdf (Stand 26.02.2012).

Kuhlemann, Astrid und Walbrühl, Ulrich: Wirksamkeit von Schuldnerberatung. Hamburg 2006.

Kuhlemann, Astrid; Walbrühl, Ulrich: Wirksamkeit von Schuldnerberatung in Deutschland. 2007; http://www.kwup.de/fileadmin/templates/downloads/ Expertise_Wirksamkeit_von_Schuldnerberatung_in_Deutschland_2007.pdf (Stand: 26.02.2012).

Lambrich, Andrea: Gruppenarbeit in der Insolvenzberatung – ein Praxisbeispiel. In: BAG-SB Informationen (2004), Heft 01, S. 40. Kassel 2004.

Landeshauptstadt München: 20 Jahre Hauswirtschaftliche Beratung für verschuldete Familien durch ehrenamtliche HelferInnen. München 2002.

Lechner, Götz: Eine zweite Chance für alle gescheiterten Schuldner? Längsschnittstudie zur Evaluation des Verbraucherinsolvenzverfahrens. 2010; http://www. schufa-verbraucherbeirat.de/media/themenundprojekte/downloads/wirkungsstudie_ verbraucherinsolvenzverfahren_final.pdf (Stand 26.02.2012).

May, Hartmut: „Komm ins Offene, Freund!" – Zum Umgang mit verfestigter Armut in der Schuldnerberatung. In: BAG-SB Informationen (2012), Heft 01. Kassel (erscheint zum 31.03.2012).

Meinhold, Marianne: Einspareffekte für das Land Berlin aus der Tätigkeit der Schuldner- und Insolvenzberatungstellen. Berlin, 2003; http://www.schuldnerberatung-berlin.de/ Eval_ges.pdf (Stand: 26.02.2012).

Münster, Eva und Letzel, Stephan: Überschuldung, Gesundheit und soziale Netzwerke, Expertise erstellt im Auftrag des Bundesministeriums für Familie, Senioren, Frauen und Jugend. In: Bundesministerium für Familie, Senioren, Frauen und Jugend: Materialien zur Familienpolitik Nr. 22/2008: Lebenslagen von Familien und Kindern – Überschuldung privater Haushalte. 2008, S. 55-128; http://www.bmfsfj.de/ bmfsfj/generator/RedaktionBMFSFJ/Internetredaktion/Pdf-Anlagen/armutsbericht-materialien,property=pdf,bereich=bmfsfj,sprache=de,rwb=true.pdf (Stand 26.02.2012).

Münster, Eva: Überschuldung und Gesundheit. 2009; http://www. indeed-net.eu/text/muenster_schulden_u_gesundheit.pdf (Stand: 26.02.2012).

Oelerich, Gertrud und Schaarschuch, Andreas: Der Nutzen Sozialer Arbeit. In Oelerich, Gertrud und Schaarschuch, Andreas (Hrsg.): Soziale Dienstleistungen aus Nutzer-sicht. München 2005, S. 80-98.

Oevermann, Ulrich: Skizze einer revidierten Theorie professionalisierten Handelns. In: Combe, Arno; Helsper, Werner (Hrsg.): Pädagogische Professionalität, Untersu-chungen zum Typus pädagogischen Handelns, herausgegeben von Arno Combe und Werner Helsper. Frankfurt am Main 1996, S. 70-182.

Reifner, Udo: Überschuldungsdaten im Armutsbericht um 1,3 Mio geschönt – Die Prob-lemwahrnehmung wird an Stelle der Probleme bereinigt. Hamburg: 2008; http://www.verantwortliche-kreditvergabe.net/index.php?id=1976&viewid=41318 (Stand 26.02.2012).

Sanio, Werner: Wege aus der Überschuldung. Nutzung und Nutzen der Schuldnerberatung in individuellen Überschuldungsnotlagen. Mainz 2009.

Saur, Christiane: BeratungsAnfang: oft verkannte und unterschätzte Chance des Bera-tungsprozesses. In: BAG-SB-Informationen (2003), Heft 02, S. 45-49.

Schlabs, Susanne: Schuldnerinnen – eine biografische Untersuchung. Ein Beitrag zur Überschuldungsforschung. Opladen 2007.

Schmidt-Grunert, Marianne: Soziale Arbeit mit Gruppen. Freiburg i.B. 2009.

Schütze, Fritz: Biographieforschung und narratives Interview. Neue Praxis (1983), Heft 03, S. 283-293. Neuwied 1983.

Schütze, Fritz: Schwierigkeiten bei der Arbeit und Paradoxien des professionellen Handelns. Zeitschrift für Qualitative Forschung. (2000), Heft 02, S. 49-96. Leverkusen-Opladen 2000.

Schwarze, Uwe: Nachhaltige Sozialpolitik am Beispiel der Schuldnerberatung. In: Nachrichtendienst des Deutschen Vereins für öffentliche und private Fürsorge (2008), Heft 06, S. 259-265. Berlin 2008.

Schwarze, Uwe: Schuldnerberatung: „Querschnittsaufgabe" im Geflecht von Verbraucherinsolvenz, aktivierender Arbeitsmarktpolitik und Sozialarbeit?. In: BAG-SB Informationen (2011), Heft 04, S. 76-91. Kassel 2011.

SPAZ Sozial-, Schulden- und Insolvenzberatungsstellen der SPAZ gemeinnützige GmbH in Mainz und Oppenheim: Jahresbericht 2010. Mainz 2011 (nicht veröffentlicht).

Statistisches Bundesamt: Statistik zur Überschuldung privater Personen 2009. Wiesbaden 2011; http://www.destatis.de/jetspeed/portal/cms/Sites/destatis/Internet/DE/ Cotent/Publikationen/Fachveroeffentlichungen/UnternehmenGewerbeInsolvenzen/ Insolvenzen/Ueberschuldung5691101097004,property=file.pdf (Stand: 26.02.2012).

Netzwerke und das Recht

Sebastian Weber

1 Einleitung

Netzwerke treten immer mehr in den Vordergrund. Mittlerweile hat es den Anschein, als könne man sich dieser Form der Verbindung schon gar nicht mehr entziehen. In der einen oder anderen Form sind Netzwerke in allen Gebieten und Ebenen anzutreffen.[1] Leider erkennen viele Personen Netzwerkstrukturen nicht oder sind sich der Konsequenzen noch immer nicht bewusst. In letzter Zeit wurde dieses Phänomen bei der Finanz- und Immobilienkrise 2008 sichtbar. Während anfänglich manche Experten das amerikanische Kredit- und Hypothekenproblem vor allem als lokale Aufgabe ansahen, trat nicht zuletzt durch die Insolvenz der Investmentbank Lehman Brothers die weltweite Bedeutung der Vernetzung mit der Zeit offen zu Tage[2]. Entsprechende Zweifel bestehen auch bei der Schuldenbewältigung der Länder Griechenland und Italien.

Neben der offensichtlichen sozialen und wirtschaftlichen Bedeutung der Netzwerkstrukturen ist fraglich, ob und inwieweit diese im Recht Berücksichtigung finden.

2 Netzwerkforschung im Überblick

2.1 Sozialwissenschaftlicher Ausgangspunkt

Die Sozialwissenschaften können grundsätzlich als die Wiege der Netzwerkforschung angesehen werden. Dieser Fachbereich befasst sich vorrangig mit der Gesellschaft (societas) und ihren sozialen Erscheinungen.[3] Vor dem Hintergrund einer graphischen Abbildung wird ein soziales Netzwerk als „eine abgegrenzte

---

1   *Michael Bommes/Veronika Tacke*, Das Allgemeine und das Besondere des Netzwerkes, in: Betina Hollstein/Florian Straus (Hrsg.), Qualitative Netzwerkanalyse: Konzepte, Methoden, Anwendungen, 1. Aufl., 2006, S. 37.
2   *Florian Straus*, Die neue Welt der Netzwerke, in: Curt Wolfgang Hergenröder (Hrsg.), Gläubiger, Schuldner, Arme. Netzwerke und die Rolle des Vertrauens, 2010, S. 19.
3   Vgl. *Gunter Runkel*, Allgemeine Soziologie. Gesellschaftstheorie, Sozialstruktur und Semantik, 2. Aufl., 2005, S. 5 ff.

Menge von Konten oder Elementen und der Menge der zwischen ihnen verlaufenden sogenannten Kanten" definiert.[4] Konten bzw. Elemente symbolisieren dabei Akteure, die wiederum natürliche oder juristische Personen und unter Umständen sogar Objekte sowie Ereignisse sein können. Teilweise werden solche Akteure auch pauschal als soziale Adressen bezeichnet.[5] Die Verbindungen und Beziehungen zwischen den Akteuren werden andererseits durch Kanten dargestellt. Während Netzwerke sogar schon aus formellen Beziehungen, wie der Zugehörigkeit (bspw. Wohnsitz in einem Gebiet, Unternehmensbeteiligung), der Teilnahme an Ereignissen (z. B. Veranstaltungen), der Teilhabe an Vertragsbeziehungen oder Freundschaftsbeziehungen, entstehen können, geht es der sozialen Netzwerkanalyse dagegen vielmehr um gelebte Kontakte. Hauptsächlich entsteht eine gelebte Beziehung durch aktuelle bzw. potentielle Kommunikation.[6] Die Kommunikation in Form der Weitergabe von Informationen ist damit die Grundvoraussetzung für ein soziales Netzwerk.

Das Ziel der sozialwissenschaftlichen Netzwerkanalyse ist zum einen die Beschreibung der Akteure sowie der Verbindungen und zum anderen die Ableitung von Folgen. Besonders die Verbindungen zwischen den Akteuren können zu Stellungen führen, die gewisse Abhängigkeitsverhältnisse verursachen.

2.2 Netzwerke in den Wirtschaftswissenschaften

Arbeiten formal unabhängige Wirtschaftssubjekte deutlich kooperativer zusammen als dies für eine herkömmliche Austauschbeziehung der Fall ist, kann die Beziehung als wirtschaftliches Netzwerk qualifiziert werden.[7] Ein solches Wirtschaftsnetzwerk liegt etwa vor, wenn ein Lieferant das Lager des Abnehmers bewirtschaftet oder die Produktentwicklung unter Einbeziehung des Kunden geschieht.[8] Durch diese Beschreibung wird deutlich, dass im Vergleich zu reinen

4 *Dorothea Jansen*, Einführung in die Netzwerkanalyse: Grundlagen, Methoden, Forschungsbeispiele, 3. Aufl., 2006, S. 58.
5 *Michael Bommes/Veronika Tacke*, Das Allgemeine und das Besondere des Netzwerkes, in: Betina Hollstein/Florian Straus (Hrsg.), Qualitative Netzwerkanalyse: Konzepte, Methoden, Anwendungen, 1. Aufl., 2006, S. 37, 43 f.
6 *Harald Payer*, Netzwerk, Kooperation, Organisation – Gemeinsamkeiten und Unterschiede, in: Stefan Bauer-Wolf/Harald Payer/Günter Scheer (Hrsg.), Erfolgreich durch Netzwerkkompetenz. Handbuch für Regionalentwicklung, 2008, S. 5 f.
7 *Holger Siebert*, Ökonomische Analyse von Unternehmensnetzwerken, in: Jörg Sydow (Hrsg), Management von Netzwerkorganisationen. Beiträge aus der Managementforschung, 4. Aufl., 2006, S. 7, 8.
8 *Pascal Sieber*, Die Internet-Unterstützung Virtueller Unternehmen, in: Jörg Sydow (Hrsg), Management von Netzwerkorganisationen. Beiträge aus der Managementforschung, 4. Aufl., 2006, S. 215, 225 f.

Marktbeziehungen der Schwerpunkt weniger auf dem Wettbewerb als vielmehr auf der Kooperation liegt. Netzwerkakteure sind insbesondere durch vom Markt vorgegebene Flexibilität und Einsatzbereitschaft charakterisiert.[9] Vor dem Hintergrund, dass in der Vergangenheit der Markt (d. h. Fremdfertigung) und die Hierarchie (d. h. Eigenfertigung) als alternative Kooperationsformen angesehen wurden,[10] soll die Stellung der Netzwerkinstitution zwischen beiden Bereichen aufgezeigt werden. Unter Umständen kann es zum Beispiel bei der Produktentwicklung soweit gehen, dass der Lieferant permanent die Kunden in seine Leistungserstellung mit einbezieht, so die Probleme der Empfänger löst und damit im Idealfall eine verbesserte Marktstellung erlangt. Die Leistung wird folglich nicht mehr herkömmlich allein im Unternehmen erstellt und später dem Kunden übergeben, sondern entsteht aus der Zusammenarbeit beider Seiten.

Wird das Netzwerkkonzept richtig umgesetzt, kommt es aufgrund der Spezialisierung zu Effizienzsteigerungen. Gerade die Kompetenzbündelung führt in einem Netzwerk dazu, dass die Ausübung der Tätigkeit nur dem übertragen wird, der die Aufgabe am besten ausführen kann. Falls keine anderen Präferenzen bestehen, herrscht ein Elitenprinzip, so dass nur die Fähigsten auf dem jeweiligen Gebiet als (Netzwerk-) Partner zusammenarbeiten.[11] Zudem können Effizienzsteigerungen auch durch die Verbindung zu neuen Unternehmen entstehen, wenn diese bestimmte Kompetenzen besser ausüben als bisherige Netzwerkpartner. Konzentriert sich wiederum ein vernetztes Unternehmen auf seine Kernkompetenz kann dies ein hohes Flexibilitätspotential hervorrufen sowie technische, organisatorische und personelle Unternehmensressourcen freisetzen.[12] Eine wesentliche Stärke innerhalb eines Netzwerkes ist auch das gegenseitige Vertrauen der Netzwerkakteure untereinander. Ein kooperatives Verhalten in dem Sinne bedeutet, dass jeder Beteiligte die Gewissheit hat, eine dem Geschäftspartner betreffende Frage so geregelt zu bekommen, als ob es seine eigene wäre.[13] Schließlich entstehen durch Netzwerke für die beteiligten Akteure noch weitere Vorteile. Beispielhaft sei an die Möglichkeit voneinander

---

9   *Holger Siebert*, Ökonomische Analyse von Unternehmensnetzwerken, in: Jörg Sydow (Hrsg), Management von Netzwerkorganisationen. Beiträge aus der Managementforschung, 4. Aufl., 2006, S. 7, 10.

10 *Oliver E. Williamson*, Die ökonomischen Institutionen des Kapitalismus. Unternehmen, Märkte, Kooperationen, 1990, S. 4; *Michael Reiß*, in: Die Unternehmung, 50 (1996), S. 195; *Klaus Semlinger*, Effizienz und Autonomie in Zulieferungsnetzwerken – Zum strategischen Gehalt von Kooperation, in: Jörg Sydow (Hrsg), Management von Netzwerkorganisationen. Beiträge aus der Managementforschung, 4. Aufl., 2006, S. 29, 42 f.

11 *Michael Reiß*, in: Die Unternehmung, 50 (1996), S. 195, 198.

12 *Jörg Sydow*, Strategische Netzwerke. Evolution und Organisation, 1. Aufl., 1993, S. 110.

13 *Holger Siebert*, Ökonomische Analyse von Unternehmensnetzwerken, in: Jörg Sydow (Hrsg), Management von Netzwerkorganisationen. Beiträge aus der Managementforschung, 4. Aufl., 2006, S. 7, 12.

zu lernen[14], die Einsparung von Koordinierungskosten (z. B. Such-, Informations-, Entscheidungs- und Kontrollkosten)[15] und die leichtere Trennbarkeit im Vergleich zur vollständigen Assimilation[16], erinnert. Mitunter verbinden sich Unternehmen auch nur mit dem Ziel, Einkaufvorteile zu erzielen. Der Wettbewerbsvorteil gegenüber anderen Unternehmen besteht also im letzteren Fall darin, geringere Einkaufskosten zu haben und hieraus (höhere) Gewinne zu generieren.

Auch bei Netzwerken zwischen mehr oder weniger gleichberechtigten Unternehmen dürfen Nachteile solcher Konstruktionen im wirtschaftlichen Bereich nicht übersehen werden. So lassen sich aus jeder Chance auch Risiken ableiten, die um so stärker werden, wenn Beteiligte nur ihre eigenen Vorteile verfolgen.

2.3   Netzwerke in den Rechtswissenschaften

In der Rechtswissenschaft hat sich bisher noch keine einheitliche Begriffsbestimmung durchgesetzt, was unter einem Netzwerk zu verstehen ist. Vielleicht wird es dazu auch nie kommen, da der Begriff des Netzwerkes kein Rechtsterminus ist.[17] In der Vergangenheit diente der Netzwerkgedanke vorwiegend der bildlichen Beschreibung von Beziehungen zwischen verschiedenen Personen.

a.   Allgemeines zur Abgrenzung von Netzwerken

Eine strenge Abgrenzung von Netzwerken gegenüber anderen Formen der Verbindung ist nicht einfach. Die Schwierigkeit beginnt schon damit, dass der Begriff des Netzwerkes in den verschiedenen Fachgebieten unterschiedlich verstanden wird. Zum Teil wird er wörtlich und technisch, zum Teil im übertragenen

---

14 *Walter W. Powell*, Weder Markt noch Hierarchie: Netzwerkartige Organisationsformen, in: Patrick Kenis, Volker Schneider (Hrsg.), Organisation und Netzwerk. Institutionelle Steuerung in Wirtschaft und Politik, 1996, S. 240 f.

15 *Jens Aderhold*, Form und Funktion sozialer Netzwerke in Wirtschaft und Gesellschaft, 1. Aufl., 2004, S. 161.

16 Vgl. *Arnold Picot/Helmut Dietl/Egon Franck*, Organisation: eine ökonomische Perspektive, 5. Aufl., 2008. S. 193 ff.

17 *Jean Nicolas Druey*, Das Recht als Netz für Netzwerke: Eine Wegskizze, in: KritV 2006, S. 163, 165.

Sinne und ein anderes Mal weit oder eng verwandt.[18] Vielfach sind die Grenzen zwischen den einzelnen Kooperationsformen auch fließend. In Anlehnung an seine soziologische Herkunft muss ein Netzwerk in jeden Fall eine Verbindung von verschiedenen Akteuren sein. Dabei ist eine gewisse Selbstständigkeit der Netzwerkakteure nötig. Grundlegendes Merkmal für ein Netzwerk ist jedoch deren relative Offenheit. Im Unterschied zu anderen Formen der Verbindung ist das Fehlen von starren Grenzen mit einer mehr oder weniger beliebigen Erweiterbarkeit das was Netzwerke ausmacht.[19]

b. Gesellschaft des bürgerlichen Rechts

Netzwerke sind nicht mit einer Gesellschaft des bürgerlichen Rechts (GbR) gleich zu setzen. In einer GbR arbeiten mindestens zwei Akteure zusammen um ein gemeinsames Ziel zu erreichen.[20] Dabei herrscht Klarheit über die beteiligten Personen, d. h. der Teilnehmerkreis ist beschränkt. Ansonsten bringen sich die Gesellschafter partiell mit ihren (besonderen) Fähigkeiten ein und bewahren im Übrigen ihre Autonomie. Durch die Fixierung auf den gemeinsamen Zweck unterscheidet sich die GbR von Netzwerken[21]. Ein Netzwerk ist nicht ausschließlich zielgerichtet auf *einen gemeinsamen* Zweck und löst sich in der Regel nicht allein durch Zweckerreichung auf. Vielmehr verfolgen die Netzwerkpartner überwiegend unterschiedliche Ziele.[22]

Dessen ungeachtet kann es in einem Netzwerk aber zwischen einzelnen Akteuren auch zu einer Verwirklichung von gemeinsamen Zielen kommen.

---

18 *Sebastian Graf Kielmansegg*, Netzwerke im Völkerrecht? Strukturen des militärischen Krisenmanagements, in: Sigrid Boysen u.a. (Hrsg.): Netzwerke. 47. Assistententagung Öffentliches Recht, Baden-Baden 2007, S. 83, 85.

19 *Harald Payer*, Netzwerke, Kooperation, Organisation – Gemeinsamkeiten und Unterschiede, in: Erfolgreich durch Netzwerkkompetenz. Handbuch für Regionalentwicklung, Stefan Bauer-Wolf/Harald Payer/Günter Scheer (Hrsg.), 2008, S. 5, 14 f.

20 MünchKomm-*Ulmer*, 5. Aufl., 2009, § 705 BGB, Rn. 1.

21 Vgl. *Marina Wellenhofer*, Drittwirkung von Schutzpflichten im Netz, KritV 2006, S. 187, 188.

22 *Harald Payer*, Netzwerk, Kooperation, Organisation – Gemeinsamkeiten und Unterschiede, in: Erfolgreich durch Netzwerkkompetenz. Handbuch für Regionalentwicklung, Stefan Bauer-Wolf/Harald Payer/Günter Scheer (Hrsg.), 2008, S. 5, 6 ff.

c.   Vertrag

Ebenso ist ein Netzwerk an sich nicht schon ein Vertrag. Ein Vertrag ist eine verbindliche Einigung zur Herbeiführung einer Rechtsfolge.[23] Dagegen kann ein Netzwerk aus verbindlichen und unverbindlichen Beziehungen bestehen. Folglich ist von vornherein keine vollständige Deckung gegeben. Nichtsdestotrotz kann die Verbindlichkeit der Verbindungen im ganzen Netzwerk oder nur zwischen einzelnen (Netzwerk-) Partnern ansteigen, so dass zwischen den Akteuren Verträge entstehen können.

2.4   Zwischenergebnis

Zusammenfassend bleibt festzuhalten: Das Netzwerk ist in seiner Grundform als soziales Kommunikationsgeflecht mit mehreren selbstständigen Akteuren konzipiert. Dabei ist es vom Grundsatz her auch längerfristig angelegt und nach außen offen sowie unverbindlich. Über diese Grundform kann sich das Wesen des Netzwerkes jedoch in bestimmte Richtungen und Bereichen oder insgesamt fortentwickeln. Es ist kein Grund ersichtlich, warum Netzwerke allein der Kommunikation dienen sollen. In der Lebenswirklichkeit ist vielmehr das Gegenteil der Fall. Selbst die Sozialwissenschaften sehen keinen Widerspruch zwischen verbindlichen Vertragsbeziehungen und Netzwerken. Auch in dieser Wissenschaft werden Netzwerke mit wirtschaftlichem Hintergrund samt Vertragsbeziehungen untersucht.[24]

Gerade durch die Weiterentwicklung der relativen Netzwerkeigenschaften bleibt die Verbindungsstruktur weitgehend erhalten. Letzteres muss vor allem bei der Beurteilung im Recht ausreichend Berücksichtigung finden.

3   Netzwerkstrukturen im allgemeinen Zivilrecht

3.1   Allgemeines

Im Zivilrecht gibt es weder individuelle Normen über einen „Netzwerkvertrag" noch Spezialregelungen für eine „Netzwerkgesellschaft". Dennoch ist allgemein anerkannt, dass sich die in der Wirtschaft herausgebildeten Netzwerke nicht in einem rechtsfreien Raum befinden. Gerade die materielle Bedeutung zwingt zu

---

23   Vgl. MünchKomm-*Kramer*, 5. Aufl., 2006, vor § 145 BGB, Rn. 26.
24   Vgl. *Boris Holzer*, Netzwerke, 2006, S. 55 ff.

einer ausgewogenen Regulierung. Demzufolge muss mit Hilfe der allgemeinen Normen dieses Defizit beseitigt werden.

Erste Anhaltspunkte für die rechtliche Beurteilung von Netzwerken bietet die Rechtsprechung zu Streitigkeiten zwischen Franchisepartnern.[25] Als Franchising bezeichnet man ein System bei dem der Franchisegeber einem oder mehreren Franchisenehmern die Umsetzung eines Geschäftskonzepts gegen Entgelt zur Verfügung stellt.[26] Je nach Vereinbarung führt dabei der Franchisegeber für die Franchisenehmer neben der Überlassung des Geschäftskonzepts an sich zusätzlich verschiedene andere Tätigkeiten aus. In der Regel werden dies Arbeiten sein, die zentral besser zu verwirklichen sind als bei den einzelnen lokalen Franchisenehmern. Um Wettbewerbsvorteile und Effizienzsteigerungen zu erlangen, übernehmen vielfach Franchisegeber etwa den Einkauf sowie die Produktwerbung für alle Franchisenehmer und die einzelnen Franchisenehmer alle Arbeiten unmittelbar beim Endkunden. Dies kann, aufgrund ausdrücklicher Vereinbarung oder weil es stillschweigend von allen Beteiligten vorausgesetzt wird, geschehen. Speziell für den Einkauf schließen in der Regel die Franchisegeber mit Lieferanten Rahmenverträge über den Bezug von Waren bzw. Dienstleistungen an denen auch die Franchisenehmer berechtigt werden. Damit entstehen wirtschaftliche und rechtliche Beziehungen nicht nur zwischen dem Franchisegeber und den einzelnen Franchisenehmern, sondern auch mit den Lieferanten. Alle Beteiligten bilden dann in ihrer Gesamtheit ein Netzwerk. Die Besonderheit für die Rechtswissenschaft ist dabei die Entstehung multilateraler (Rechts-) Verbindungen im Gegensatz zu den sonst üblichen bipolaren Vertragsbeziehungen zwischen ausschließlich zwei Personen.[27]

---

25 *BGH* vom 02.02.1999 – KZR 11-97 -, NJW 1999, 2671; *BGH* vom 20.05.2003, - KZR 19/02 -, BB 2003, 2254; *BGH* vom 17.07.07.2002, - VIII ZR 59/01 -, NJW-RR 2002, 1554.

26 *Tobias Heußler*, Zeitliche Entwicklung von Netzwerkbeziehungen. Theoretische Fundierung und empirische Analyse am Beispiel von Franchise-Netzwerken, 1. Aufl., 2010, S. 20 f.

27 Vgl. *Reinhard Böhner*, Asset-sharing in Franchisenetzwerken: Pflicht zur Weitergabe von Einkaufvorteilen, in: KritV 2006, S. 227, 234.

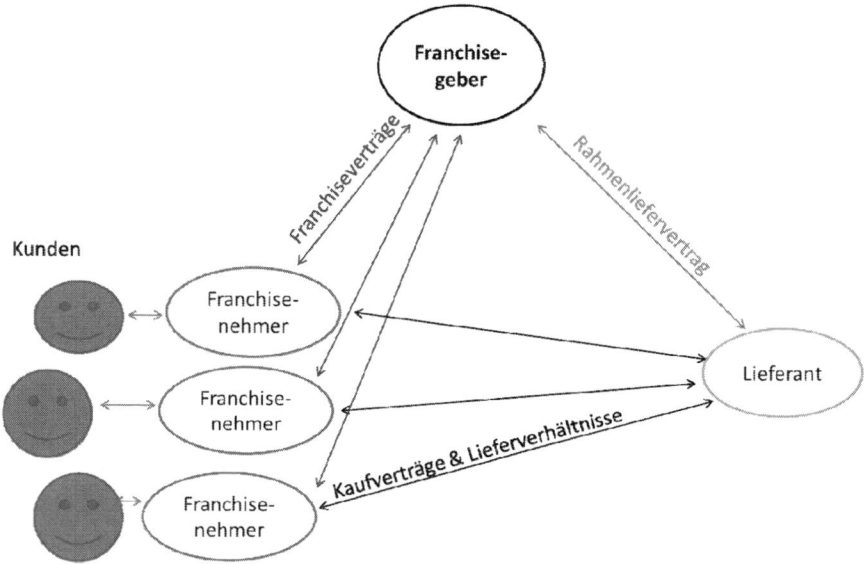

Abbildung 1:   Franchisenetzwerk (eigene Darstellung)

Konkret ging es in den gerichtlichen Streitigkeiten zwischen den Franchisege-
bern und den Franchisenehmern um Einkaufsvorteile, die Lieferanten gewährten.
Die Franchisegeber beanspruchten diese Gelder für ihre Organisationsleistungen
im Franchiseverbund und die Franchisenehmer für ihre Abnahme der großen
Warenmenge. Streitentscheidend war in den gerichtlichen Fällen jeweils der
zwischen den Franchisegeber und den Franchisenehmer geschlossene (Fran-
chise-) Vertrag.

3.2   Sixt

Der erste Fall handelt von einem Rechtsstreit mit der Firma Sixt.[28] Sixt ist ein
Unternehmen, das in der Autovermieterbranche tätig ist. Ursprünglich begann
Sixt mit einem eigenen Filialnetz PKW's zu vermieten. Um jedoch weiter wach-
sen zu können, entschied sich die Firma auf der Grundlage des Franchisesystems
Partner zu finden, die weitere Autovermieterstandorte aufbauten und betrieben.
Dabei stellte Sixt den Franchisenehmern den Erwerb von Fahrzeugen zu Groß-

---

28   *BGH* vom 02.02.1999, – KZR 11-97 -, NJW 1999, 2671.

abnehmerpreisen[29] in Aussicht. Konkret wurde dieser Punkt in den Franchise-verträgen wie folgt geregelt: *„Sixt wird den Franchisenehmer bei dem Einkauf von Fahrzeugen in der Weise unterstützen, dass er ihm die Möglichkeit einräumt, zu den in den Großabnehmerabkommen vereinbarten Konditionen Fahrzeuge zu beziehen, soweit die Hersteller dies zulassen.“* Eine Verpflichtung zum Erwerb von Fahrzeugen für die die Großabnehmerabkommen geschlossen wurden, bestand für die Franchisenehmer allerdings nicht. In der Folgezeit entstanden somit neben den ursprünglichen Autovermieterstandorten des Sixt-Unternehmens weitere Vermieterstandorte, die von Franchisenehmern betrieben worden sind. Dabei hatte der Franchisegeber Sixt auch die Großabnehmerrabatte beim Kauf von neuen Autos durch die Franchisenehmer an diese weitergegeben. Problematisch war bei den Autokäufen jedoch, dass Sixt zusätzlich zu den Rabatten aus dem Großabnehmerabkommen von der Autoindustrie so genannte „Werbekostenzuschüsse“ erhielt ohne sie weiter zu geben. Dies geschah aufgrund einer Vereinbarung zwischen Hersteller und dem Franchisegeber Sixt nach der, diese Zuschüsse nicht an die Franchisenehmer ausgekehrt werden sollten. Diese Praxis und die Vereinbarung wurden gegenüber den Franchisenehmern geheim gehalten. Nach dem Bekanntwerden des Sachverhalts fühlten sich die Franchisenehmer durch die einbehaltenen Werbekostenzuschüsse benachteiligt und forderten die Auszahlung aller Vorteile aus der Großabnahme der Fahrzeuge vom Unternehmen Sixt.

Die Rechtsprechung bejahte den Anspruch auf Einkaufsvorteile der Franchisenehmer gegen die Firma Sixt im Jahr 1999 zumindest teilweise.[30] In der Entscheidung wies der Bundesgerichtshof (BGH) darauf hin, dass die Vereinbarung zwischen Franchisenehmer und Franchisegeber nicht nur unmittelbare Rabatte erfasse, sondern grundsätzlich auch alle weiteren im Zusammenhang mit dem Fahrzeugkauf durch die Franchisenehmer gewährten Vorteile. Von dem Vertrag seien allerdings keine Vorteile erfasst, deren Weitergabe vom Hersteller nicht gestattet sei. Für die Erstreckung der Weitergabepflicht auf unmittelbare Preisnachlässe und grundsätzlich alle sonstigen Vorteile spreche schon der Wortlaut der vertraglichen Vereinbarung. Mithin sei keine Begrenzung auf Großabnehmerrabatte oder eine Einschränkung auf die im unmittelbaren zeitlichen Zusammenhang mit dem Erwerb angefallenen finanziellen Leistungen der Hersteller erkennbar. Auch eine Unterscheidung zwischen Einkaufsvorteilen und Werbekostenzuschüssen soll für die Auslegung dieser Vertragsbestimmung ohne Bedeutung sein. Allerdings umfasse die Herausgabeverpflichtung nur Vorteile,

---

29 Diese Großabnehmerpreise sind normalerweise im Vergleich zu den Rabatten der Fachhändler deshalb so günstig, weil sie direkt zwischen der Automobilindustrie und den Großabnehmern ausgehandelt werden.

30 *BGH* vom 02.02.1999, – KZR 11-97 -, NJW 1999, S. 2671, 2675 f.

die der Hersteller zum Zwecke der Weitergabe freigebe. Die hier streitgegenständlichen Werbekostenzuschüsse gebührten also aufgrund der Vereinbarung zwischen den Lieferanten und dem Franchisegeber letzterem und gerade nicht den Franchisenehmern. Damit wich der Bundesgerichtshof von der Rechtsprechung der Vorinstanzen ab, die den Franchisegeber ohne Einschränkung zur Zahlung aller erhaltenen Vorteile verurteilten[31]. Der Anspruch auf Herausgabe der vom Hersteller erlangten Vorteile sollte also entsprechend des Vertragswortlauts von vornherein auf die Vorteile beschränkt sein, die vom Hersteller zur Weitergabe bestimmt wurden. In der Weitergabebeschränkung liege ferner keine unangemessene Regelung oder ein Verstoß gegen das Transparenzgebot. Eine Teilung der streitgegenständlichen Klausel sei nicht möglich. Zudem seien sich die beteiligten Vertragspartner über die rechtlichen Pflichten aus dem Vertrag im Klaren, so dass kein ungerechtfertigter Beurteilungsspielraum entstehe und die Regelung intransparent sei, so der BGH. Außerdem bestehe keine unangemessene Klausel, weil die Vorteile der Franchisenehmer nicht durch den Franchisegeber selbst beschränkt werden. Vielmehr empfange der Franchisegeber ein von vornherein beschränktes Rabattrecht vom Hersteller. Folglich seien von der Firma Sixt nur die Vorteile den Franchisenehmern weiter zu reichen, die Sixt als Franchisegeber dafür bestimmungsgemäß vom Hersteller erhalten habe.

3.3 Apollo Optik

Schließlich sei noch auf den Rechtsstreit der Firma Apollo Optik hingewiesen.[32] Das Unternehmen bewirtschaftet schon seit längerer Zeit verschiedene Augenoptikergeschäfte im Einzelhandel. Zusätzlich zu den eigenen Filialen nutzte die Firma ebenfalls das Franchisesystem für den Betrieb weiterer Optikerläden. Dabei konnte jeder Franchisenehmer bei gelisteten Apollo-Lieferanten einkaufen und erhielt hierfür einen Rabatt auf den Listenpreis. Unter anderem hieß es im Franchisevertrag: „...[*Apollo*] *betreut den Partner hinsichtlich der Geschäftsentwicklung und des systemgerechten Betriebsablaufs und gibt Vorteile, Ideen und Verbesserungen zur Erreichung optimaler Geschäftserfolge an den Partner weiter...*". Zu Streitigkeiten zwischen den Franchisepartnern führten schließlich Zahlungen von sog. „kick-backs" an den Franchisegeber. Kick-backs waren Differenzrabatte, die sich aus dem Unterschied zwischen dem im Franchisevertrag vereinbarten Bezugspreis des Lieferanten laut offizieller Rabattliste und dem vom Lieferanten mit dem Franchisegeber Apollo Optik vereinbarten Be-

---

31   *OLG München* vom 27.02.1997, - U (K) 3297/96 -, BB 1997, S. 1429.
32   *BGH* vom 20.05.2003, - KZR 19/02 -, BB 2003, S. 2254.

zugspreis ergaben. Bestellte also ein Franchisenehmer Gläser beim Hersteller im eigenen Namen, konnte es vorkommen, dass er laut offizieller Rabattliste 38 % Nachlass auf den Listenpreis erhielt und der Franchisegeber für die Bestellung seines Franchisenehmers 14 weitere Rabattprozente, weil ihm der Lieferant 52 % Nachlass bewilligt hatte. Die Rabattdifferenzen zahlten die Lieferanten dem Franchisegeber später als sog. kick-backs aus. Nach Kenntniserlangung dieser Geschäftspraxis verklagten die Franchisenehmer ihren Franchisegeber Apollo Optik.

Auch in dem Fall verurteilte die Rechtsprechung[33] den Franchisegeber zur Zahlung der Einkaufsvorteile an die Franchisenehmer. Aufgrund des Vertrages zwischen den Franchisepartnern seien alle Differenzrabatte, die der Franchisegeber von den Lieferanten erlangt habe, an die Franchisenehmer herauszugeben. Der Franchisevertrag sehe ausdrücklich zur Erreichung optimaler Geschäftserfolge die Weitergabe aller Vorteile an die Franchisepartner vor. Dagegen sei im Vertrag eine Beschränkung der Vorteile auf die den Franchisenehmern übermittelten, offiziellen Rabattlisten nicht erkennbar. Im Gegensatz zu dem vorherigen Fall von Sixt haben die Parteien auch keine sonstige Beschränkung vereinbart, so dass der Franchisegeber Apollo Optik zur Herausgabe aller Differenzrabatte gegenüber den Franchisenehmern verpflichtet war.

3.4 Rechtliche Beurteilung für die Beispielsfälle

Zu Recht verurteilten die Gerichte die Franchisegeber zur Herausgabe der Einkaufsvorteile.

Für eine sachgerechte Entscheidung ist vorrangig auf den zwischen den Parteien geschlossenen Vertrag abzustellen. Liegen nach den Gesamtumständen keine eindeutigen Erklärungen vor, ist die Auslegung der Absprachen nötig. Hierbei darf selbst die Auslegung von Erklärungen mit widersprüchlichem Wortlaut nicht unterbleiben. Auch im letzteren Fall müssen die Überlegungen und Vorstellungen der Parteien durch Auslegung ermittelt werden.[34] Nach § 157 BGB sind Verträge so auszulegen, wie Treu und Glauben mit Rücksicht auf die Verkehrssitte es erfordern. § 157 BGB ergänzt damit die Auslegungsregel für Willenserklärungen, die besagt, dass bei der Auslegung von Willenserklärungen der wirkliche Wille zu erforschen ist und nicht am buchstäblichen Sinne des Ausdrucks zu haften sei (vgl. § 133 BGB). Grundlage für die Vertragsauslegung sind also die aufgrund des objektiven Empfängerhorizonts gewonnenen Willens-

---

33   *BGH* vom 20.05.2003, - KZR 19/02 -, BB 2003, 2254.
34   Vgl. *BGH* vom 27.02.1985, - IV a ZR 121/83 -, NJW 1986, 1035.

erklärungen, die wiederum durch die Gebote von Treu und Glauben sowie die Verkehrssitte überprüft werden.[35] Es kommt bei der Auslegung mithin nicht allein darauf an, was eine Partei subjektiv gewollt hat[36] oder ob sie gar geheime Vorbehalte hatte. Entscheidend ist grundsätzlich nur, wie der andere Vertragspartner die Erklärung des Entäußernden verstehen musste. Folglich ist der zwischen den Parteien bei Vertragsschluss zum Ausdruck kommende Parteiwille zu ermitteln.

Besonderheiten gelten zudem bei der Auslegung von Formularvertragsklauseln. Derartige Klauseln sind mithin von den Verständnismöglichkeiten eines rechtlich nicht vorgebildeten Durchschnittskunden einheitlich so auszulegen, wie sie von verständigen und redlichen Vertragspartnern unter Abwägung der Interessen der typischerweise daran beteiligten Kreise verstanden werden.[37] Hinzu kommt, dass Zweifel im Rahmen der Auslegung gemäß § 305c Abs. 2 BGB zu Lasten des Verwenders gehen.

Das Institut der Auslegung ist jedoch nicht grenzenlos. Vielmehr soll nur zurückhaltend in geschlossene Verträge eingegriffen werden. Begrenzt wird die Auslegungsmethode daher durch den Grundsatz der Privatautonomie. Folglich ist die Auslegung immer am Parteiwillen zu orientieren. Ferner ist das Auslegungsergebnis darauf zu überprüfen, ob es objektiv sinnhaft ist und den Vertragstypus sowie den Vertragszweck noch gerecht wird.[38]

Aufgrund der vertraglichen Vereinbarungen sind alle bestimmungsgemäßen (Einkaufs-) Vorteile den Franchisenehmern weiter zu geben. In § 3 des Franchisevertrages zwischen Sixt und seinen Franchisenehmern räumte Sixt seinen Vertragspartnern ausdrücklich die Möglichkeit ein, „…zu den in den Großabnehmerabkommen vereinbarten Konditionen Fahrzeuge zu beziehen…". Da vom Großabnehmerabkommen alle Einkaufsvorteile erfasst waren, mussten sie auch vom Franchisegeber Sixt herausgegeben werden. Bei verständiger Würdigung dieser Erklärung auf der Grundlage des objektiven Empfängerhorizonts der (gewöhnlichen) Franchisenehmer konnte die Klausel nicht anders verstanden werden. Ebenso verhält es sich in der oben dargestellten Streitigkeit des Franchisegebers Apollo-Optik. Auch dieser Franchisegeber hatte seinen Franchisenehmern vertraglich zugesichert, er gebe „…Vorteile, Ideen und Verbesserungen zur Erreichung optimaler Geschäftserfolge an den Partner weiter…". Auf der Grundlage der vertraglichen Vereinbarung musste der Franchisegeber in dem Fall alle Einkaufsvorteile an die Franchisenehmer herausgeben. Gegen dieses Ausle-

---

35   MünchKomm-*Busche*, 5. Aufl., 2006, § 157 BGB, Rn. 3.
36   *Stefan Schlosshauer-Selbach*, JZ 1982, S. 861, 863.
37   *BGH* vom 25.06.1992, - IX ZR 24/92 -, NJW 1992, S. 2629; vom 09.05.2001, - VIII ZR 208/00 -, NJW 2001, S. 2165, 2166.
38   MünchKomm-*Busche*, 5. Aufl., 2006, § 157 BGB, Rn. 47.

gungsergebnis spricht auch nicht die Überlassung der (niedrigeren) Rabattstaffeln an die Franchisenehmer. Die vertragliche Zusicherung war auf die Rabattstaffeln nicht begrenzt noch trat eine anderweitige Konkretisierung durch die Überlassung ein. Vielmehr musste jeder Franchisenehmer die Rabattstaffel nur als Hilfsmittel zur eigenen Bestellung beim Lieferanten verstehen. Im Übrigen gehen alle Zweifel zu Lasten des Franchisegebers als Klauselverwender (vgl. § 305c Abs. 2 BGB). Folglich mussten die Differenzrabatte (sog. kick-backs), die aufgrund der höheren tatsächlichen Rabatte entstanden sind, an die Franchisenehmer herausgegeben werden.

3.5 Allgemeine rechtliche Überlegung

a. Auslegung

Fraglich ist wem Einkaufsvorteile zustehen, wenn sich die Franchisevertragspartner nur auf eine Gebühr an den Franchisegeber für die Nutzung des Geschäftskonzepts und organisatorische Dienste, wie Werbung, geeinigt haben. Gerade in solchen Fällen ist die Vertragsauslegung von großer Bedeutung. Sollten die Parteien in dem Franchisevertrag keine ausdrückliche oder konkludente Einigung über die Verteilung der Einkaufsvorteile getroffen haben, muss der Vertrag vor allem ergänzend ausgelegt werden. In einem solchen Fall müssen die korrespondierenden Willenserklärungen nicht nur gedeutet, sondern die Vereinbarung „zu Ende gedacht" werden. Nach ständiger Rechtsprechung ist also unter Hinziehung aller verfügbaren Umstände zu ermitteln, wie die Parteien vom Standpunkt ihrer entgegengesetzten Interessen den offenen Bereich redlicherweise geregelt hätten, wenn sie daran gedacht hätten.[39] Hierbei darf natürlich die ursprünglich vertraglich vereinbarte Risikoverteilung zwischen den Vertragspartnern nicht unberücksichtigt bleiben.[40] Einigen sich die Franchisepartner auf eine gemeinsame Zusammenarbeit, wo der Franchisegeber das Geschäftskonzept gegen Entgelt zur Verfügung stellt und beinhaltet dieser Plan einen zentralen Einkauf zur Erzielung von Mengenvorteilen oder dergleichen, muss der Franchisenehmer von einer vollständigen Erlangung dieser Einkaufsvorteile ausgehen. Durch die vereinbarte entgeltliche Abfindung für die Überlassung des Geschäftskonzepts sind weitere unmittelbare oder mittelbare Entgeltverpflichtungen des Franchisenehmers gegenüber dem Franchisegeber ausgeschlossen. Dies muss erst recht gelten, wenn beispielsweise der Franchisegeber mit den Lieferan-

---

39 *BGH* vom 12.12.1997, - V ZR 250-96 -, NJW 1998, S. 1219; *Ulrich Ehricke*, RabelsZ 60 (1996), S. 661, 686.

40 Vgl. *Peter Ulmer*, Wirtschaftslenkung und Vertragserfüllung, in: AcP 174 (1974), S. 167, 188 f.

ten Rahmenabkommen aushandelt auf deren Grundlage die Franchisenehmer direkt mit letzteren Kaufverträge in eigenem Namen und auf eigene Rechnung abschließen können. Im Übrigen übernimmt der Franchisegeber im Gegensatz zu den Franchisenehmern auch keine Risiken.[41] Die Vereinbarung der entgeltlichen Gegenleistung im Franchisevertrag hat also eine begrenzende Wirkung. Sollten dem Franchisenehmer zudem keine gegenteiligen Anhaltspunkte bekannt sein, muss er auch nicht mit mittelbaren Entgelten rechnen. Mittelbare Entgelte können beispielsweise in Form von Differenzrabatten, Werbekostenzuschüssen oder Bearbeitungsgebühren auftreten und werden vom Hersteller an die Franchisegeber gezahlt. Bei der Ermittlung des hypothetischen Parteiwillens sind die Interessen der Vertragspartner maßgeblich. Dabei darf sich nicht an der allgemeinen Ordnung orientiert werden, sondern an den konkret ermittelbaren Interessen der Beteiligten.[42] Der Franchisenehmer braucht ferner mit derartigen Vorenthaltungen nicht zu rechnen, weil die Abschöpfung von gemeinschaftlichen Einkaufsvorteilen gegen das Konzept der Franchisegeschäftsbeziehung verstößt. Grundsätzlich arbeiten die Franchisenehmer mit dem Franchisegeber zusammen um neben der Geschäftsidee auch an Mengenvorteilen durch den Einkauf aller Franchisenehmer bei zentralen Lieferanten zu partizipieren. Werden allerdings diese Einkaufsvorteile durch Vereinbarungen der Franchisegeber mit den Lieferanten gemindert, wird der Geschäftsbeziehung (zumindest teilweise) die Grundlage entzogen. Eine solche Abweichung muss kein Franchisenehmer erwarten. Gerade wegen Mengenrabatten und zentralisierter Aufgabenwahrnehmung entstehen oft erst die beabsichtigten Wettbewerbsvorteile. Fallen diese weg oder mindern sie sich, kann die ursprünglich als gewinnbringend gedachte Verbindung im schlimmsten Fall zu einem Verlustgeschäft werden. Offenbart der Franchisegeber dem Franchisenehmer keine anderweitigen Informationen, muss der Franchisenehmer keine Minderung der Einkaufsvorteile annehmen. Hätte der Franchisenehmer nur die Überlassung des Geschäftskonzeptes ohne die Einkaufsvorteile oder anderweitige Zentralisierungsvorteile gewollt, hätte eine Art Geschäftsmodell-Nutzungsvertrag für die Überlassung und Umsetzung des Konzepts genügt. Der Abschluss eines Franchisevertrages wäre im letzteren Fall nicht nötig. Von dieser Annahme und den Vorstellungen seines Vertragspartners weiß auch der Franchisegeber. Nicht ohne Grund werden diese (mittelbaren) Entgelte in der Regel gegenüber den Franchisenehmern geheim gehalten.[43] Während die Beeinflussung bei Differenzrabatten auf den ersten Blick offen zu Tage tritt, liegt sie bei näherem Hinsehen grundsätzlich auch bei Werbekostenzu-

---

41 *Reinhard Böhner*, Asset-sharing in Franchisenetzwerken: Pflicht zur Weitergabe von Einkaufvorteilen, in: KritV 2006, S. 227, 235.
42 MünchKomm-*Busche*, 5. Aufl., 2006, § 157 BGB, Rn. 46.
43 So auch in den oben aufgeführten Beispielsfällen.

schüssen vor. Formell werden Werbekostenzuschüsse zwar zum Zwecke der Werbung des Franchisegebers für den PKW-Typ bzw. den Automobilhersteller an diesen gezahlt. Materiell sind die Zuschüsse jedoch an die von den Franchisenehmern gekauften PKW's gekoppelt. Nachvollziehbar haben die Finanzbehörden[44] und die Finanzrechtsprechung[45] Werbekostenzuschüsse aufgrund ihres wirtschaftlichen Kerns mithin als bloße Preisnachlässe angesehen.[46] Da die Franchisewerbung überwiegend im Interesse der Franchisegeber geschieht, eine entgoltene Verpflichtung zur Werbung häufig auch gegenüber den Franchisenehmern und eben nicht gegenüber den Automobilherstellern bestehen wird, sind Werbekostenzuschüsse mit Differenzkostenrabatten gleich zu behandeln. Die gegenteilige Auffassung[47] vermag nicht nachvollziehbar zu erklären, warum der Zuschuss gerade an die Zahl der gekauften PKW's gekoppelt ist, wie es bei Preisnachlässen üblich ist. Wollten die Hersteller tatsächlich einen Teil der Werbekosten des Franchisegebers übernehmen, wäre dies nur nachvollziehbar, wenn Kosten für Anzeigen in den Medien übernommen worden wären.

Abgesehen von dem hier vertretenen Leitbild können die Franchisevertragspartner jedoch eine anderweitige (ausdrückliche) Vereinbarung treffen, bei denen der Franchisegeber an den Einkaufsvorteilen partizipiert.[48] Besonders durch Individualvereinbarungen können sich die Franchisevertragspartner auf Regelungen einigen, die ihren spezifischen Wünschen entsprechen.[49]

Weiterhin sind natürlich (unmittelbare oder mittelbare) Entgelte zugunsten des Franchisegebers für Leistungen denkbar, die nicht ausdrücklich oder konkludent im Geschäftskonzept bzw. Franchisevertrag enthalten sind.

---

44 *OFD Hannover* vom 14.03.1989, S 7200 – 162 – StH 731 / S 7200 – 104 – StO 532 -, BB 1989, S. 1393.

45 *BFH* vom 13.01.1972, - V R 137/68 -, BB 1972, S. 438.

46 *OLG München* vom 27.02.1997, - U (K) 3297/96 -, BB 1997, S. 1429, 1432 f.

47 Wohl anderer Auffassung *BGH* vom 02.02.1999, – KZR 11-97 -, NJW 1999, S. 2671, 2675, der eine Verpflichtung des Franchisenehmers zur Eröffnung von ihm eröffneter Einkaufsquellen sowie die Weitergabe damit verbundener Vorteile ablehnt.

48 Nach *BGH* vom 02.02.1999, – KZR 11-97 -, NJW 1999, S. 2671 kann eine abweichende (Formular-) Vereinbarung sogar in der Form getroffen werden, dass nur Vorteile weitergegeben werden können, „…soweit die Hersteller dies zulassen.".

49 Ebenso *Reinhard Böhner*, Asset-sharing in Franchisenetzwerken: Pflicht zur Weitergabe von Einkaufvorteilen, in: KritV 2006, S. 227, 231; *Eckhard Flohr*, Der Franchise-Vertrag – Überlegungen vor dem Hintergrund der Apollo-Optik-Entscheidung des BGH, DStG 2004, S. 93, 94 f.

b. Allgemeine Geschäftsbedingungen

Fraglich ist, ob die Franchisevertragsparteien auch in allgemeinen Geschäftsbedingungen wirksam eine Vereinbarung treffen dürfen, wonach der Franchisegeber einen Teil der Einkaufsvorteile für sich beanspruchen kann. Gleich zu setzen
ist damit ebenso eine Absprache zwischen Lieferant und Franchisegeber, nach
der (bestimmte) Einkaufsvorteile von der Weitergabe ausgeschlossen sind.

Grundsätzlich können zwischen Personen individuelle Abreden getroffen
werden. Dabei kann es auch zu einer unausgewogenen Risikoverteilung kommen. All das ist vom Postulat der Privatautonomie gedeckt soweit es sich in
Grenzen hält, insbesondere die zwingenden Gesetze eingehalten werden. Im
Gegensatz zu dieser freien Gestaltungsmöglichkeit müssen sich allgemeine Geschäftsbedingungen im Rahmen engerer Grenzen halten. Hintergrund für diese
zusätzliche Kontrolle – besonders nach den §§ 305 ff. BGB – ist die pauschale
Annahme, der Vertragspartner des Verwenders der AGB-Klauseln stimme der
Geltung dieser Klauseln nicht aufgrund freier und eigenverantwortlicher Entscheidung zu und kann letztendlich die Konsequenzen seines Handelns nicht
einschätzen.[50] Für die widerspruchslose „Unterwerfung" des Vertragspartners
unter den Geltungsbereich der AGB gibt es mehrere Ursachen. Schon früh wurde
der Grund für die Handlung des Kunden in der wirtschaftlichen, sozialen, intel-
lektuellen oder psychologischen Übermacht des AGB-Verwenders gesehen.[51]

Während die Instanzgerichte im Fall des Franchisevertrages der Auto-
vermieterfirma Sixt die Vereinbarung eines Weitergabeverbots[52] zwischen Hersteller und Franchisegeber an die Franchisenehmer für unwirksam erklärten, lies
der BGH ein solches Verbot im Rahmen der AGB-Kontrolle zu.[53] Das Instanz-
gericht OLG München beispielsweise stützte seine Entscheidung im Wesentlichen auf eine Verletzung des § 307 Abs. 1 BGB (früher § 9 Abs. 1 AGBG).
Durch einen solchen Ausschluss sei für die Franchisenehmer nicht durchschau-
bar inwieweit Einkaufsvorteile ihnen zugutekommen und welche vom
Weitergabeverbot betroffen sind. Damit sei das Transparenzgebot verletzt. Zudem benachteilige diese Ausschlussklausel die Franchisenehmer unangemessen.[54] Dieser Argumentation ist der BGH als Revisionsinstanz in dem Fall entgegen getreten. Der BGH wies daraufhin, dass die Weitergabe der gesamten Ein-

---

50   MünchKomm-*Basedow*, 5. Aufl., 2007, vor § 305 BGB, Rn. 4.
51   Vgl. MünchKomm-*Basedow*, 5. Aufl., 2007, vor § 305 BGB Rn. 4; aA. ders. Rn. 5 der Grund
      für die AGB-Kontrolle sein vorrangig partielles Marktversagen.
52   „Sixt wird den Franchisenehmer bei dem Einkauf von Fahrzeugen in der Weise unterstützen,
      dass er ihm die Möglichkeit einräumt, zu den in den Großabnehmerabkommen vereinbarten
      Konditionen Fahrzeuge zu beziehen, *soweit die Hersteller dies zulassen.*"
53   *BGH* vom 02.02.1999, – KZR 11-97 -, NJW 1999, S. 2671.
54   *OLG München* vom 27.02.1997, - U (K) 3297/96 -, BB 1997, S. 1429, 1432 f.

kaufsvorteile nicht von der Willkür des Franchisegebers abhängen. Vielmehr sei es allein auf die Entscheidung der Hersteller zurückzuführen, welche Begünstigungen der Franchisegeber weitergeben dürfe.[55] Ein solches Zustimmungserfordernis stehe nicht im Widerspruch zur Rechtsordnung, weil keine rechtliche Verpflichtung des Franchisegebers bestehe, seinen Vertragspartnern alle Vorteile aus dem Bezug bei von ihm erschlossenen Einkaufsquellen weiterzugeben. Insbesondere sei das Transparenzgebot nicht verletzt. Für die Einhaltung dieses Gebotes genügen genau beschriebene Tatbestandsvoraussetzungen und Rechtsfolgen, so dass für den Verwender kein ungerechtfertigter Beurteilungsspielraum entstehe und beide Vertragsparteien sich über die rechtliche Tragweite der Vertragsbedingungen bewusst werden können. Zweck, Inhalt und Umfang des Zustimmungserfordernisses seien durch die Klausel klar bestimmt. Eine detaillierte Regelung für die gegenwärtigen und zukünftigen Vorteilsgewährungen jedes Herstellers werde jedoch nicht verlangt. Damit liege eine klare und unzweifelhafte Regelung vor. Zudem sei das Zustimmungserfordernis nicht unangemessen, weil nicht nachträglich eine Beschränkung eintrete, sondern das Zustimmungserfordernis von vornherein bestehe. Im Ergebnis soll durch derartige Werbekostenzuschüsse keine Abweichung vom gesetzlichen Leitbild vorliegen und der Franchisegeber könne die freiwillige Weitergabe von Einkaufsvorteilen in beliebigem Umfang sogar in allgemeinen Geschäftsbedingungen mit seinem Vertragspartner vereinbaren.[56]

Dem ist nicht zuzustimmen. Abgesehen davon, ob gegen das Transparenzgebot verstoßen wurde oder nicht, muss das Weitergabeverbot als unangemessen iSd. § 307 BGB qualifiziert werden. Zu Recht hat der BGH keinen Verstoß gegen ein gesetzliches Leitbild festgestellt. Dies allerdings nur deshalb, weil im Gesetz keine besonderen Regelungen zum Franchisevertrag normiert sind, wie etwa für den Kauf- oder Mietvertrag. Im vorliegenden Fall ergibt sich die entgegen den Geboten von Treu und Glauben unangemessene Benachteiligung, weil wesentliche Rechte und Pflichten, die sich aus der Natur des Vertrags ergeben, so eingeschränkt werden, dass die Erreichung des Vertragszwecks gefährdet ist (vgl. § 307 Abs. 2 Ziff. 2 BGB). Bei der Bestimmung der Natur des Vertrages darf nicht am buchstäblichen Sinn jeder einzelnen Verpflichtungserklärung gehaftet werden. Entscheidend ist die Aufstellung eines Leitbildes, das sich an dem vereinbarten Vertragstyp orientiert. Zu betrachten ist der allgemeine Sinn des Vertrages und die sich daraus ergebenden spezifischen Zwecke des Vertragsschlusses. Die Rechtsfindung muss also der Wirklichkeit entsprechend Rechnung tragen.[57] In der Realität entstehen allerdings nur durch die Erlangung von Ein-

---

55 *BGH* vom 02.02.1999, – KZR 11-97 –, NJW 1999, S. 2671, 2675.
56 *BGH* vom 02.02.1999, – KZR 11-97 –, NJW 1999, S. 2671, 2676.
57 Staudinger-*Coester*, 13. Aufl., 2006, § 307 BGB, Rn. 268 ff.

kaufsvorteilen für die Franchisenehmer Wettbewerbsvorteile gegenüber seinen Konkurrenten und die entgeltliche Verbindung mit dem Franchisegeber wird erst durch diese wirtschaftlich sinnvoll. Gerade der Umstand im Zusammenhang mit den Wettbewerbsvorteilen wird von den Wirtschaftswissenschaften als Vorteil von Netzwerken angesehen (s.o.). Billigt dagegen eine Klausel die ungehinderte Umverteilung von Einkaufsvorteilen ohne Mitwirkung des Franchisenehmers nur durch das Zusammenwirken eines Dritten und des Franchisegebers können ursprünglich vom Franchisenehmer eingeplante Wettbewerbsvorteile (teilweise oder vollständig) wegfallen und die Franchiseverbindung mit ihrer zusätzlichen Entgeltverpflichtung gegenüber dem Franchisegeber wird in Frage gestellt. Durch die Einschränkungsmöglichkeit der Weitergabe in unbeschränkter Höhe steht es de facto im Belieben der Franchisegeber, ob und in welchem Umfang Einkaufsvorteile an die Franchisenehmer ausgekehrt werden. Mithin kann die Kürzung der Einkaufsvorteile jederzeit, sogar nach Abschluss des Franchisevertrages, vorgenommen werden, weil Rahmenlieferverträge auch nach Abschluss des Franchisevertrages begründbar und änderungsfähig sind. Zugunsten des Franchisegebers spricht dabei auch nicht die ursprüngliche Begrenzung der Abnehmerrabatte aufgrund der Vereinbarung zwischen Hersteller und Franchisegeber. Verdeutlicht man sich im oben genannten Autovermieterfall[58] die beiden (gegenläufigen) Interessen zwischen Hersteller und Franchisegeber ist kein Grund ersichtlich, warum der Hersteller gerade auf einen Ausschluss der Weitergabe an die Franchisenehmer bestehen soll. Andererseits ist es gut nachvollziehbar, dass die gewinnorientierten Franchisegeber die Weitergabe von Einkaufsvorteilen minimieren wollten. Die streitgegenständliche Vereinbarung der Werbekostenzuschüsse ist für den Franchisegeber die geschickteste Art um auf der einen Seite den eigenen Gewinn zu maximieren und auf der anderen Seite die Franchisenehmer nicht zu demotivieren, nachdem er ihnen die Weitergabe aller Einkaufsvorteile zugesagt hatte. Dem Hersteller wird es letztendlich egal sein, wem er zusätzliche Preisnachlässe auszahlt. Der Konzeption nach ist die Vereinbarung zwischen Franchisegeber und Hersteller nichts anderes als ein Umgehungstatbestand, der sich aufgrund kollusiven Zusammenwirkens zu Lasten eines Dritten, in dem Fall zu Lasten der Franchisenehmer, auswirkt. Auch die Aussage des BGH, der Franchisegeber sei weder zur Eröffnung der von ihm erschlossenen Einkaufsquellen noch zur Weitergabe der mit einem Einkauf bei diesen Quellen verbunden Vorteilen verpflichtet, verkennt das Wesen des Franchisevertrages mitsamt den damit verbundenen und erwarteten Wettbewerbsvorteilen. Folglich schränken derartige Klauseln grundlegende Rechte der Franchisenehmer, die sich aus der Natur des Vertrages ergeben, auf Erlangung

---

58 *BGH* vom 02.02.1999, – KZR 11-97 -, NJW 1999, 2671.

von Einkaufsvorteilen so stark ein, dass der ganze Vertragszweck gefährdet ist. Somit sind solche Bestimmungen unwirksam, weil sie die Franchisenehmer entgegen den Geboten von Treu und Glauben unangemessen benachteiligt.

3.6 Zwischenergebnis

Trotz der fehlenden spezialgesetzlichen Regelung existieren Netzwerke auch in der zivilrechtlichen Lebenswirklichkeit. Folglich muss mit den allgemeinen Normen diesen realen und materiell bedeutenden Erscheinungen angemessen Rechnung getragen werden.

4 Netzwerkstrukturen im Arbeitsrecht

Während der BGH bei Streitigkeiten zwischen den Franchisepartnern weniger auf die Natur der Beziehungen und dafür mehr auf die einzelnen vertraglichen Verpflichtungen abstellt, orientiert sich die arbeitsrechtliche Rechtsprechung stärker an den Gesamtumständen.

4.1 Arbeitsrechtliche Entwicklung

Besonders die Entwicklungen im 19. Jahrhundert haben die heutigen arbeitsrechtlichen Beziehungen entscheidend geprägt. Durch die Industrialisierung einerseits und das starke Bevölkerungswachstum auf der anderen Seite war in weiten Teilen eine Aushandlung vertraglicher Vereinbarung, wie in der Vergangenheit, nicht mehr möglich.[59] Damit wurde auch dem überlieferten Bild von klassischen Vertragsschlüssen, das dem damals neu geschaffenen BGB zugrunde lag, zum Teil der Boden entzogen.[60] Selbst die Reglungen über den Dienstvertrag nach den §§ 611 ff. BGB sind nur ganz begrenzt anwendbar. Im Ergebnis orientiert sich die Rechtsprechung nunmehr neben den verstreuten Spezialgesetzen[61] an den tatsächlichen Gegebenheiten der Arbeitsrechtsbeziehungen.

---

59   *Wolfgang Zöllner/Karl-Georg Loritz/Curt Wolfgang Hergenröder*, Arbeitsrecht, 6. Aufl., 2008, S. 22 f.
60   Ebenso RGZ 106, 272, 275.
61   *Wolfgang Zöllner/Karl-Georg Loritz/Curt Wolfgang Hergenröder*, Arbeitsrecht, 6. Aufl., 2008, S. 31 f.

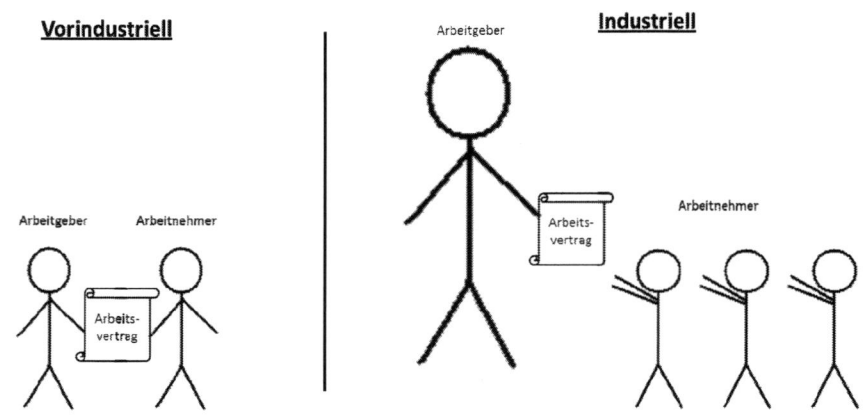

Abbildung 2:   Arbeitsvertragliche Entwicklung (eigene Darstellung)

Vor allem bei Unternehmen mit tariflichen Einflüssen wird die Vernetzung im Arbeitsrecht deutlich. Im Einflussbereich eines Tarifvertrages schränkt dieser die Bipolarität des Arbeitsvertrages zwischen Arbeitgeber und Arbeitnehmer weitgehend ein. Neben staatlichen Rechtsquellen können auch Vereinbarungen zwischen Gewerkschaften und dem Arbeitgeber bzw. Arbeitgeberverband in Form von Tarifverträgen auf die Arbeitsverträge einwirken. Dies zeigt einen kleinen Ausschnitt der Multidimensionalität der Vertragsbeziehungen im Arbeitsrecht. Weiterhin sei an die Betriebsvereinbarungen zwischen Betriebsrat und Arbeitgeber erinnert, die unter Umständen ebenfalls auf die Arbeitsverträge der Beschäftigten des Arbeitsgebers Einfluss haben.

4.2 Tarifverträge

a) Firmentarifverträge

Im Fall eines Firmentarifvertrages[62] schließt eine Gewerkschaft mit einem Arbeitgeber einen Tarifvertrag. In einem solchem Vertrag können zum einen die Rechte und Pflichten der Tarifvertragsparteien geregelt und zum anderen Bestimmungen über den Abschluss, den Inhalt und die Beendigung des Arbeitsverhältnisses sowie betriebliche als auch betriebsverfassungsrechtliche Fragen fest-

---

62   Teilweise auch als Haustarifvertrag bezeichnet.

gelegt werden (vgl. § 1 TVG). Schon aus der Beschreibung wird deutlich, dass neben der Absprache über Punkte unmittelbar zwischen den Vertragsparteien auch Individualarbeitsverträge unter Umständen mit beeinflusst sind. Gerade die Regelungen für die Arbeitnehmer können gemäß § 4 Abs. 1 TVG mit unmittelbarer und zwingender Wirkung auf die einzelnen Arbeitsverhältnisse ausstrahlen (sog. normative Wirkung). Im Falle eines Firmentarifvertrages sind also die Akteure Gewerkschaft, Arbeitgeber und die gewerkschaftlich organisierten Arbeitnehmer[63] alle direkt miteinander verbunden.

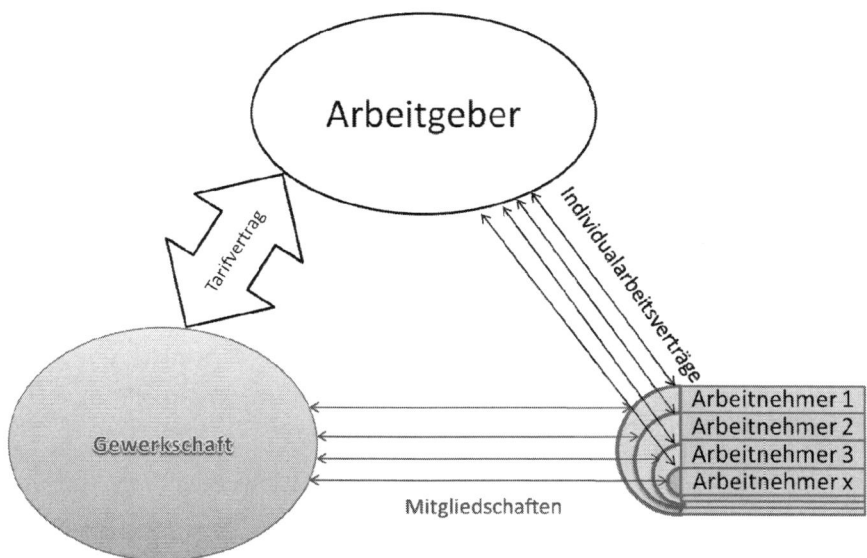

Abbildung 3:   Firmentarifvertrag (eigene Darstellung)

Ähnlich wie in einem wirtschaftlichen Netzwerk bei dem etwa ein Lieferant eigenverantwortlich das Lager eines Produzenten bewirtschaftet, wird bei einem Tarifvertrag die Aushandlung der Arbeitsbedingungen (auch) durch einen anderen Akteur als dem unmittelbar betroffenen wahrgenommen. Ungewöhnlich ist diese Tatsache, weil die Kompetenz zur Aushandlung der Vertragsbedingungen vom Verständnis des Bürgerlichen Gesetzbuches eigentlich nur demjenigen gebührt, der die Gegenleistung, also die Arbeitsleistung, erbringt. Mitunter kann

---

63   Vgl. § 3 Abs. 1 TVG, gemäß § 3 Abs. 2 TVG muss im Falle von betrieblichen und
     betriebsverfassungsrechtlichen Regelungen nicht einmal eine Mitgliedschaft in der jeweiligen
     Gewerkschaft vorliegen.

diese Tatsache sogar problemlos dazu führen, dass schriftliche Arbeitsverträge zwischen dem Arbeitgeber und dem Arbeitnehmer im Wesentlichen inhaltsleer sind und nur noch auf den einschlägigen Tarifvertrag verwiesen oder im extremsten Fall gar kein schriftlicher Arbeitsvertrag geschlossen wird. In diesen Konstellationen erkennt selbst der Arbeitgeber an, dass die gewerkschaftlich organisierten Arbeitnehmer ihre ureigenste Kompetenz zur Aushandlung der Gegenleistung für ihre eigene Arbeitsleistung einem anderen übertragen haben. Nichtsdestotrotz überträgt der Arbeitnehmer seine Befugnis zur Aushandlung der Arbeitsvertragsbedingungen mit seiner Mitgliedschaft in einer Gewerkschaft nicht ausschließlich dieser. Vielmehr überlagert gemäß § 4 Abs. 3 TVG der Tarifvertrag die Bestimmungen des Individualarbeitsvertrages zwischen Arbeitnehmer und Arbeitgeber nur, wenn diese für den Arbeitnehmer günstiger sind oder der Tarifvertrag diese Abweichung gestattet. Für die Arbeitnehmer, die nicht in einer Gewerkschaft organisiert sind, die mit dem Arbeitgeber bzw. Arbeitgeberverband einen gültigen Tarifvertrag geschlossen hat, gilt vorbehaltlich besonderer (gesetzlicher) Bestimmungen der mit dem Arbeitgeber geschlossene Individualarbeitsvertrag.

b) Verbandstarifverträge

Als weitere Form von Tarifverträgen ist der Verbandstarifvertrag zu nennen. Hier schließt der Arbeitgeberverband mit einer Gewerkschaft einen Tarifvertrag.[64] Inhaltlich gelten weitgehend dieselben Regeln, wie für den Firmentarifvertrag. Im Wesentlichen entsteht die Besonderheit nur durch die Beteiligung des Arbeitgeberverbandes nebst angeschlossenen Arbeitgebern. Im Falle eines Verbandstarifvertrages bestehen die Verbindungen also neben den einzelnen organisierten Arbeitnehmern, der Gewerkschaft, dem einzelnen Arbeitgeber auch zu dem Arbeitgeberverband und den ihm angeschlossenen weiteren Arbeitgebern.

---

64 *Abbo Junker*, Grundkurs Arbeitsrecht, 8. Aufl., 2009, Rn. 537.

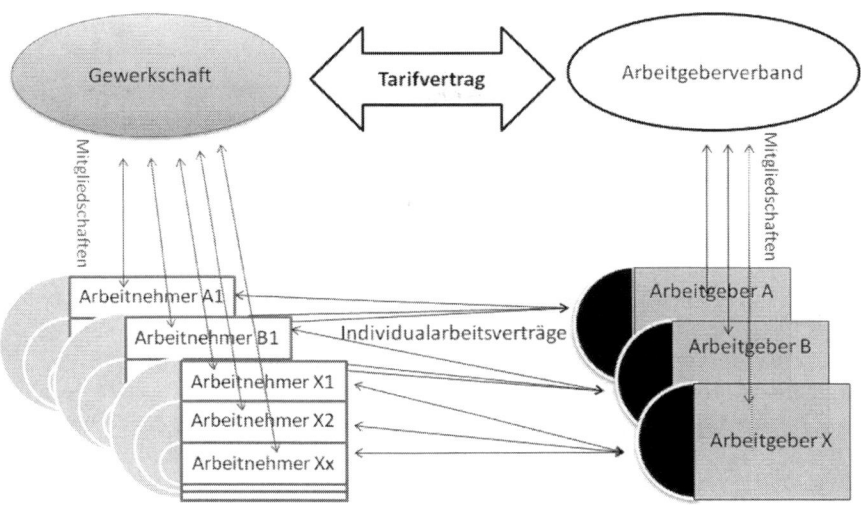

Abbildung 4:   Verbandstarifvertrag (eigene Darstellung)

4.3   Arbeitskampf

a)   Netzwerkbedingte Auswirkungen vor allem auf Arbeitnehmerseite

Abgesehen von der Positionierung der Akteure bei geschlossenen Tarifverträgen werden die Netzwerkstrukturen im Arbeitsleben auch im Vorfeld zu einem solchen Vertrag deutlich. Sicherlich kann ein Tarifvertrag nur durch Einigung zwischen Gewerkschaft und Arbeitgeber bzw. Arbeitgeberverband zustande kommen. In vielen Fällen wird der eigentliche Vertragschluss jedoch das Ergebnis von Arbeitskampfmaßnahmen sein. Dabei werden die Arbeitskampfmaßnahmen in der Regel von Seiten der Arbeitnehmer ausgehen, weil sie mit der momentanen Gestaltung ihrer Arbeitsbedingungen unzufrieden sind. Um ihrer Forderung nach Abschluss eines (neuen) Tarifvertrages entsprechende Bedeutung zu verleihen, legen sie hauptsächlich ihre Arbeit nieder. Hiermit soll durch die Zufügung von Nachteilen kollektiver Druck auf die Arbeitgeberseite ausgeübt werden.[65] Im Ergebnis führt die Zurückhaltung der Arbeitsleistung aber nicht nur auf Seiten des Arbeitgebers zu Beeinträchtigungen. Vielmehr können auch andere Arbeitnehmer vom Streik betroffen sein, die nicht gewerkschaftlich organisiert sind

---

65   *Wolfgang Zöllner/Karl-Georg Loritz/Curt Wolfgang Hergenröder*, Arbeitsrecht, 6. Aufl., 2008, S. 413.

oder aus einem anderen Grund nicht am Streik teilnehmen wollen. Dabei stellt sich die Frage, ob der Arbeitgeber die Zahlung des Arbeitsentgeltes für arbeitswillige Beschäftigte zu Recht verweigern darf, wenn er ohne eigenes Verschulden arbeitskampfbedingt seine Produktion einstellen muss. Dieser Fall liegt konkret etwa dann vor, wenn ein arbeitswilliger Beschäftigter nicht arbeiten kann, weil sein Kollege am Fertigungsband streikbedingt die Arbeit nieder gelegt hat und erforderliche Vorarbeiten nicht erbringt. Grundsätzlich sind geschlossene Verträge zu erfüllen. Ist dies für den Vertragspartner unmöglich, ist der Anspruch auf Leistung nach den allgemeinen Regeln ausgeschlossen (vgl. § 275 BGB) und der Anspruch auf die Gegenleistung entfällt gemäß § 326 Abs. 1 BGB. Speziell für das Dienstrecht gibt es zur Beurteilung der Vergütung bei Annahmeverzug und bei Betriebsrisiko sogar eine Sondervorschrift in § 615 BGB. Danach kann die Person, die zur Diensterbringung verpflichtet ist, ihre Vergütung verlangen, wenn der Dienstberechtigte mit der Annahme der Dienste in Verzug gerät oder der Arbeitgeber das Risiko des Arbeitsausfalls trägt. Aber auch diese spezielle Regelung trägt den Interessen beider Seiten im Fall eines Arbeitskampfes nicht ausreichend Rechnung, da nach dieser Vorschrift der Arbeitgeber bei jedem Produktionsstopp wegen eines Streiks außerhalb des Betriebes zur Entgeltfortzahlung verpflichtet wäre. Nach der in Literatur und Rechtsprechung entwickelten Arbeitskampfrisikolehre entfallen die Rechte und Ansprüche, wenn durch sie die Arbeitskampfparität beeinträchtigt würde. Wird also in einem Betrieb rechtmäßig gestreikt, dann hat der Arbeitgeber ein Lohnverweigerungsrecht[66], wenn ihm unverschuldet die Beschäftigung der arbeitswilligen Arbeitnehmer unmöglich oder unzumutbar ist.[67] Nachteilig ist diese Situation für den arbeitswilligen Arbeitnehmer vor allem dann, wenn er nicht selbst Gewerkschaftsmitglied ist, denn Gewerkschaftsmitglieder erhalten gewöhnlich bei Streik eine Art Entgeltfortzahlung aufgrund ihrer Mitgliedschaft. Anders als bei der Entscheidung über die Verteilung von Einkaufsvorteilen innerhalb der Franchisenetzwerke stand den angerufenen Arbeitsgerichten kein Vertrag zur Auslegung zur Verfügung. Die Arbeitsgerichte waren gezwungen mit Hilfe aller verfügbaren gesetzlichen Grundlagen und des Lebenssachverhalts Entscheidungen zu treffen, die den gegensätzlichen Interessen von Arbeitnehmern und Arbeitgebern gerecht wurden. Auf der Grundlage der Koalitionsfreiheit gemäß Artikel 9 Abs. 3 GG müssen die heutigen Urteile mithin die Koalitionsbetätigung zur Wahrung und Förderung der Arbeits- und Wirtschaftsbedingungen gewährleisten. Ursprünglich wurde der Wegfall des Anspruchs auf Arbeitsentgelt mit

---

66   So HWK-*Hergenröder*, 4. Aufl., 2010, Art. 9 GG, Rn. 215; aA. *Wolfgang Zöllner/Karl-Georg Loritz/Curt Wolfgang Hergenröder*, Arbeitsrecht, 6. Aufl., 2008, S. 228.
67   *Wolfgang Zöllner/Karl-Georg Loritz/Curt Wolfgang Hergenröder*, Arbeitsrecht, 6. Aufl., 2008, S. 226 f.

der Sphärentheorie[68] begründet. Diese Theorie hat sich aus einer Entscheidung des Reichsgerichts entwickelt. Das Reichsgericht teilte darin die Arbeitsvertragsparteien pauschal in zwei soziale Lager – das Unternehmertum und die Arbeiterschaft – ein.[69] Alle Arbeitnehmer sollten mit Abschluss eines Arbeitsvertrages in eine „Arbeits- und Betriebsgemeinschaft" und somit in die Gesamtorganisation des Betriebes eingetreten sein. Das Ergebnis sollte damit nicht mehr vom Unternehmer allein mit seinem Kapital und seinem Arbeitsmittel abhängen, sondern im gemeinschaftlichen Zusammenwirken von Unternehmer und Arbeiterschaft gewonnen werden. Der Arbeitnehmer sei ebenso nicht nur ein bloßes Werkzeug des Unternehmers. Versage allerdings die Arbeitsgemeinschaft, was nicht allein auf von der Unternehmerschaft zu verantwortende Gründe zurückzuführen sei, werde die Grundlage der Zusammenarbeit entzogen und beide müssten die Folgen tragen. Aus rechtlicher Sicht sollte für einen solchen Fall in den vorgefertigten Regeln des Bürgerlichen Gesetzbuches eine Lücke vorliegen. Gleichzeitig gehe aber aus dem BGB der allgemeine Rechtsgedanke hervor, dass die Folgen einer Betriebsstörung von dem zu tragen sind, dem sie zuzurechnen seien. Nach dieser Theorie entfalle der Anspruch, weil die Unmöglichkeit der Beschäftigung auf ein Verhalten der Arbeitnehmer zurückzuführen sei. Da zudem eine Solidarität zwischen allen Arbeitnehmern herrsche, müsse die Handlung auch allen zugerechnet werden mit der Folge, dass der Anspruch aller betroffenen Arbeitnehmer entfalle. Das Urteil des Reichsgerichts führte im Ergebnis dazu, dass die Arbeitnehmer einer elektrischen Straßenbahn kein Arbeitsentgelt erhielten, weil in einem Kraftwerk gestreikt wurde und deshalb kein elektrischer Strom bezogen werden konnte. In der neueren Rechtsprechung wird die Sphärentheorie abgelehnt.[70] Nach heutiger Auffassung des Bundesarbeitsgerichts (BAG) ist diese Annahme ungeeignet das Arbeitskampfrisiko zu begründen. Die Vorstellung, alle Arbeitnehmer seien unabhängig von der Gruppenzugehörigkeit und Interessenverschiedenheit solidarisch, liefe im Ergebnis auf eine reine Fiktion hinaus. Weiterhin sei der Sphärengedanke so unscharf, dass sämtliche durch Arbeitnehmer hervorgerufenen Betriebsstörungen von allen betroffenen Arbeitnehmern getragen werden müssten. Eine überzeugende Begründung für die Arbeitskampfrisikolehre sei dagegen der in der Tarifautonomie wurzelnde Grundsatz der Kampfparität. Arbeitskämpfe sollen die Voraussetzungen für den Abschluss eines Tarifvertrages schaffen. Zur Gewährleistung dieses Rechts, dürfe folglich von keiner staatlichen Institution einem Tarifpartner so starke Kampfmittel zur Verfügung gestellt werden, dass der Gegenseite keine Verhandlungs-

---

68   MünchKomm-*Henssler*, 5. Aufl., 2009, § 615 BGB, Rn. 94 f.; RAG 3, 116; RGZ 106, 274 ff.
69   RGZ 106, 272, 274 ff.
70   *BAG* AP GG Art. 9 Arbeitskampf Nr. 70, 71; HWK-*Hergenröder*, Art. 9 GG, Rn. 215.

chance verbleibe.[71] Insbesondere bei Teilstreiks und Schwerpunktstreiks von Schlüsselkräften würde (potentiell) durch die Lohnzahlungspflicht ein so starker Druck aufgebaut, dass die Arbeitskampfparität beeinträchtigt wäre.[72] Neben den hier dargestellten Begründungen existieren natürlich noch eine Reihe anderer.[73] Unabhängig von der genauen Begründung der Arbeitskampfrisikolehre wird jedoch auch bei der Streitigkeit die Vernetzung der einzelnen Personen sichtbar. Trotz der einzelnen und gesonderten Vertragsbeziehung zwischen jedem Arbeitnehmer und dem Arbeitgeber führt ein rechtmäßiger Arbeitskampf in Form eines Streiks zu Auswirkungen auf der gesamten Arbeitnehmerseite. Ferner spricht nicht die Relativität der Schuldverhältnisse dagegen. Eine Teilnahme an einem Streik führt zu einer Suspendierung der Hauptleistungspflichten im Arbeitsverhältnis der Arbeitnehmer, die sich im gewerkschaftlichen Streik befinden.[74] Gleichzeitig kann diese Situation aber auch eine Aussetzung der Entgeltzahlungspflicht gegenüber anderen Arbeitnehmern des Betriebes verursachen (s.o.).

Neben den oben genannten Erwägungen, insbesondere zur Arbeitskampfparität, ist das Ergebnis auch unter Beachtung der Risiken und Chancen für die Arbeitnehmer nachvollziehbar. Schließlich wird auf dem einen oder anderen Weg jeder Arbeitnehmer in dem Unternehmen von dem erreichten Tarifabschluss profitieren. Selbst, wenn ein Arbeitnehmer nicht durch die Mitgliedschaft in der tarifvertragsschließenden Gewerkschaft von der späteren Einigung unmittelbar profitiert, er keine Bezugnahmeklausel im Arbeitsvertrag vereinbart hat und noch nicht mal die Höhe der Vergütung bestimmt wurde, gilt zumindest die übliche Vergütung (vgl. § 612 Abs. 1 BGB), die sich durch Abschluss des (neuen) Tarifvertrages entsprechend anpassen wird. Im Übrigen bleib jedem Arbeitnehmer die Wahl in die tarifvertragsschließende Gewerkschaft einzutreten oder mit dem Arbeitgeber individualvertraglich eine entsprechende Vereinbarung zu treffen. Schon dieser alltägliche Sachverhalt zeigt, dass im Arbeitsrecht bipolare Arbeitsvertragsbeziehungen nur Teil eines multilateralen Gefechts sind.

---

71   *BAG* AP GG Art. 9 Arbeitskampf Nr. 70.
72   Vgl. MünchKomm-*Henssler*, 5. Aufl., 2009, § 615 BGB, Rn. 97 f.; BAG vom 25.07.1957, AP
        BGB § 615 Betriebsrisiko Nr. 2 (S. 2).
73   *BAG* AP GG Art. 9 Arbeitskampf Nr. 70 mwN.
74   HWK-*Hergenröder*, 4. Aufl., 2010, Art. 9 GG, Rn. 190.

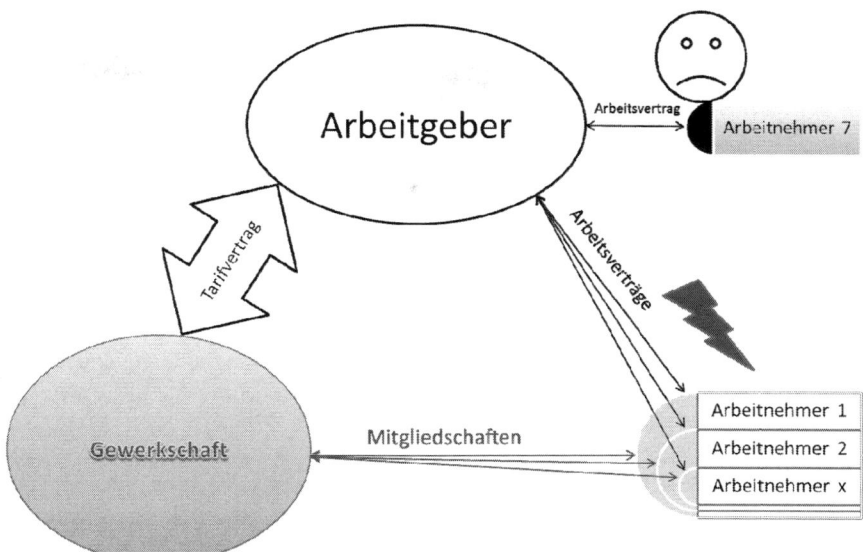

Abbildung 5: Arbeitskampfbedingte Auswirkungen auf der Arbeitnehmerseite (eigene Darstellung)

b) Netzwerkbedingte Auswirkungen vor allem auf Arbeitgeberseite

Noch deutlicher werden die Netzwerkstrukturen beim Arbeitskampf um einen Verbands- bzw. Flächentarifvertrag. Ein solcher Fall liegt beispielsweise vor, wenn es etwa wegen eines rechtmäßigen Arbeitskampfes bei Zulieferfirmen der Automobilindustrie im Tarifgebiet Nordwürttemberg/Nordbaden zu einem Stillstand der Automobilproduktion bei einem Automobilhersteller im selben Tarifgebiet kommt, weil Einbauteile nicht geliefert werden können. Wie oben schon erwähnt, entfällt nach der neueren Rechtsprechung des Bundesarbeitsgerichts der Anspruch auf Arbeitsentgelt nur, wenn die Arbeitskampfparität beeinträchtigt wird. Während die Benachteiligung der Kampfparität in unmittelbar betroffenen Betrieben in aller Regel gegeben ist, wenn die Beschäftigung der Arbeitnehmer unmöglich oder wirtschaftlich unzumutbar ist, muss dies bei mittelbar berührten Firmen erst besonders festgestellt werden.[75] Die Relevanz des Themas ist deshalb besonders groß, weil in jüngerer Zeit verstärkt in Betrieben oder auf Arbeit-

---

75 *Abbo Junker*, Grundkurs Arbeitsrecht, 8. Aufl., 2009, Rn. 293.

nehmerstellen gestreikt wird, die eine gewisse Schlüsselstellung innehaben. Im Gegensatz zu einem Flächenstreik ist die Zahl der anspruchsstellenden Gewerkschaftsmitglieder bei einem Schwerpunktstreik bedeutend geringer mit der Folge niedrigerer Entgeltfortzahlungsverpflichtungen durch die streikaufrufende Gewerkschaft. Neben der Schonung der Streikkassen kann bei richtiger Auswahl der bestreikten Stellung zudem eine beachtliche Wirkung erzielt werden. Beispielsweise kann die Bestreikung von nicht schnell ersetzbaren Zulieferbetrieben ganze Fertigungsbranchen stilllegen.[76] Eine Beeinträchtigung der Arbeitskampfparität liegt etwa dann vor, wenn der für das mittelbar betroffene Unternehmen zuständige Verband mit dem unmittelbar kampfführenden Verband identisch ist oder eine enge organisatorische Verbindung vorliegt. Begründet ist dieses Ergebnis dadurch, dass in einer solchen Konstellation auf Arbeitgeberseite ein Binnendruck entsteht, der wiederum zu einer Einflussnahme auf die innerverbandliche Willensbildung führen kann.[77] Nachdem Arbeitsentgeltforderungen bei direkter und unmittelbarer Arbeitskampfbetroffenheit die Netzwerkkonstellation vor allem auf Seiten der Arbeitnehmer sichtbar machten, werden im nunmehrigen Fall die Bindungen im Lager der Arbeitgeber erkennbar. Im Wesentlichen ist die Rechtsfolge des Verlustes auf Arbeitsentgelt bei mittelbar kampfbetroffenen Betrieben entweder auf ihre Verbindung zum gleichen Arbeitgeberverband oder auf die Verbindung zwischen den Arbeitgeberverbänden untereinander zurückzuführen.

(1)   Arbeitskampf mit Auswirkungen im selben Tarifgebiet

Die unmögliche bzw. unzumutbare Beschäftigungsmöglichkeit der Arbeitnehmer bei nicht unmittelbar kampfbetroffenen Betrieben im Arbeitskampfgebiet führt nicht automatisch zum Wegfall des Anspruchs auf Arbeitsentgelt. Ein Wegfall des Arbeitsentgeltes kann aber in einem solchen Fall durch die Verbindung zum Arbeitgeberverband ausgelöst werden. Diese Verbindung besteht in der Regel durch die Mitgliedschaft in dem Arbeitgeberverband, dessen Tarifvertragsgebiet vom Arbeitskampf direkt betroffen ist. Das oben dargestellte Netzwerk ist also in dem Fall um einen weiteren Arbeitgeber mit seinen Arbeitnehmern und den Arbeitgeberverband erweitert.

---

76   *Franz Gamillscheg*, Kollektives Arbeitsrecht, Band I, 1997, § 27, S. 1244.
77   *BAG* vom 22.12.1980, AP Nr. 70 zu Art. 9 GG Arbeitskampf; *Abbo Junker*, Grundkurs Arbeitsrecht, 8. Aufl., 2009, Rn. 633.

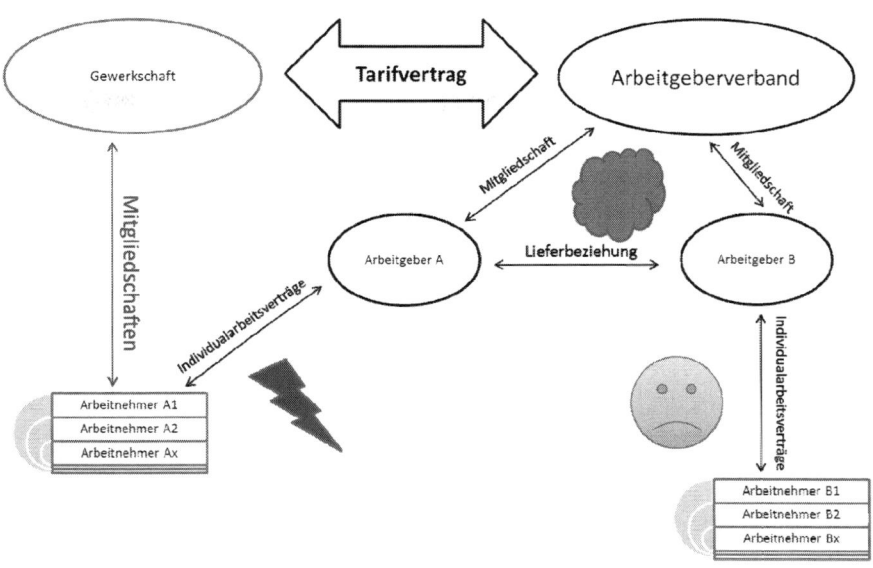

Abbildung 6:   Arbeitskampfbedingte Auswirkungen im selben Tarifgebiet
                 (eigene Darstellung)

Vergleicht man diese Konstellation mit der eines ebenso (mittelbar) betroffenen Arbeitgebers, der nicht Mitglied im Arbeitgeberverband ist und auch keine sonstige Verbindung zu dem bestreikten Arbeitgeber hat, wird die Wichtigkeit dieser Beziehung deutlich. Ist der ebenso beeinträchtigte Arbeitgeber kein Mitglied im Arbeitgeberverband, haben seine Arbeitnehmer bei sonst gleicher Sachlage auf der Grundlage der heutigen Rechtsprechung einen Anspruch auf Arbeitsentgelt nach § 615 BGB. Die Rechtsprechung misst also im Ergebnis der Verbindung des mittelbar betroffenen Arbeitgebers zum Arbeitgeberverband eine hohe Bedeutung zu. Aus Sicht des anspruchstellenden Arbeitnehmers ist dies wiederum beachtlich, weil sein Anspruch aufgrund des bipolaren Arbeitsvertrages allein durch die Verbindung des Arbeitgebers mit einem Dritten, in dem Fall mit dem Arbeitgeberverband, entscheidend beeinflusst wird. Die Wirkung dieser Netzwerksituation ist jedoch nur auf den ersten Blick besonders und überraschend. Schaut man sich die spiegelbildliche Konstellation auf Seiten der Arbeitnehmer bei der Begründung von Tariflohn durch Eintritt in die Gewerkschaft an – bei geringerem arbeitsvertraglich vereinbartem Lohn –, werden Gemeinsamkeiten sichtbar. Durch die Begründung der Mitgliedschaft des Arbeitnehmers in der Gewerkschaft kann ebenso ohne die Einflussmöglichkeit des Arbeitgebers eine vom bipolaren Arbeitsvertrag abweichende Rechtsfolge ausgelöst werden (vgl. § 4 Abs. 1 TVG).

(2)   Arbeitskampf mit Auswirkungen auch in einem anderen Tarifgebiet

Anstatt der Verbindung kraft Mitgliedschaft über den selben Arbeitgeberverband in dessen Tarifvertragsgebiet der Arbeitskampf stattfindet, kann auch eine enge organisatorische Verbindung zwischen dem unmittelbar bestreikten Arbeitgeber und dem mittelbar betroffen Arbeitgeber die Arbeitskampfparität beeinträchtigen. Dies ist etwa der Fall, wenn der mittelbar arbeitskampfbetroffene Arbeitgeber Mitglied in einem anderen Arbeitgeberverband außerhalb des umkämpften Tarifgebietes ist und zwischen dem indirekt kampfbetroffenen Arbeitgeberverband sowie dem direkt kampfbetroffenen Arbeitgeberverband wiederum eine Verbindung durch eine (dritte) übergeordnete Organisation gegeben ist. Die letztere Beziehung wird dann angenommen, wenn beide Arbeitgeberverbände ihrerseits in einem Spitzenverband organisiert sind, wo es wiederum zu gegenseitiger Beeinflussung und „Binnendruck" kommen könnte. In dieser Zusammensetzung wird das Netzwerk nochmals bedeutend erweitert. Während die oben vorgestellten Situationen im selben Tarifvertragsgebiet spielen, ist nunmehr noch ein zweites (unumkämpftes) Tarifvertragsgebiet mit einem zweiten Arbeitgeberverband neben dem ersten (umkämpften) Gebiet mit umfasst. Das Netzwerk besteht also neben dem im Arbeitskampf befindlichen Arbeitgeber mitsamt seinen Arbeitnehmern, der Gewerkschaft und dem Arbeitgeberverband aus dem ersten Tarifgebiet zusätzlich aus den Arbeitgeber einschließlich seiner Arbeitnehmer, dem Arbeitgeberverband aus dem zweiten Tarifgebiet und dem Spitzen- bzw. Dachverband der Arbeitgeberverbände für die Tarifgebiete eins und zwei.

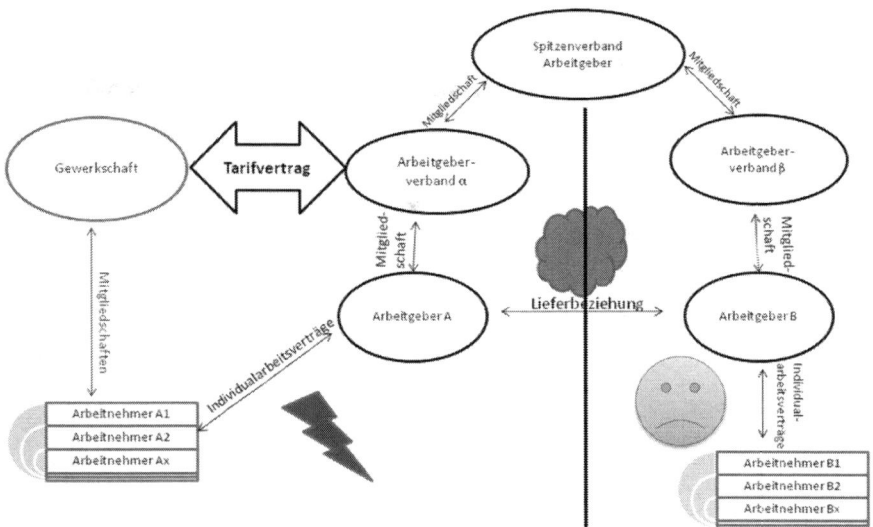

Abbildung 7:   Arbeitskampfbedingte Auswirkungen in einem anderen
Tarifgebiet (eigene Darstellung)

Erneut kann die Verbindung des Arbeitgebers zu einem Dritten zum Wegfall der
Entgeltansprüche seiner Arbeitnehmer führen. Dies ist konkret dann der Fall,
wenn der Arbeitgeber aus dem (zweiten) Tarifgebiet in dessen Arbeitgeberverband Mitglied ist und dieser wiederum zu dem Spitzenverband Arbeitgeber eine
Mitgliedschaftsverbindung aufrechterhält, wo auch der Arbeitgeberverband aus
dem umkämpften Tarifgebiet eins Mitglied ist. In einer solchen Konstellation
entfallen die Entgeltansprüche der sich nicht im Streik befindlichen Arbeitnehmer (Tarifgebiet zwei), wenn ihre Beschäftigungsmöglichkeit ohne Verschulden
ihres Arbeitgebers unmöglich bzw. unzumutbar wird. Anspruchsrelevant sind
also auch die Verbindungen der Arbeitgeberverbände aus den beiden Tarifgebie-
ten zu der Spitzenorganisation. Letztere Verbindungen sind deshalb so entscheidend, weil sie nach der Rechtsprechung des BAG die Grundlage für die Erzeu-
gung von „Binnendruck" sind und damit die Arbeitskampfparität beeinflussen.
Erst die Entgeltzahlungsverpflichtungen trotz anhaltendem Produktionsausfall
bei dem Arbeitgeber aus dem zweiten Tarifgebiet können zu einer relevanten
Einflussnahme bei seinem zuständigen Arbeitgeberverband führen. Letzterer
wiederum könnte versuchen über den Spitzenverband auf den Arbeitgeberverband aus dem ersten Tarifgebiet Druck auszuüben, um zu einem Ende des Arbeitskampfes durch mehr oder weniger vorbehaltlose Annahme der Streikforde-

rung mit Tarifvertragsabschluss zu gelangen. Für den anspruchstellenden Arbeitnehmer ist also im Ergebnis die über Mitgliedschaften vermittelte Verbindung
seines Arbeitgebers zu einem mitunter völlig fremden Arbeitgeber, der sich im
Arbeitskampf befindet, streitendscheidend.

(3) Sonstige Verbindungen mit Anspruchsrelevanz bei Arbeitskämpfen

Neben der verbandsmäßigen Verflechtung können auch andere Verbindungen zu
einer Beeinträchtigung der Arbeitskampfparität führen. Zum Teil wird dies
schon bei einer wirtschaftlichen Abhängigkeit zwischen dem unmittelbar bestreikten und dem mittelbar betroffenen Arbeitgeber angenommen, wie zum
Beispiel innerhalb eines Konzerns.[78] Aber auch, wenn der mittelbar betroffene
Arbeitgeber Tarifverträge eines unmittelbar arbeitskampfbetroffenen Arbeitgebers etwa kraft Bezugnahmetarifvertrages übernimmt, ist beispielsweise eine
Beeinflussung der Arbeitskampfparität denkbar. Die Frage, ob ein Streik bei
einem solchen Außenseiter-Arbeitgeber rechtmäßig ist, hatte das BAG zumindest bejaht. Nachdem das Gericht die Anwendbarkeit des räumlichen und fachlichen Geltungsbereichs von dem in Bezug genommenen Verbandstarifvertrages
festgestellt hatte, hat es auch die Einwirkungsmöglichkeiten bestätigt. Zwar
könne der Außenseiter-Arbeitgeber nicht aufgrund seiner Mitgliedschaft auf den
Arbeitgeberverband Einfluss nehmen, jedoch auf andere Art und Weise. Im
Arbeits- und Wirtschaftsleben von Arbeitgebern derselben Branche und desselben Gebiets gebe es zahlreiche Einfluss- und Reaktionsmöglichkeiten. Neben
dem Arbeitgeberverband sollen auch andere Zusammenkünfte mit Verbindungen
und Kontakten bestehen. Selbst wenn diese Verbindungen rein informeller Natur
seien, würden sie nach dem BAG nicht weniger wirksam sein.[79]

4.4 Zwischenergebnis

Die aufgeführten Beispiele zeigen einen Ausschnitt zu welchen praktischen Folgen netzwerkartige Verbindungen im Arbeitsleben führen können. Vor allem bei
Arbeitskämpfen ist der Netzwerkeinfluss markant. Im Fall mit dem Außenseiter-
Arbeitgeber ist erstaunlich, dass vom Gericht die Vermutung von Verbindungen
außerhalb der Institution Arbeitgeberverband als ausreichend für Einwirkungs-

---

78 Münchener Handbuch zum Arbeitsrecht-Ricken, 3. Aufl., 2009, § 206, Rn. 4; differenzierend
    und wohl eher verneinend *Franz Gamillscheg*, Kollektives Arbeitsrecht, Band I, 1997, § 27, S.
    1253.
79 *BAG* vom 18.02.03, - 1 AZR 142/02 -, AP Art. 9 GG (Arbeitskampf), Nr. 163.

möglichkeiten anerkannt wurde. Dabei sollen sogar informelle Einflussnahmen auf Mitglieder des mehr oder weniger fremden Arbeitgeberverbandes genügen, um ihn zum Abschluss eines ohne seine Mitwirkung in Bezug genommenen Verbandstarifvertrags zu bringen.

5 Fazit

Netzwerke sind omnipräsent. Durch die Verbreitung in fast allen Lebensbereichen kann und darf sich das Recht nicht der gründlichen Beurteilung entziehen. Dies gilt ganz besonders für das Zivilrecht. Allerdings geht die ursprüngliche Gestaltung des Bürgerlichen Gesetzbuches überwiegend von Verbindungen zwischen zwei Personen aus, die relativ gleich stark sind. Da Netzwerke Geflechte von mehreren Personen sind, führt dieser Umstand zu Problemen. Zwar sind in neueren Normen, wie dem § 307 Abs. 2 Nr. 2 BGB, und durch ungeschriebene Rechtsinstitute, wie dem Vertrag mit Schutzwirkung für Dritte, Anpassungstendenzen sichtbar. Aber schon die gewöhnlichen Beispiele Franchise und Arbeitskampf zeigen weiteren Entwicklungs- und Konkretisierungsbedarf auf.

Zielgruppenorientierte Präventionsangebote am Standort Schuldner- und Insolvenzberatung als neuer Weg der Stärkung gesundheitlicher Teilhabe überschuldeter Menschen

*Ulrike Zier/Michael Bellwinkel/Monique Faryn-Wewel/
Stephan Letzel/Eva Münster*

1 Mehrdimensionale Problemlage überschuldeter Menschen

In Deutschland stellt Überschuldung von privaten Haushalten ein weitverbreitetes Phänomen dar. So gehen Schätzungen für das Jahr 2010 davon aus, dass nahezu jeder zehnte Volljährige in Deutschland von Überschuldung betroffen ist. Dies entspricht etwa drei Millionen Privathaushalten (Creditreform 2010: 4)[1]. Überschuldung bedeutet hierbei, nicht in der Lage zu sein, mit dem Einkommen die eingegangen Zahlungsverpflichtungen nach Abzug der notwendigen – und oft bereits drastisch zurückgeschraubten – Lebenshaltungskosten zu erfüllen (European Commission 2008: 33-37)[2]. Es liegt eine akute Zahlungsunfähigkeit vor. Trotz sinkender Arbeitslosenzahlen (Bundesagentur für Arbeit, 2011: 16ff) und Einführung der Privatinsolvenz (Bundesministerium für Justiz 2011: 6-9) ist der Anteil der überschuldeten Menschen im Zuge der Weltwirtschaftskrise für 2010 erstmals wieder mit einer Veränderung um 4,7% leicht angestiegen (Creditreform 2010: 4). Prognosen setzen diesen Trend für 2011 fort (Knobloch et al. 2011: 40).

Neben den auf der Hand liegenden finanziellen Problemen bei Überschuldung treten nahezu zwangsläufig auch rechtliche Problemlagen durch die Geltendmachung der Schulden von Seiten der Gläubiger ein. Mit der Schuldner- und Insolvenzberatung wird die Regulierung der Schulden angestrebt und insbeson-

---

1 Ähnliche Zahlen betroffener Haushalte weisen andere Schätzungen auf. Zimmermann (2010: 80) nennt bspw. für das Jahr 2008 2,8 Millionen überschuldete Haushalte. Im selben Jahr benennt Angele (2008: 1) die Zahl der überschuldeten Haushalte als mindestens 3 Millionen.
2 Für Schätzungen der Quote überschuldeter Haushalte werden sowohl national als auch international unterschiedliche Kriterien zugrunde gelegt. Auskunfteien legen hierbei oft das Zahlungsverhalten ihren Schätzungen zugrunde legen, andere setzen Einkommen und Zahlungsverpflichtungen.

dere für den Umgang mit diesen Belastungen Hilfe angeboten. Zusätzlich zu den offensichtlichen Belastungen der Überschuldung entstehen jedoch für viele Betroffene Probleme im sozialen und gesundheitlichen Bereich: die Teilhabechance am gesellschaftlichen Leben, insbesondere auch am Gesundheitssystem wird durch den Verlust des finanziellen Handlungsspielraums beeinträchtigt (Münster et al. 2007; 2010; Rüger et al. 2010). Dabei können sich – vorranging psychosomatische – Krankheiten manifestieren.

1.1 Gesellschaftliche Teilhabe von Klienten der Schuldnerberatung

Der Erkenntnis, dass Armut eine benachteiligte Lebenslage darstellt und zu einer verminderten Realisierung von Teilhabechancen im sozialen Leben führen kann, wird inzwischen auch in der Armutsberichterstattung auf Seiten der Regierung Rechnung getragen (Bundesministerium für Arbeit und Soziales 2008). In der Studie „Armut, Schulden und Gesundheit" (ASG-Studie)[3] am Institut für Arbeits-, Sozial- und Umweltmedizin der Universitätsmedizin Mainz wurden Einblicke in die wirtschaftliche, aber auch soziale und gesundheitliche Lebenslage von Klienten der Schuldner- und Insolvenzberatung gewonnen. Dabei wurden Belege für die Einschränkung der Teilhabe von Überschuldung betroffener Menschen in verschiedenen Dimensionen gefunden: Im Bereich der sozialen Beteiligung, dem der „sozialen Nahbeziehungen" (Bartelheimer 2004: 53) werden umfangreich Austritte aus Vereinen berichtet, ebenso wie der Rückzug von Familienmitgliedern und Freunden (Münster und Letzel 2008, Rüger et al. 2010). Die durch Überschuldung ausgelösten Prozesse – wie Selbstwertminderung, Hoffnungslosigkeit, Enttäuschung, finanzielle und soziale Einschränkung – erschweren eine (Re-)Integration ins das soziale Leben. Mit zunehmender Dauer der Überschuldung kann ein sich beschleunigender, oft hoch dynamischer Abbauprozess durch negative Aufschaukelungsspiralen entstehen, in dem sich die negativen Auswirkungen der Überschuldung gegenseitig beeinflussen und verstärken – und dabei die körperliche und seelische Gesundheit beeinträchtigen.

---

3   Die ASG-Querschnittsstudie (Armut, Schulden und Gesundheit) wurde in den Jahren 2006-2007 vom Institut an 666 (Rücklaufquote 35,5%) Klienten von 53 Schuldner- und Insolvenzberatungsstellen in Rheinland-Pfalz durchgeführt, die einen Fragebogen an insgesamt 2235 Überschuldete im Alter zwischen 18 und 79 Jahren ausgaben. Es wurde pro Haushalt jeweils nur eine Person befragt. Ein weiteres Inklusionskriterium war der mindestens zweimalige Besuch der Beratungsstelle, um die Ernsthaftigkeit der Schuldenproblematik sicherzustellen. Die Studie und Ergebnisse daraus wurden an andere Stelle ausführlich beschreiben. Siehe dazu: Münster et al. 2007; 2010; Münster und Letzel 2008.

1.2 Gesundheitliche Teilhabe von Klienten der Schuldnerberatung

Deutliche Zusammenhänge zwischen der Überschuldungssituation einer Privatperson und einem defizitären Gesundheitszustand sowie einer eingeschränkten Inanspruchnahme von medizinischen Leistungen wurden durch die ASG-Studie aufgezeigt (Münster et al. 2007; 2010, Münster und Letzel 2008) und sind durch internationale Studien unterlegt (Pearlin et al. 1981; Price et al. 2002). Knapp 80 % der ASG-Studienteilnehmer gaben an, an mindestens einer Erkrankung zu leiden. Dabei waren die am häufigsten genannten Erkrankungen psychische Erkrankungen (40%); Gelenk- und Wirbelsäulenerkrankungen (39%) und Bluthochdruck (25,1%) (Münster et al. 2007). Psychosomatische Symptome wurden ebenso häufig von den Teilnehmern aufgeführt: Am häufigsten wurden hierbei Rückenschmerzen (85%), Müdigkeit (83%) und Schlafstörungen (82%) genannt.

In Anbetracht dieser Ergebnisse stellt sich die Frage nach Ursache und Wirkung zwischen Gesundheit und Überschuldung. Die Daten der ASG-Studie geben Hinweise auf beide Wirkmechanismen vor: „Krankheit führt zur Überschuldung" und „Überschuldung macht krank".

Es wird eine Selektion im Prozess der Überschuldung angedeutet, da etwa 33% angaben, dass eine Krankheit, ein Unfall oder eine Sucht der Überschuldungssituation kausal vorausging. Bedenkt man die finanziellen Einschnitte, die durch Regelungen zu Entgeltfortzahlung, Krankengeld und Rente bei Erwerbsminderung zwar gedämpft, aber nicht aufgehoben werden, wirkt diese Aussage plausibel. Zugleich negierten lediglich 21 % der Probanden die Aussage „Ich bin wegen der Schuldensituation krank geworden" vollständig. In Anbetracht der verstärkten psychischen Belastung, die durch die Zahlungsunfähigkeit selbst, aber auch durch Forderungen über Anrufe, Briefe und Pfändungen, vorliegen kann, ist auch dieser Wirkmechanismus nachvollziehbar.

Zudem treten in der Gruppe der Überschuldeten gehäuft Verhaltensweisen auf, die als wenig gesundheitsfördernd zu bezeichnen sind: 52 % der Befragten gaben an, sich aufgrund der Überschuldungssituation weniger gesund zu ernähren und weniger sportliche Aktivitäten auszuüben als vor der Überschuldung (Münster et Letzel 2008; Ochsmann 2009). Letztes hängt möglicherweise mit der berichteten Erschöpfbarkeit und dem Faktor zusammen, dass sich der Schuldner selbst zurückzieht und durch psychosomatische Symptome inaktiv wird. Auch wenn Überschuldung u. a. abhängig von Bewältigungsressourcen und moderierenden Faktoren wie z. B. Alter und Geschlecht individuell unterschiedliche Folgen haben kann, weisen überschuldete Menschen im Vergleich zur Allgemeinbevölkerung deutlich häufiger gesundheitliche Einschränkungen auf (Münster et al. 2009; Münster und Letzel 2008, Ochsmann 2009).

Dass auch der Zugang zu gesundheitserhaltenden sowie gesundheitsfördernden Maßnahmen eingeschränkt ist, zeigte sich an der berichteten reduzierten Inanspruchnahme von zuzahlungspflichtigen medizinischen Leistungen: Die Mehrzahl der Probanden gab an, sowohl aus Geldmangel ärztlich verschriebene Medikamente nicht gekauft (65 %) als auch aufgrund der Schuldensituation und der 10-Euro-Praxisgebühr Arztbesuche unterlassen zu haben (61 %). Besonders die Nicht-Inanspruchnahme von ärztlich verschriebenen Medikamenten deutet darauf hin, dass medizinisch notwendige Leistungen aufgrund der extremen Ausgabenarmut nicht in Anspruch genommen werden (Münster et al. 2010). Auch in Bezug auf Krankheitsprävention zeigt sich, dass Teilhabechancen nur bedingt von Überschuldeten realisiert werden. So gab die Hälfte der ASG-Studienteilnehmer an, nicht regelmäßig an Vorsorgeuntersuchungen wie der mindestens jährlich empfohlenen zahnärztlichen Vorsorgeuntersuchung oder Krebsvorsorgeuntersuchungen teilzunehmen.

Diese Erkenntnisse deuten auf dominierende gesundheitliche und soziale Probleme sowie eine Einschränkung der gesundheitlichen Versorgung. Ein dringender Handlungsbedarf im Hinblick auf gesundheitsbezogene Präventionsprogramme ist gegeben, um die Gesundheit der überschuldeten Privatpersonen und deren Teilhabechance im Gesundheitsbereich zu verbessern.

2   Hürden und Wege der gesundheitlichen Chancengleichheit für Überschuldete

Um die Teilhabechance im Gesundheitsbereich für Überschuldete zu verbessern, müssen zuerst mögliche finanzielle Hürden aufgedeckt werden, um dann Wege ihrer Überwindung zu zeichnen. Dazu wurde das Projekt „Entwicklung von Ansätzen zur Gesundheitsförderung und Krankheitsprävention bei überschuldeten Privatpersonen" durchgeführt. Dieses wurde vom Bundesverband der Betriebskrankenkassen (BKK Bundesverband) im Rahmen der BKK Initiative „Mehr Gesundheit für alle" zur Minderung sozial bedingter Ungleichheit von Gesundheitschancen gefördert. Die dort erarbeiteten Ansätze basieren auf 16 leitfadengestützten Experteninterviews mit Schuldnerberaterinnen und -beratern in Rheinland-Pfalz und Mecklenburg-Vorpommern.[4] Dabei zeigten sich Hürden und Ansätze auf struktureller, wie auch auf individueller Ebene, die im Folgenden näher dargestellt werden.

---

4   Die kodierten Aussagen wurden sowohl hermeneutisch im Hinblick auf die Generierung neuer Ideen als auch im Hinblick auf ihre Häufigkeiten ausgewertet, um besonders verbreitete Ideen aufzufinden.

2.1 Strukturelle Hürden der gesundheitlichen Chancengleichheit

Bei Betrachtung der gesundheitlichen Teilhabechancen von überschuldeten Privatpersonen liegt es nahe, zuerst finanzielle Anforderungen aufzuzeigen. Bereits seit den 90er Jahren wird im deutschen Gesundheitssystem vermehrt Eigenbeteiligung der Versicherten der Gesetzlichen Krankenkassen neben den Beitragszahlungen eingefordert (Busse und Riesberg 2005: 219ff; Graf von der Schulenburg 2005). So wird seit dem Inkrafttreten des Modernisierungsgesetztes der Gesetzlichen Krankenversicherung (GKV-Modernisierungsgesetz) am 1. Januar 2004 die oben bereits erwähnte Praxisgebühr vom 10 € beim ersten Arztbesuch im Quartal fällig und die Medikamentenzuzahlung von bis zu 10 € pro Medikament. Aber auch Maßnahmen zur Förderung der Gesundheit, etwa Präventionskurse, bedürfen der Zuzahlung. Ziel der Gesetzgebung ist neben der finanziellen Sicherung der GKV auch die Stärkung der Eigenverantwortung der Versicherten. Dass diese Leistungen von Überschuldeten nicht nur zur angestrebten Unterlassung womöglich vermeidbarer Arztbesuche führt, sondern auch notwendige Gesundheitsleistungen – nämlich z.b. ärztlich verordnete Medikamente – nicht in Anspruch genommen werden, zeigt die Konsequenzen dieser finanziellen Schwellen deutlich auf.

In den letzten Jahren stieg die finanzielle Belastung der Versicherten durch Beitragserhöhungen und durch die Einführung von Zusatzbeiträgen. Sofern ein Versicherter nicht mehr in der Lage ist, die Krankenkassenbeiträge ordnungsgemäß zu bezahlen, folgen drastische Einschränkungen der gesundheitlichen Teilhabechance: Ab einem zweimonatigen Rückstand der Beitragszahlungen kann die Krankenversicherung die Leistungen ruhen lassen, sodass nur bestimmte Vorsorgeuntersuchungen und Behandlungen bei akuter Erkrankung von der Krankenkasse übernommen werden (Fünftes Buch Sozialgesetzbuch (SGB V): § 16 Abs. 3a, Satz 2). Erst wenn alle ausstehenden Beiträge bezahlt oder eine Zahlungsvereinbarung geschlossen wurde, tritt der Versicherungsschutz wieder vollständig in Kraft. Zudem kommt es trotz Einführung der Versicherungspflicht im Januar 2009 vor, dass Überschuldete nicht krankenversichert sind.

Um diesen Ausgrenzungen aus dem Gesundheitssystem zu begegnen, sind einige präventive Leistungen von Zuzahlungen befreit. Zudem wurde eine Härtefallregelung zur Zuzahlungsbefreiung und zur Unterstützung bei Kosten durch Zahnersatz ausgestaltet. Die Freistellung von Zuzahlungen ist dabei jedoch ebenfalls mit einem zu leistenden Eigenanteil von 2 % (bzw. 1% beim Vorliegen einer chronischen Erkrankung) der von Steuern, Sozialabgaben und Pfändungen unberührten Bruttohaushaltseinnahmen verbunden. Die Überschuldungssituation wird hier nicht berücksichtigt, da als Berechnungsgrundlage ein oftmals weitaus höherer Betrag dient, als die tatsächlich zur Verfügung stehenden Mittel. Die

Regelung baut auf dem Rückerstattungsprinzip auf, wobei zu viel bezahlte Beiträge in der Regel auf Antrag am Jahresende erstattet werden. Das bedeutet, dass die Zuzahlungen im Vorfeld durch die Versicherten zu erbringen sind. Anhand der qualitativen Experteninterviews konnte aufgezeigt werden, dass weder Mitarbeiter der Schuldner- und Insolvenzberatungsstellen, noch ihre Klienten ausreichend über diese Härtefallregelungen informiert sind. Neben finanziellen Hürden treten demnach auch Wissenslücken auf, die die Probleme der verminderten gesundheitlichen Teilhabechance verstärken. Von Schuldnerberatern, die über die sogenannten Härtefall-Regelungen im Gesundheitssystem informiert waren, wurde berichtet, dass ihre Klienten mit den bürokratischen Herausforderungen bei der Beantragung dieser Härtefallregelungen überfordert werden. Es ist davon auszugehen, dass berechtigte Härtefallanträge nicht gestellt werden. Auch die nicht von allen realisierten Teilhabemöglichkeiten im Präventionsbereich könnte auf mangelnde Information zurückzuführen sein. Möglich ist, dass die Zuzahlungsfreiheit gewisser Präventionsangebote nicht bekannt ist. Genauso können aber auch Furcht vor Stigmatisierung, Antriebslosigkeit oder Ausblenden des eigenen Gesundheitszustandes durch Fokussierung auf die finanzielle Problemlage zur Erklärung der mangelnden Inanspruchnahme von Gesundheitsleistungen beitragen.

2.2 Persönliche Hürden der gesundheitlichen Chancengleichheit

In den rechtlichen Grundlagen der gesetzlichen Krankenversicherung ist die Eigenverantwortlichkeit der Versicherten festgelegt:

> „Die Versicherten sind für ihre Gesundheit mitverantwortlich; sie sollen durch eine gesundheitsbewußte Lebensführung, durch frühzeitige Beteiligung an gesundheitlichen Vorsorgemaßnahmen sowie durch aktive Mitwirkung an Krankenbehandlung und Rehabilitation dazu beitragen, den Eintritt von Krankheit und Behinderung zu vermeiden oder ihre Folgen zu überwinden." (§ 1 Satz 2 SGB V)

Wie Nebling (2011: 49f) darstellt, ist eine unerlässliche Voraussetzung für diese eigenverantwortliche Beteiligung der Versicherten das Wissen über die eigenen Handlungsmöglichkeiten. Anhand der qualitativen Interviews mit Schuldnerberatern und Klienten zeigte sich, dass diese Voraussetzung oft nicht erfüllt ist. Leistungen des Gesundheitssystems und Regelungen ihrer Inanspruchnahme sind nicht durchweg bekannt. Die unzureichende Information kann mit der beeinträchtigten sozialen Integration, dem Ausschluss aus sozialen Netzwerken und dem Rückzug der Betroffenen zusammenhängen. Sicherlich spielt auch die Fokussierung auf die drängenden finanziellen Probleme eine große Rolle hierbei.

Es ist naheliegend, dass Menschen in einer akuten Überschuldungsproblematik ihre Gesundheit und Informationen zur Gesundheit hintenanstellen. Sie nehmen sich erst der finanziellen Bedrohung an, ohne wahrzunehmen, wie wichtig die körperliche und psychische Leistungsfähigkeit für die oft nur langfristig zu erreichende Schuldenregulierung ist.

Eine zusätzliche Problematik auf der individuellen Ebene kann die Einschränkung der eigenen Handlungsfähigkeit durch psychische Erkrankung sein, die in diesem Kollektiv häufig auftritt. Auch die Schuldensituation selbst, die als kritisches Lebensereignis bewertet werden kann, kann über Beeinträchtigung des Selbstwertgefühls und Verlust oder Bedrohung des sozialen Status samt Wohnumfeld zu einer Beeinträchtigung der Handlungsfähigkeit und sinkender Selbstwirksamkeitserwartung führen. Ein Zusammenhang zwischen kritischen Lebensereignissen und körperlichen und psychischen Beeinträchtigungen wurde bereits festgestellt, insbesondere dann, wenn mit dem kritischen Ereignis langanhaltende oder einschneidende Veränderung des persönlichen und wirtschaftlichen Lebens einhergehen (Brown, Harris 1978, Pearlin 1987).

Um das individuelle Verhalten von Menschen positiv im Hinblick auf die Gesundheit zu beeinflussen, bedarf es der Verhaltens- und Verhältnisprävention. Dabei muss eine korrekte Informationsgrundlage geschaffen werden, die gesundheitsbewusstes Handeln im Lebensalltag ermöglicht.

2.3 Wege zur gesundheitlichen Chancengleichheit

Zur Überwindung von strukturellen und individuellen Hürden in der Inanspruchnahme von Gesundheitsleistungen sind Verhältnispräventionsmaßnahmen ebenso wie individuelle Förderung zur Verhaltensänderung notwendig. Auf struktureller Ebene ist eine besondere Berücksichtigung der Überschuldungssituation bei der Anerkennung von Härtefällen ebenso dringend notwendig wie eine Entbürokratisierung der Regelungen. Zudem sollten Informationen zu Leistungen im Gesundheitssystem leichter zugänglich gemacht werden. Denkbar wäre etwa eine automatische Anerkennung als Härtefall in Bezug auf Zuzahlungen und Zahnersatzkosten mit Eintritt in ein Privatinsolvenzverfahren.

Neben diesen langfristigen Lösungen auf gesellschaftlicher bzw. staatlicher Ebene ist es wichtig, kurz- und mittelfristige Unterstützungsangebote zu installieren. Zum einen sollten die benötigten Kenntnisse zu einer angemessen Nutzung der angeboten Gesundheitsleistungen vermittelt und zum anderen sollten die Bewältigungsressourcen der Betroffenen gestärkt werden.

Als Experten für die Situation ihrer Klienten bekamen die Schuldnerberater im Rahmen des Projekts „Entwicklung von Ansätzen zur Gesundheitsförderung und Krankheitsprävention bei überschuldeten Privatpersonen" die Gelegenheit, Anregungen für Maßnahmen zur Gesundheitsförderung zu geben und Ideen zu bewerten. Aus Sicht der Berater sind vor allem zielgruppenspezifische Präventionskurse, die Aufklärung über Leistungen des Gesundheitssystems und die Thematisierung von Gesundheit im Rahmen der Schuldnerberatung wichtige und geeignete Ansatzpunkte, um kurz- und mittelfristig eine Verbesserung der Situation in die Wege zu leiten. Präventionsangebote sollten dabei insbesondere die Themen Entspannung, Ernährung, Sport sowie Stress- und Alltagsbewältigung aufgreifen. Dabei ist eine Lösung von den herkömmlichen „Komm-Strukturen" besonders bei Präventionskursen dringend notwendig, um keine neuen Hürden aufzubauen. Die Mehrheit der Berater konnte sich eine Ansiedlung dieser Angebote in den Schuldner- und Insolvenzberatungsstellen vorstellen, indem die Kurse direkt vor Ort angeboten würden oder auch von speziell geschulten Beratern selbst durchgeführt würden. Mit hinreichenden Materialen wie Aufklärungsbroschüren und Fragebögen oder Anleitungen würden sich viele Berater auch zutrauen, das Thema Gesundheit in ihre laufende Beratung zu integrieren, wenn es die zeitlichen und personellen Möglichkeiten dafür gäbe.

Ausgehend von diesen Einschätzungen und Hinweisen wurde vom Institut für Arbeits-, Sozial- und Umweltmedizin -gefördert durch den BKK Bundesverband und mit Unterstützung der Team Gesundheit GmbH- das Präventionsangebot „TrotzSchuldenFit" erarbeitet und zur Implementierung vorbereitet.

3   Das Präventionsangebot „TrotzSchuldenFit" für Überschuldete

Die besondere Gesundheitsbelastung Überschuldeter wurde in der Studie ‚Armut, Schulden und Gesundheit' für Deutschland belegt (Münster et al. 2007; 2009; 2010; Münster und Letzel 2009; Ochsmann et al. 2009; Rüger et al. 2010) und ist durch internationale Untersuchungen bzgl. verschiedener Schuldensituationen untermauert (Bostock 2004; Jacoby 2002; Nelson et al. 2008; Saunders 1998). Dennoch werden überschuldete Menschen außerhalb der Schuldner- und Insolvenzberatung bzw. Budgetberatung kaum als Zielgruppe von Präventionsmaßnahmen angesprochen. Im Bereich der gesundheitlichen Teilhabe stellt beispielsweise der Kooperationsverbund „Gesundheitsförderung bei sozial Benachteiligen"[5] eine „Praxisdatenbank" mit Unterstützungsangeboten und Projekten zur Verfügung (www.gesundheitliche-chancengleichheit.de). Dort ist kein

---

5   Der bundesweite Kooperationsverbund „Gesundheitsförderung bei sozial Benachteiligten" wurde von der Bundeszentrale für gesundheitliche Aufklärung initiiert und von dieser maßgeblich getragen und setzt sich für die Verbesserung der Chancengleichheit im Bereich Gesundheit ein.

gesundheitsbezogenes Unterstützungsangebot für Menschen in einer Überschuldungsproblematik verzeichnet (Stichdatum: 28.02.2011). Auch Präventionsangebote der Gesetzlichen Krankenversicherungen enthalten bisher keine Angebote, die speziell auf die Bedürfnisse von überschuldeten Menschen ausgerichtet sind. Von Überschuldung betroffene Personen sind dabei eine Zielgruppe, die ganz besonders von den Präventionsangeboten der GKV profitieren kann. Dazu müssen sie aber zunächst von den Angeboten erfahren, Schwellenängste und Motivationsblockaden überwinden.

Das speziell entwickelte Präventionsangebot „TrotzSchuldenFit" setzt daher auf einen lebensweltnahen Zugang in Schuldner- und Insolvenzberatungsstellen (Kapitel 3.1). Dort sollen motivierende Gespräche zu Gesundheitsthemen in die kostenlosen Beratungsgespräche zur Schuldenregulierung integriert (Kapitel 3.2) und ein kostenloser multimodaler Stresspräventionskurs vor Ort (Kapitel 3.3) angeboten werden. Dieses Konzept baut auf dem Ansatz „JobFit NRW" (Bellwinkel 2009) auf und wurde an die besondere Problemlage und Anforderungen überschuldeter Menschen adaptiert. Das „JobFit-Konzept" wurde speziell für Arbeitslose entwickelt und zielt auf die Implementierung einer individuellen Gesundheitsberatung sowie eines Präventionskurses im Setting von Beschäftigungs- und Qualifizierungsträgern. Der Präventionskurs „Und keiner kann's glauben – Stressfaktor Arbeitslosigkeit" (Faryn-Wewel et al. 2008) entspricht den Qualitätskriterien des „Leitfadens Prävention" zur Umsetzung des § 20 Abs. 1 SGB V (GKV Spitzenverband 2010).

Ziele des Präventionsprogramms „TrotzSchuldenFit" sind Aufklärung und Wissensvermittlung zu Gesundheitsthemen sowie Prävention gesundheitsschädigender Verhaltensweisen. Persönliche Ressourcen und Bewältigungsstrategien sowie soziale Kompetenzen sollen gestärkt werden, um die Resilienz zu erhöhen. Die Intervention zur Prävention gesundheitsschädigender Verhaltensweisen und Gesundheitsförderung ist im Bereich der Verhaltensprävention anzuordnen, das heißt, sie zielt auf eine Veränderung des Verhaltens einer Person ab, nicht auf eine Veränderung der Strukturen.

3.1 Gesundheitsförderung durch den Zugang Schuldner und Insolvenzberatungsstelle

In den letzten Jahren ist deutlich geworden, dass sozial benachteiligte Menschen – zu denen die Gruppe der Überschuldeten zweifelsfrei gehört – besonderer Zugänge bedürfen, damit Konzepte der Gesundheitsförderung wirksam umgesetzt werden können (Morfeld 2003). Daher wird zunehmend auch von Seiten der Gesetzlichen Krankenversicherung auf die Ansiedlung solcher Angebote in der Lebenswelt der Zielgruppe gesetzt (GKV-Spitzenverband 2010). Für die Zielgruppe der überschuldeten Menschen, können Schuldner- und Insolvenzberatungsstellen einen geeigneten Zugang für Angebote zur Gesundheitsförderung und Prävention darstellen.

Schuldner- und Insolvenzberatungsstellen sind für viele Überschuldete eine vertraute Umgebung, in der sie über einen längeren Zeitraum – zum Teil über Jahre hinweg – begleitet werden. Die Klienten der Beratungsstellen befinden sich untereinander im Hinblick auf ihre finanzielle Situation in vergleichbaren Lebenslagen. Zwischen Schuldnerberater und Klient besteht ein rechtlich geschütztes Vertrauensverhältnis (§ 203 Abs. 2 S. 1 Nr. 2 StGB), das als grundlegend für eine nachhaltige Konsolidierung (Huber 1989: 276) und damit für den erfolgreichen Verlauf der Schuldnerberatung gilt. Die Beratungsstellen bieten damit einen geschützten Raum, indem überschuldete Menschen frei von Stigmatisierung Hilfe finden können. Das Programm „TrotzSchuldenFit" soll lediglich in offiziell anerkannten Schuldner- und Insolvenzberatungsstellen durchgeführt werden, da diese ihren Dienst kostenfrei anbieten.

In der sozialen Schuldnerberatung steht die pädagogische Arbeit im Vordergrund und wird von Finanzberatung und Krisenintervention gerahmt. Im Mittelpunkt dieser Beratung werden die Klienten ganzheitlich informiert, beraten und unterstützt, sodass eine nachhaltige Entschuldung und damit auch Stabilisierung der sozialen und wirtschaftlichen Situation erfolgen kann. Dazu werden die Schuldner von ihrem persönlichen Schuldnerberater betreut, der ggf. über einen längeren Zeitraum regelmäßig aufgesucht wird. Die Ausgangssituation ist also das Vorliegen einer individuellen Problemsituation. Ein wesentliches Element ist die aktive Einbeziehung der Betroffenen in die Planung, Zielvereinbarung und Umsetzung: die Klienten sollen in der sozialen Schuldnerberatung möglichst eigenständig, aufbauend auf den vorhandenen Ressourcen, individuelle Problemlösungsstrategien entwickeln bzw. gemeinsam mit dem Schuldnerberater konstruktiv erarbeiten. Die strukturierte Hilfeplanung soll dabei alle geeigneten Maßnahmen umfassen, um den Hilfesuchenden in seiner Lebensführung so zu unterstützen, dass er langfristig aus der Überschuldungssituation befreit wird und bleibt.

Diese ganzheitliche Vorgehensweise beschränkt sich nicht nur auf rein finanzielle und juristische Fragestellungen und Bedrängnisse, sondern erfasst darüber hinaus vorhandene individuelle Ressourcen sowie vielschichtige Problemlagen. Damit bietet sie Perspektiven, eine nachhaltige Unterstützung im Sinne der Gesundheitsförderung und Prävention aufzugreifen. Ziel ist es, die Klienten der Schuldnerberatung aktiv und handlungsfähig zu machen und zu halten. Eine erfolgreiche und langfristige Entschuldung ist nicht nur von der finanziellen Situation des Schuldners abhängig, sondern kann auch von seiner gesundheitlichen Verfassung bestimmt werden. Krankheit kann ein wesentliches Hindernis im Prozess der Schuldenregulierung und Entschuldung sein. Dabei geht die Definition „Krankheit" weit über körperlich diagnostizierte Erkrankungen hinaus, da insbesondere auch psychosoziale Belastungen den Erfolg des Prozesses erschweren können. Durch eine stärkere Eingliederung des Themas „Gesundheit" in die Schuldnerberatung können festgestellte Problematiken in den Vordergrund treten und gezielter und effizienter bearbeitet werden.

Diese Voraussetzungen machen offiziell anerkannte Schuldner- und Insolvenzberatungsstellen zu einem geeigneten Ort für Angebote zur Gesundheitsförderung und Prävention für überschuldete Menschen. Sie bietet durch den ganzheitlichen, kontinuierlichen Beratungsansatz die Bedingungen für eine sinnvolle Verknüpfung von Entschuldungs- und Gesundheitsförderung. Bereits die Durchführung der ASG-Studie hat gezeigt, dass sich die Zielgruppe, die sich aus allen sozialen Milieus zusammensetzt, hier sehr gut erreichen lässt. Im Kontext der sozialen Schuldnerberatung können damit erste Impulse hinsichtlich des Gesundheitsverhaltens gesetzt und bislang ungenutzte Präventionspotentiale geweckt werden. Zur qualitätsorientierten Umsetzung der gesundheitlichen Angebote ist in dem Präventionsangebot „TrotzSchuldenFit" die Fortbildung von Schuldnerberatern ein zentraler Baustein: In einer einwöchigen Schulung werden Schuldnerberater befähigt sowohl motivierende Gesundheitsberatungen mit den Überschuldeten durchzuführen als auch einen Präventionskurs im Bereich des multimodalen Stressmanagements anzubieten. Beide Angebote werden im Folgenden näher vorgestellt.

3.2 Motivierende Gesundheitsgespräche für Überschuldete im Präventionsangebot „TrotzSchuldenFit"

Kernstück des Präventionsangebotes für Überschuldete ist ein einführendes Beratungsgespräch zu Gesundheitsthemen, das in die reguläre Schuldnerberatung eingegliedert ist. Da die Problem- und Interessenlagen der Klienten in den Beratungsstellen unterschiedlich ausfallen, entscheiden die Berater selbst, ob und zu welchem Zeitpunkt sie das Thema Gesundheit in das Gespräch mit einzelnen Klienten integrieren möchten. In der Schuldnerberatung stehen die Sichtung und Ordnung der finanziellen Lage, sowie die Entwicklung eines Plans zur Schuldenregulierung naturgemäß im Zentrum. Nur bzw. erst wenn der Klient sich einen ersten Eindruck verschaffen konnte, vielleicht schon wieder Hoffnung und Aussichten auf die Verbesserung der Situation aufscheinen, ist es wahrscheinlich, dass Klienten sich auf weitere Themen, wie etwa die gesundheitliche Belastung durch die Situation einlassen – sofern Einschränkungen in der Gesundheit nach dem subjektiven Empfinden des Klienten nicht unmittelbar mit der finanziellen Lage zusammenhängen. Daher ist zu erwarten, dass die motivierenden Gesundheitsgespräche nicht im ersten Beratungstermin begonnen werden, sondern zu einem späteren Zeitpunkt.

Dazu erhalten die Teilnehmer in oder vor einem Beratungsgespräch von ihrem Berater einen Fragebogen zu gesundheitsbezogenem Verhalten, d. h. dem individuellen Lebensstil mit den Schwerpunkten Bewältigung von psychosozialen Belastungen, Rauchen, Alkoholkonsum, Bewegung, Ernährung und Gesundheitsvorsorge sowie zu konkreten Änderungswünschen und präferierten Beratungsbereichen. Im Anschluss an das Ausfüllen des Fragebogens wird ein Gespräch auf Grundlage der Fragebogenergebnisse durchgeführt. Die Teilnehmer erhalten in diesem Gespräch ein auf Basis des Fragebogens individuell erstelltes Gesundheitsprofil, welches der persönlichen Rückmeldung zum gegenwärtigen Gesundheitsverhalten der Teilnehmer dient. In dem Profil werden die persönlichen Werte des Klienten für die psychosoziale Belastung, Rauchen, Alkoholkonsum, Bewegung, Ernährung und Gesundheitsvorsorge eingetragen. Des Weiteren enthält das Profil für diese Bereiche Referenz- sowie Empfehlungswerte. Zusätzliche Informationen zu Gesundheitsthemen wie psychosozialer Belastung, Tabak, Alkohol, Ernährung, Sport und die Inanspruchnahme von Präventions- und Gesundheitsförderungsmaßnahmen wurden zusammengestellt und für die Beratungssituation aufgearbeitet. Durch die Materialen mit konkreten Tipps und Hinweisen sollen Informationsgrundlagen für ein selbstverantwortliches Gesundheitsverhalten gegeben werden.

In der Beratung werden dann die Diskrepanzen zwischen dem eigenen Verhalten und einem gesunden Lebensstil aufgezeigt. Ein Vergleich der individuell erhobenen Informationen mit den Referenzwerten bzw. objektiven Werten, die ein gesundheitsbewusstes Verhalten widerspiegeln, sollen Diskrepanzen zwischen dem eigenen potentiell gesundheitsschädlichen Verhaltensstil und dem wünschenswerten Verhalten deutlich machen. Auf dieser Basis werden Möglichkeiten der Verhaltensänderungen gemeinsam erarbeitet. Dazu wird basierend auf dem transtheoretischen Modell der Verhaltensänderung (Prochaska et al. 1993), das die Verhaltensänderung in die verschiedene Stadien Absichtslosigkeit, Absichtsbildung, Vorbereitung, Handlung und Aufrechterhaltung unterteilt, zuerst die Motivationslage abgeschätzt. Von dieser hängt ab, welche Strategien und Angebote für den Klienten gerade hilfreich sind. Das Gespräch folgt dabei den Prinzipien des motivationalen Interviews (Miller und Rollnick 2002). Das motivationale Interview beinhaltet zugleich einen klientenzentrierten und direktiven Beratungsstil. Grundgedanke des motivationalen Interviews ist, dass der Klient selbstverantwortlich über Verhaltensänderungen entscheidet und diese dann selbst einleitet und umsetzt. Dazu ist das Treffen von konkreten Zielvereinbarungen förderlich.

Je nach Bedarf wird für die Verfolgung dieser Ziele das Thema Gesundheit in weiteren Beratungsgesprächen wieder aufgegriffen. Der Berater erkundigt sich nach Fortschritten und Problemen bei der Veränderung von Verhaltensweisen, um den Klienten zu unterstützen und zu motivieren. Im Rahmen des Gesprächs werden dem Klienten das ABC Modell nach Ellis (1973) und das Stressmodell nach Lazarus (1999) vermittelt, in denen die Bewertung von Situationen als entscheidender Faktor für die Reaktion auf diese identifiziert wird. Ausgehend von dieser Annahme wird dargelegt, was eine rationale, also förderliche Bewertung ausmacht und eigene Bewertungsmechanismen durch den Klienten dargestellt. Die zugrundeliegenden Methoden und Modelle der Beratung für Überschuldete wurden samt Informationsmaterialen, Fragebogen, konkreten Tipps für die Beratung und Anwendungsbeispielen bereits im Manual „Die FIT-Beratung. Motivierende Gesundheitsgespräche für Überschuldete" aufgearbeitet[6].

Die Gesundheitsgespräche im Rahmen der laufenden Schuldnerberatung bieten somit die Möglichkeit überschuldete Menschen in einem vertrauensvollen Umfeld für das Thema Gesundheit zu sensibilisieren und eine positive Veränderung gesundheitsrelevanter Verhaltensweisen anzustoßen.

3.3 Multimodaler Stresspräventionskurs „Wir gehn's an – Stressfaktor Schulden" im Präventionsangebot „TrotzSchuldenFit"

Da bisherige krankenversicherungsbezogene Maßnahmen der Primärprävention aus dem Bereich der multimodalen Stressbewältigung sich in einem hohen Maße auf berufsbedingte Stressbelastungen und nicht auf Stressbelastungen, die durch akute finanzielle Bedrohung und den damit einhergehenden Lebenseinschränkungen konzentrieren, wurde ein Gruppenangebot zur multimodalen Stressbewältigung entwickelt, dass speziell auf die Problemlage der Klienten der Schuldner- und Insolvenzberatungsstellen zugeschnitten ist. Der Kurs ist auf die multifaktorielle Belastungssituation der Zielgruppe ausgerichtet und richtet sich auf die Bewältigungsstrategien von Stresserleben, Resignation und Selbstaufgabe in der Überschuldungssituation aus. Ziel des Präventionskurses ist ein bewusster und erleichterter Umgang mit dem Stress, den Belastungen und den Problemen der Überschuldungsituation und der Entschuldungsphase, um mit diesen fertig werden zu können.

---

6   Das Manual kann bei Interesse über die Team Gesundheit GmbH bezogen werden.

Der Kurs zur multimodalen Stressbewältigung „Wir gehn's an – Stressfaktor Schulden" kann von speziell geschulten Schuldnerberatern direkt in den Beratungsstellen angeboten werden. Die Schuldnerberater können damit an den motivierenden Gesundheitsgesprächen mit den einzelnen Klienten anknüpfen, indem sie bei Bedarf auf das Kursangebot aufmerksam machen und dazu einladen. Wichtig ist hierbei zu betonen, dass die Teilnahme völlig freiwillig ist und weder die Teilnahme an sich noch Inhalte des Kurses Auswirkungen auf den Fortgang der Schuldnerberatung haben.

Der Kurs „Wir gehen's an –Stressfaktor Schulden" besteht aus neun Modulen mit verschiedenen Inhalts- und Lernschwerpunkten (Tabelle 1) von jeweils 90 Minuten. Die Teilnehmerzahl ist auf zwölf Personen eingeschränkt, um den Teilnehmern genügend Raum und Möglichkeiten zu geben, ihre Erfahrungen einzubringen und sich untereinander auszutauschen.

Tabelle 1:   Module und Ziele des Kurses „Wir gehn's an – Stressfaktor Schulden"

Modul	Titel	Ziel
1	Meine Gesundheit	Kennenlernen und Auseinandersetzung mit der eigenen Gesundheit.
2	Stress entsteht im Kopf	Die Bedeutung von Bewertungen und Einstellungen bei der Entstehung von Stress erkennen.
3	Stressabbau durch Bewegung im Alltag	Bewegungs- und Entspannungsförderung und „spürbare Gesundheitsförderung".
4	Kommunikation	Bewusstsein für Stress und Entspannung in und durch Kommunikation schärfen und kommunikative Kompetenzen trainieren.
5	Mein Stressverstärker	Stressverstärkende Gedanken und Wahrnehmungen erkennen und verändern.
6	Meine Bewältigungsstrategien	Reflektion über Umgang mit Stressoren, bisherigen Bewältigungsstrategien sowie Erarbeitung alternativer/ergänzender Bewältigungsstrategien.
7	Genusstraining – Ernährung	Sensitiv-Training, Selbstbeobachtung, günstige Tipps und Wissensvermittlung zur ausgewogenen Ernährung.
8	Entspannung und Stressbewältigung	Entspannungsmöglichkeiten und Sammlung weiterer Stress vermindernder Strategien in der Überschuldungssituation.
9	Stressbewältigung im Alltag – Erfahrungen	Reflexion der Kurseinheiten, Austausch der Erfahrungen im Alltag, Klärung offener Fragen, Vereinbarungen zur Nachhaltigkeit.

Die einzelnen Module sind analog zueinander aufgebaut. Zur Festigung wird zu Beginn jedes Moduls noch einmal auf das Thema des letzten Moduls eingegangen. Die Teilnehmer bekommen so die Möglichkeit, Fragen zu stellen und über ihre Erfahrungen in der praktischen Umsetzung des Gelernten zu berichten. Die neuen Inhalte werden dann abwechselnd in kleinen theoretischen Einheiten, Übungen zur Umsetzung und Reflexionen vermittelt. Am Abschluss jeden Moduls bekommen die Teilnehmer kleine Aufgaben, die sie dazu animieren sollen, das Gelernte im Alltag auszuprobieren. Auf diese Weise können Hürden bei der Umsetzung, Reaktionen des Umfelds und eigene Einschätzungen zur Wirksamkeit beim nächsten Termin besprochen werden. Das neunte und letzte Modul ist ganz dieser Besprechung der neuen Erfahrungen gewidmet und sollte erst mit einigen Wochen Abstand nach den anderen Modulen angeboten werden, um die Nachhaltigkeit des Gelernten zu stärken. Die einzelnen Kurseinheiten und zugrundeliegenden Modelle wurden ebenfalls in einem Manual ausgearbeitet.

Im vertraulichen Austausch mit anderen Betroffenen werden wesentliche Grundlagen der Stressforschung vermittelt, alltagsnahe Übungen wie progressive Muskelentspannung angeboten und Verhaltensänderungen im Umgang mit den täglichen Belastungen in der Überschuldungssituation angestrebt. Die Kursteilnehmer setzen sich dabei mit Auswirkungen von Stress auf der emotionalen, somatischen und kognitiven Ebene auseinander und erlernen Bewältigungsmethoden auf den verschiedenen Ebenen. Im Verlauf des Kurses werden auch die Themen Bewegung, gesunde und kostengünstige Ernährung und Suchtprävention aufgegriffen, die als besonders wichtig eingeschätzt wurden. Dabei bestimmen die Kursteilnehmer selbst, wie ausführlich sie ihre eigenen Erfahrungen und Ideen einbringen möchten. Diese Erfahrungen und Problemsituationen haben im gesamten Kurs stets Vorrang vor vertiefenden und theoretischen Inhalten, da eine sinnvolle Vermittlung nur möglich ist, wenn die Teilnehmer emotionale Anknüpfpunkte zu den Inhalten finden.

Im Verlauf des Gruppenangebots werden so die Selbstwahrnehmung geübt, Wohlbefinden und Selbstvertrauen gestärkt, eigene Potentiale wiederentdeckt und genutzt. Die Teilnehmer sollen lernen, sich selbst Ziele zu setzen und diese zu verwirklichen, zu einer realistischen Einschätzung ihrer Fähigkeiten zu gelangen und zudem die positive Wirkung einer „Schicksalsgemeinschaft" zu erleben.

3.4 Ein möglicher Weg der Umsetzung des Präventionsangebotes „TrotzSchuldenFit"

Grundlegend für die Umsetzung des Angebots „TrotzSchuldenFit" an den Schuldner- und Insolvenzberatungsstellen sind die Bereitschaft der dort tätigen

Berater zur Durchführung des Konzepts und die Sicherstellung einer Finanzierung, die nicht zulasten der überschuldeten Menschen geht. Dazu bietet sich eine Finanzierung analog zu der von „JobFit NRW" an. Dieses Konzept basiert auf einer Finanzierung durch zwei Seiten: das Setting und die Gesetzliche Krankenversicherung. Für das entwickelte Präventionsangebot für überschuldete Menschen bedeutet dies, dass die Träger der Schuldner- und Insolvenzberatungsstellen die Finanzierung der motivierenden Gesundheitsgespräche übernehmen würden und die Gesetzliche Krankenversicherung die des Gruppenangebots „Wir gehn's an – Stressfaktor Schulden". Um die Möglichkeiten der Umsetzung zu eruieren, wurden in den Jahren 2010 und 2011 vorbereitende Gespräche mit Gesetzlichen Krankenkassen bzw. deren Landesverbänden, Ministerien und Schuldner- und Insolvenzberatungsstellen in Rheinland-Pfalz, Mecklenburg-Vorpommern und Nordrhein-Westfalen geführt.

Die Schuldnerberatung gehört in Deutschland zu den kommunalen Aufgaben: die Beratungsstellen erhalten von der Kommune und teilweise auch vom jeweiligen Bundesland finanzielle Förderung und werden darüber hinaus in Anteilen von gemeinnützigen Trägern finanziert. In vielen Beratungsstellen gibt es lange Wartelisten für neue Klienten, da die tätigen Berater ausgelastet sind (Unrath et al. 2008). Die Beratung von Einzelfällen kann sehr zeitintensiv sein, wenn beispielsweise ein Privatinsolvenzverfahren vorbereitet und eingeleitet werden muss. Einige Berater äußerten daher in der Interview-Befragung die Befürchtung, dass das ausführliche Besprechen des Themas Gesundheit die ohnehin knapp bemessene Beratungszeit weiter verkürze. Durch die starke Strukturierung des Fragebogens, der für das erste Gesundheitsgespräch vorgesehen ist, wurden diese Bedenken berücksichtigt. Wie viel Zeitaufwand die Beratung tatsächlich bedeuten wird, wird sich erst in der Umsetzung des Programms zeigen. Trotzdem haben sich Träger von Schuldnerberatungsstellen und Berater selbst in Mecklenburg-Vorpommern, Nordrhein-Westfalen und Rheinland-Pfalz positiv zum Konzept „TrotzSchuldenFit" geäußert. Einige der Beratungsstellen sind prinzipiell bereit, einen Pilotversuch des Programms durchzuführen und dabei die Kosten für die motivierenden Gesundheitsgespräche zu tragen, indem sie den zeitlichen Mehraufwand für die einzelnen Beratungen leisten.

Dazu müssten sich die durchführenden Berater in einer einwöchigen Schulung zum zertifizierten Trainer ausbilden lassen. Diese Schulung wird vom Team Gesundheit – Gesellschaft für Gesundheitsmanagement GmbH angeboten. Die Fortbildung umfasst beide Säulen des Programms, die motivierenden Gesundheitsgespräche für Überschuldete und den Präventionskurs „Wir gehn's an – Stressfaktor Schulden", und umfasst 36 Unterrichtseinheiten. Für die Zertifizierung zum Trainer des Gruppenangebotes müssen die Schuldnerberater eine staatlich anerkannte Ausbildung zum Psychologen, Pädagogen, Sozialpädagogen/Sozialarbeiter, Sozialwissenschaftler, Gesundheitswissenschaftler oder Arzt vorweisen. Diese Voraussetzung bringen viele der Berater mit. Es gibt aber auch Berater, die einen juristischen oder betriebswirtschaftlichen Hintergrund haben, und sich damit lediglich für die motivierenden Gesundheitsgespräche ausbilden lassen können.

Die Zertifizierung der Trainer ist eine der Voraussetzungen für die Finanzierung des Gruppenangebots „Wir gehn's an – Stressfaktor Schulden" durch die Gesetzlichen Krankenkassen. Diese ist Teil der Kriterien für die Finanzierung von Präventionsmaßnahmen, die im „Leitfaden Prävention" (GKV Spitzenverband 2010) ausgearbeitet wurden. Die Gesetzliche Krankenversicherung ist nach § 20 des SGB V angehalten, Leistungen zur primären Prävention vorzusehen, die den allgemeinen Gesundheitszustand verbessern und zugleich zur Verminderung sozial bedingter Ungleichheit von Gesundheitschancen beitragen sollen. Die präventiven Handlungsfelder der Krankenkassen umfassen Bewegung, Ernährung, Suchtprävention, Stressbewältigung und Entspannung. Der Kurs aus dem Themenbereich der multimodalen Stressbewältigung konzentriert sich auf die Bewältigungsstrategien von Stresserleben, Resignation und Selbstaufgabe in der Überschuldungssituation und ist konform mit den Leitlinien des GKV Spitzenverbands ausgestaltet. In den bisherigen Gesprächen äußerten sich die Krankenkassen zumeist grundsätzlich positiv zum erarbeiteten Angebot. Keine der Kassenarten hat eine Finanzierung des Kurses grundsätzlich ausgeschlossen.

Jedoch gibt es eine Reihe von Detailfragen, deren Klärung vor einer Umsetzung von „TrotzSchuldenFit" notwendig ist. Dazu gehört der Umgang mit Versicherten, die im Zahlungsrückstand bei ihrer Krankenkasse sind und daher ein Ruhen der Leistungen erwirkt wurde. Die Bereitschaft bzw. Möglichkeit, diesem Versicherten die Teilnahme an einem Präventionskurs zu bezahlen, scheint begrenzt zu sein. Das Gleiche gilt für die regelmäßige Teilnahme am Präventionskurs, die in der Regel Voraussetzung für die Finanzierung bzw. Bezuschussung von Präventionsangeboten durch die Krankenversicherung ist: In der speziellen Situation der Überschuldeten erscheint es unmöglich auf das übliche Rückerstattungsprinzip zurückzugreifen, da die Betroffenen das Geld oft nicht aufbringen können. Diese Regelung würde eine erneute Hürde aufbauen und damit die Teilhabechancen schmälern. Auch erscheint es im Hinblick auf die Situation der Überschuldung nicht geeignet, die Übernahme der Kurskosten an die regelmäßige Teilnahme zu koppeln. Bei unregelmäßiger Teilnahme würde dies dazu führen, dass der Klient dem Schuldnerberater, der den Kurs durchgeführt hat, Geld schuldet. Diese Schulden könnten das Verhältnis zwischen Schuldnerberater und Klient derart belasten, dass eine Weiterführung der Beratung unmöglich werden könnte. Auch wenn lediglich eine geringe Eigenbeteiligung durch die Schuldner gefordert würde, wie es bei anderen Präventionskursen üblich ist, würde diese Problematik entstehen.

Das bedeutet, dass die Krankenkassen hier von der üblichen Regelung und zum Teil von bestehenden Satzungen abweichen müssten. Denkbar wäre die Umsetzung über eine Rahmenvereinbarung zwischen den Krankenkassen und den beteiligten Schuldner- und Insolvenzberatungsstellen. Diese würde es ermöglichen, die Kursgebühr direkt zwischen den jeweiligen Krankenkassen, bei denen die Teilnehmer versichert sind, und der Beratungsstelle, die den Kurs durchführt, abzurechnen, ohne dass Kursteilnehmer beteiligt werden müssten. Denkbar wäre aber für eine Pilotphase mit einer festbegrenzten Teilnehmerzahl auch ein gemeinsamer Fonds, in den die Krankenkassen etwa gleichberechtigt oder gewichtet nach Versichertenzahl einzahlen könnten. Die Kursgebühren würden dann unabhängig von der tatsächlich versichernden Krankenkasse der Teilnehmer aus dem Fonds bezahlt.

Insgesamt sprechen die positiven Rückmeldungen der Beteiligten für die grundsätzliche Möglichkeit „TrotzSchuldenFit" zumindest in einer Pilotphase anzubieten. Jedoch ist nicht abzusehen, ob es machbar ist, eine gemeinsame Lösung für die detaillierten Finanzierungsfragen des Gruppenangebots zu finden.

4   Fazit und Ausblick

Die Gesetzliche Krankenversicherung und ihre Krankenkassen haben spätestens seit dem Jahre 2000 mit der Wiedereinführung des Präventionsgedankens in § 20 SGB V einen sozialkompensatorischen Auftrag und sind wichtige gesundheitspolitische Akteure in der Verminderung sozial bedingter Ungleichheit von Gesundheitschancen. Überschuldete Menschen sind dabei eine besonders betroffene Gruppe, wie die Ergebnisse der ASG-Studie nahelegen: Nicht nur berichteten die dort Befragten einen schlechten Gesundheitszustand. Es werden darüber hinaus auch Teilhabechancen am Gesundheitssystem oft nicht realisiert, da kostenpflichte Behandlungsangebote und kostenlose Präventionsangebote unzureichend in Anspruch genommen werden.

Neben einer Vielzahl von finanziellen, strukturellen und individuellen Hürden und Hemmschwellen gibt es bereits Ansätze, die gesundheitliche Teilhabe von finanziell benachteiligten Personen zu fördern, wie etwa die sogenannten. Härtefallreglungen. Diese greifen jedoch insbesondere bei überschuldeten Menschen oft nicht, sodass weitere Maßnahmen notwendig sind.

Eine solche Maßnahme könnte das speziell für die Zielgruppe der Überschuldeten entwickelte Präventionsprogramm „TrozSchuldenFit" sein, das aus motivierenden Gesundheitsgesprächen im Rahmen der Schuldnerberatung und einem Gruppenangebot zur multimodalen Stressprävention besteht. Die Durchführung des Angebots und somit auch die Finanzierung der motivierenden Gesundheitsgespräche liegt im Interesse der Träger der Schuldner- und Insolvenzberatungsstellen im Sinne einer ganzheitlichen sozialen Beratung , in der auch Gesundheit ein wichtiges Thema darstellt. Es ist auch zu erwarten, dass durch die Gesundheitsgespräche das Verhältnis zwischen Beratern und Klienten durch zusätzliches Vertrauen verbessert wird. Zudem ist durch die Zielsetzung beider Komponenten des Präventionsprogramms eine Verbesserung der Coping-Strategien angestrebt. Weitergehend sollen die Klienten in der Nutzung der zur Verfügung stehenden Ressourcen gestärkt und damit eine Aktivierung der Klienten erreicht werden. Durch diese Aktivierung wird es den Klienten ermöglicht, selbst besser an der Entschuldung zu arbeiten und somit schneller Beratungserfolge erzielen zu können. Um die Gesundheitsberatung dauerhaft durchzuführen und dadurch zu einer nachhaltigen Entschuldung beizutragen, kann eine Personalaufstockung in der Schuldnerberatung notwendig werden, um zu lange Wartezeiten zu vermeiden.

Wichtig bei der Durchführung des Präventionsprogramms „TrotzSchulden-Fit" ist, dass es allen Schuldnern ohne Vorauszahlung kostenlos zugänglich gemacht wird. Entsprechende Vereinbarungen müssten im Vorfeld mit den gesetzlichen Krankenkassen ausgehandelt werden. Erst wenn hier eine Einigung entsteht, ist es möglich, eine Pilotphase des Projekts zu starten, in der eine Evaluation durchgeführt werden kann, um die tatsächliche Annahme durch die Klienten, die Wirksamkeit und langfristige Umsetzbarkeit des Ansatzes nachzuweisen.

Literatur

Angele, Jürgen (2008): Überschuldung – letzter Ausweg die Privatinsolvenz. STATmagazin 1/2008. http://www.destatis.de/jetspeed/portal/cms/Sites/destatis/Internet/ DE/Content/Publikationen/STATmagazin/Wirtschaftsrechnungen/2008__1/ PDF2008__1,property=file.pdf (abgerufen am: 31.10.2011).

Bartelheimer, Peter (2004): Teilhabe, Gefährdung und Ausgrenzung als Leitbegriffe der Sozialberichterstattung. In: SOFI-Mitteilungen Nr. 32: S. 47-61.

Bellwinkel Michael. (Hrsg.) (2009): JobFit NRW. Ein Modellprojekt zur Implementierung gesundheitsfördernder Maßnahmen in die Regelstrukturen der Arbeitsmarktpolitik unter Beteiligung der gesetzlichen Krankenkassen. Bremerhaven: Wirtschaftsverlag NW.

Bostock, Janet (2004): The high price of poverty. Poverty and debt are major risk factors for mental ill health in deprived communities and groups. In: Mental Health Today: S. 27-29.

Brown, George W. und Harris, Tirril (1987): Social origins of depression. London: Tavistock.

Bundesagentur für Arbeit (Hrsg.) (2011): Arbeitsmarkt 2010. In: Amtliche Nachrichten der Bundesagentur für Arbeit, 58: Sonderband 2.

Bundesministerium für Arbeit und Soziales (Hrsg.) (2008): Lebenslagen in Deutschland. Der 3. Armuts- und Reichtumsbericht der Bundesregierung. Bonn.

Bundesministerium für Justiz (Hrsg.) (2011): Restschuldbefreiung – eine neue Chance für redliche Schuldner. Ein Überblick über das Verbraucherinsolvenzverfahren und die Restschuldbefreiung nach der Insolvenzordnung. Berlin.

Busse, Reinhard und Riesberg, Anette (2005): Gesundheitssysteme im Wandel. Deutschland. Kopenhagen: WHO Regionalbüro für Europa im Auftrag des Europäischen Observatoriums für Gesundheitssysteme und Gesundheitspolitik.

Creditreform Wirtschaftsforschung (Hrsg.) (2010): SchuldnerAtlas Deutschland Jahr 2010. Neuss: Verband der Vereine Creditreform.

Ellis, Albert (1973): Humanistic Psychotherapy. The rational-emotive approach. New York: McGraw-Hill.

European Commission (2008): Towards a common operational European Definition of Over-indebtedness. http://ec.europa.eu/social/BlobServlet?docId=4601&langId=en (abgerufen am: 31.10.2011).

Faryn-Wewel, Monique, Busch, Gabriele und Schupp, Caroline (2008): Trainermanual für den Präventionskurs: Und keiner kann's glauben – Stressfaktor Arbeitslosigkeit. Praxishilfe. Essen: BKK Bundesverband.

Gesellschaft für Versicherungswissenschaft und -gestaltung e.V. (Hrsg.) (2011): Gesundheitsinformationen in Deutschland. Eine Übersicht zu Anforderungen, Angeboten und Herausforderungen. Köln.

GKV-Spitzenverband (Hrsg.) (2010): Leitfaden Prävention. Handlungsfelder und Kritieren des GKV-Spitzenverbandes zum Umsetzung von §§ 20 und 20a SGB V von 21. Juni 2000 in der Fassung vom 27. August 2010. Berlin.

Graf von der Schulenburg, J.-Matthias (2005): German health care system in transition. The difficult way to balance cost containment and solidarity. In: The European Journal of Health Economics 6: S. 183-187.

Huber, Wolfgang (1989): Inhaltliche und methodisch-dynamische Aspekte eines Beratungsprozesses in der Schuldnerberatung. Soziale Arbeit und Schuldnerberatung. In: Reis, Claus und Siebenhaar, Benedikt (1989): S. 245-279.

Hurrelmann, Klaus; Kaufmann, Franz-Xaver und Lösel, Friedrich (Hrsg.) (1987): Social intervention. Potential and constraints. Berlin: de Gruyter.

Jacoby, Melissa B. (2002): Does indebtedness influence health? A preliminary inquiry. In: The Journal of Law, Medicine & Ethics 30: S. 560-571.

Knobloch, Michael; Reifner, Udo und Laatz, Wilfried (2011): iff-Überschuldungsreport 2011. Überschuldung in Deutschland. http://www.iff-ueberschuldungsreport.de/ media.php?id=4364 (abgerufen am: 31.10.2011).

Lazarus, Richard S. (1999): Stress and Emotion. A new Synthesis. London: Free Association Books.

Miller, William R., und Rollnick, Stephen (2002): Motivational Interviewing: Preparing people to change addictive behavior. New York: Guilford Press.

Morfeld, Matthias (2003): Zwischen sozialer Ungleichheit und Befindlichkeit. Zur Bedeutung psychosozialer Mediatoren. Dissertation an der Universität Bielefeld. http://bieson.ub.uni-bielefeld.de/volltexte/2003/264 (abgerufen am 31.10.2011).

Münster, Eva; Rüger, Heiko; Ochsmann, Elke; Alsmann, Christine und Letzel, Stephan (2007): Überschuldung und Gesundheit – Sozialmedizinische Erkenntnisse für die Versorgungsforschung. In: Arbeitsmedizin Sozialmedizin Umweltmedizin 42: S. 628-634.

Münster, Eva; Rüger, Heiko, Ochsmann, Elke; Letzel, Stephan und Toschke André M. (2009): Over-indebtedness as a marker of socioeconomic status and its association with obesity: a cross-sectional study. In: BMC Public Health 9: S. 286.

Münster, Eva; Rüger, Heiko; Ochsmann, Elke; Alsmann, Christine und Letzel, Stephan (2010): Überschuldung und Zuzahlungen im deutschen Gesundheitssystem – Benachteiligung bei Ausgabenarmut. In: Das Gesundheitswesen 72: S. 67-76.

Münster, Eva und Letzel, Stephan (2008): Überschuldung, Gesundheit und soziale Netzwerke. Expertise für das Bundesministerium für Familien, Senioren, Frauen und Jugend zur Bearbeitung des 3. Armuts- und Reichtumsbericht der Bundesregierung. In: Materialen zur Familienpolitik: Lebenslagen von Familien und Kindern; Überschuldung privater Haushalte. Expertisen zur Erarbeitung des dritten Armuts- und Reichtumsberichtes der Bundesregierung; Nr. 22: S. 55-128.

Nebling, Thomas (2011): Gesundheitsinformationen als Handlungsfeld einer Krankenkasse. In: Gesellschaft für Versicherungswissenschaft und -gestaltung e.V. (2011): S. 49-60.

Nelson, Melissa C.; Lust, Kathrin; Story, Mary und Ehlinger, Ed (2008): Credit card debt, stress and key health risk behaviors among college students. In: American Journal of Health Promotion 22: S. 400-407.

Ochsmann, Elke; Rüger, Heiko; Letzel, Stephan; Drexler, Hans und Münster, Eva (2009): Over-indebtedness and its association with the prevalence of back pain. In: BMC Public Health 9: S. 451.

Pearlin, Leonard I.; Lieberman, Morton A.; Menaghan Elizabeth G. und Mullan, Joseph T. (1981): The stress process. In: Journal of Health and Social Behavior 22: 337-356.

Pearlin, Leonard (1987): The stress process and strategies of intervention. In: Hurrelman et al. (1987): S. 53-72.

Price, Richard H.; Choi, Jin und Vinokur, Amiram (2002): Links in the chain of adversity following job loss: low financial strain and loss of personal control lead to depression, impaired functioning, and poor health. In: Journal of Occupational Health Psychology 7: S. 302-312.

Prochaska, James O.; DiClemente, Carlo C. und Norcoss, John C. (1993): In search of how people change: applications to addictive behaviours. In: American Psychologist 47: S. 1102-1114.

Reis, Claus und Siebenhaar, Benedikt (Hrsg.) (1989): Soziale Arbeit und Schuldnerberatung. Rahmenbedingungen, Rechtsprobleme, Ansätze. Frankfurt/Main: Deutscher Verein für öffentliche und private Fürsorge.

Rüger, Heiko; Löffler, Isabelle; Ochsmann, Elke; Alsmann, Christine; Letzel, Stephan und Münster, Eva (2010): Psychische Erkrankung und Überschuldung. Psychische

Erkrankung, soziale Netzwerke und finanzielle Notsituation bei Überschuldung. In: Psychotherapie Psychosomatik Medizinische Psychologie 60: S. 250-254.

Saunders, Peter (1998): Poverty and health: exploring the links between financial stress and emotional stress in Australia. In: Australian and New Zealand Journal of Public Health 22: S. 11-16.

SCHUFA Holding AG (2010): SCHUFA Kredit-Kompass 2010. Empirische Indikatoren der privaten Kreditaufnahme in Deutschland. Auswirkungen der Wirtschaftskrise auf den Konsumentenkredit. http://www.schufa-kredit-kompass.de/media/download/ downloadsgesamt2010/ schufakreditkompass_2010.pdf (abgerufen am 31.10.2011).

Unrath, Michael; Heins, E; Löffler, Isabelle; Rüger, Heiko; Ochsmann, Elke; Letzel, Stephan und Münster, Eva (2008): Emotionale Erschöpfung bei Schuldnerberatern in Rheinland-Pfalz. Zur Rolle von sozialer Unterstützung und Arbeitsbedingungen. In: Arbeitsmedizin Sozialmedizin Umweltmedizin 43 (7): S. 349-355.

Zimmermann, Gunter E. (2010): Entwicklung der relativen Überschuldung privater Haushalte 2008. In: SCHUFA Holding AG (2010): S. 77-84.

Autorenverzeichnis

Barry, Daniela, Dipl. Hdl., Wissenschaftliche Mitarbeiterin, Lehrstuhl für Wirtschaftspädagogik, Fachbereich Rechts- und Wirtschaftswissenschaften, Johannes Gutenberg-Universität Mainz

Bellwinkel, Michael, Dipl. Sozialwissenschaftler, Referatsleiter Prävention und Selbsthilfe, BKK Bundesverband, Essen

Bender, Désirée, Dipl. Päd., Wissenschaftliche Mitarbeiterin, Institut für Erziehungswissenschaft, Johannes Gutenberg-Universität Mainz

Bissen, Nathalie, Wissenschaftliche Mitarbeiterin, Institut für Alte Geschichte, Universität Trier

Breuer, Klaus, Prof. Dr., Lehrstuhl für Wirtschaftspädagogik, Fachbereich Rechts- und Wirtschaftswissenschaften, Johannes Gutenberg-Universität Mainz

Faryn-Wewel, Monique, Dr. Dipl. Sozialarbeiterin, Master of Public Health, Team Gesundheit GmbH, Essen

Hergenröder, Curt Wolfgang, Prof. Dr., Fachbereich Rechts- und Wirtschaftswissenschaften, Johannes Gutenberg-Universität Mainz

Hollstein, Tina, Dipl. Päd., Wissenschaftliche Mitarbeiterin, Institut für Erziehungswissenschaft, Johannes Gutenberg-Universität Mainz

Homann, Carsten, Dr., Wissenschaftlicher Mitarbeiter, Schuldnerfachberatungszentrum – Forschungs- und Dokumentationsstelle für Verbraucherinsolvenz und Schuldnerberatung, Johannes Gutenberg-Universität Mainz

Huber, Lena, Dipl. Päd., Stipendiatin im DFG-Graduiertenkolleg 1474 „Transnationale Soziale Unterstützung", Institut für Erziehungswissenschaft, Johannes Gutenberg-Universität Mainz

Kokott, Sonja Justine, Dr. LL.M., Wissenschaftliche Mitarbeiterin, Fachbereich Rechts- und Wirtschaftswissenschaften, Johannes Gutenberg-Universität Mainz

Letzel, Stephan, Univ.-Prof. Dr. med. Dipl. Ing., Institut für Arbeits-, Sozial- und Umweltmedizin, Universitätsmedizin, Johannes Gutenberg-Universität Mainz

Münster, Eva, Prof. Dr., MPH, Juniorprofessorin für Sozialmedizin/Public Health, Institut für Arbeits-, Sozial- und Umweltmedizin, Universitätsmedizin, Johannes Gutenberg-Universität Mainz

Rau, Matthias, Dipl.-Soz., Wissenschaftlicher Mitarbeiter, Fachbereich Rechts- und Wirtschaftswissenschaften, Johannes Gutenberg-Universität Mainz

Sanio, Werner, Dr. Dipl. Päd., Wissenschaftlicher Mitarbeiter, Schuldnerfachberatungszentrum – Forschungs- und Dokumentationsstelle für Verbraucherinsolvenz und Schuldnerberatung, Johannes Gutenberg-Universität Mainz

Schweppe, Cornelia, Prof. Dr., Institut für Erziehungswissenschaft, Johannes Gutenberg-Universität Mainz

Weber, Sebastian, Wissenschaftlicher Mitarbeiter, Fachbereich Rechts- und Wirtschaftswissenschaften, Johannes Gutenberg-Universität Mainz

Zier, Ulrike, Dipl.-Soz., Wissenschaftliche Mitarbeiterin, Institut für Arbeits-, Sozial- und Umweltmedizin, Universitätsmedizin, Johannes Gutenberg-Universität Mainz

VS Forschung | VS Research
Neu im Programm Soziologie

Ina Findeisen
Hürdenlauf zur Exzellenz
Karrierestufen junger Wissenschaft-
lerinnen und Wissenschaftler
2011. 309 S. Br. EUR 39,95
ISBN 978-3-531-17919-3

David Glowsky
Globale Partnerwahl
Soziale Ungleichheit als Motor
transnationaler Heiratsentscheidungen
2011. 246 S. Br. EUR 39,95
ISBN 978-3-531-17672-7

Grit Höppner
Alt und schön
Geschlecht und Körperbilder
im Kontext neoliberaler Gesellschaften
2011. 130 S. Br. EUR 29,95
ISBN 978-3-531-17905-6

Andrea Lengerer
Partnerlosigkeit in Deutschland
Entwicklung und soziale Unterschiede
2011. 252 S. Br. EUR 29,95
ISBN 978-3-531-17792-2

Markus Ottersbach /
Claus-Ulrich Prölß (Hrsg.)
**Flüchtlingsschutz als globale
und lokale Herausforderung**
2011. 195 S. (Beiträge zur Regional-
und Migrationsforschung) Br. EUR 39,95
ISBN 978-3-531-17395-5

Tobias Schröder / Jana Huck /
Gerhard de Haan
Transfer sozialer Innovationen
Eine zukunftsorientierte Fallstudie zur
nachhaltigen Siedlungsentwicklung
2011. 199 S. Br. EUR 34,95
ISBN 978-3-531-18139-4

Anke Wahl
Die Sprache des Geldes
Finanzmarktengagement
zwischen Klassenlage und Lebensstil
2011. 198 S. r. EUR 34,95
ISBN 978-3-531-18206-3

Tobias Wiß
**Der Wandel der
Alterssicherung in Deutschland**
Die Rolle der Sozialpartner
2011. 300 S. Br. EUR 39,95
ISBN 978-3-531-18211-7

Erhältlich im Buchhandel oder beim Verlag.
Änderungen vorbehalten. Stand: Juli 2011.

Einfach bestellen:
SpringerDE-service@springer.com
tel +49 (0)6221 / 3 45 – 4301
springer-vs.de

 Springer VS